다변량 자료의 분석

김 성 호 저

法 文 社

머 리 말

학문의 목적은 우리 주변에서 무질서하게 보이는 현상 속에서 진실이라고 불리는 어떠한 규칙이나 일정한 패턴을 찾아내는 것이다. 그리고 이러한 진실을 찾아내는 방법 가운데 하나가 바로 통계이다. 통계란 확률을 통해서 우리의 판단이 얼마나 진실에 가까운지를 알려주기 때문이다.

이 책은 이러한 통계, 그 중에서도 여러 개의 변수를 함께 고려하는 다변량 통계를 다루고 있다. 만약 우리가 찾고자 하는 진실이 공(球)의 형태를 지니고 있다면, 어떤 방법을 사용하여 진실을 찾더라도, 그 진실은 우리 앞에 원의 형태로 나타날 것이다. 그러나 그 진실은 언제나 공(球)의 형태를 띠고 있는 것이 아니기 때문에, 우리는 때때로 우리가 사용하는 방법에 따라 상이한 진실의 그림자를 발견하곤 한다. 이 책은 무질서하게 보이는 현상 속에서 진실을 찾는 몇 가지의 주요한 통계 방법을 다루고 있다.

우선, 제1부에서는 통계의 가장 기초적인 부분을 다루고 있다. 여러 개의 변수를 함께 다루는 다변량 자료의 이해와 더불어 기초 통계의 필수적인 개념들을 다루고 있다. 제2부에서는 우리가 다루는 변수들 가운데 종속변수와 독립변수의 구분이 존재하는 분석방법 즉, 종속형 모형을 다루고 있다. 제3장의 회귀분석과 제4장의 분산분석은 다변량 통계의 핵심이라고 할 수 있다. 그리고 이 책에서 다루는 모든 분석 기법들이 회귀분석의 기본인 선형구조에 기반을 두고 있으므로 회귀분석과 분산분석을 이해하는 것이 이 책을 읽는데 매우 중요하다. 그리고 제6장의 컨조인트 분석기법은 비교적 잘 알려지지 않은 기법인데 앞으로는 이 분석방법을 사용하여 많은 연구가 진행되기를 기대한다.

제3부에서는 상호의존형 분석기법들을 다루고 있다. 상호의존형 분석기법은 우리가 다루는 변수들 중에 종속변수와 독립변수의 구분이 없는 분석기법들이다. 제7장 주성분분석과 제8장 군집분석은 자료축소기법의 두 가지 대표적인 방법으로 꼼꼼한 이해가 필요한 부분이다. 특히 제7장의 주성분분석은 연구를 진행하거나 논문을 작성할 때 필수적으로 요구되는 부분이다. 제9장과 제10장은 각각 다차원척도법과 다중상응분석을 다루고 있는데, 이들 또한, 국내에서는 비교적 잘 알려져 있지 않은 분석기법이다.

이 책은 대학원 과정에서 다변량 통계를 공부하는 학생들을 위하여 쓰여졌다. 그러나 읽는 사람의 관심과 이해 수준에 따라 학부 고학년생이나 혼자 연구를 진행하는 이들도 사용할 수 있다. 이 책에서는 경영학 분야의 예를 주로 다루고 있으나 사회과학 분야 전반에 걸쳐 널리 사용될 수 있다. 그리고 이 책에서는 단순한 통계기법을 다루기보다는 통계기법의 활용과 응용을 다루고 있다는 점에서 일반 통계학 교과서와 차별화될 수 있다. 즉, 이 책은 도구의 고안자(tool maker)보다는 도구의 사용자(tool user)의 입장에서 다변량 통계기법에 접근하고 있다.

이 책은 책을 읽는 여러분들의 관심과 이해 수준에 따라 선택적으로 학습하면 좋을 것이다. 특히, 앞서 이야기한 바와 같이 제6장, 제9장, 제10장은 새로운 분석기법들을 다루고 있으므로 이 부분들은 선택적으로 읽으면 된다.

이 책에서는 여러 가지 분석기법을 다루면서 하나의 데이터를 사용하여 각 분석기법의 예를 보여주고 있다. 하나의 데이터를 반복적으로 사용함으로써 분석의 일관성을 도모하고자 하였다. 이 책에서 사용한 데이터는 커피에 대한 소비자 평가 자료로서 전형적인 소비자 설문 자료의 형태를 띠고 있다. 데이터는 법문사 홈페이지 자료실에서 다운로드 받을 수 있다.

이 책이 나오게 된 데에는 많은 사람들의 도움과 수고가 깃들어 있다. 우선, 책의 원고 정리를 도와준 한양대학교 경영대학의 김지영 박사, 동(同)대학교 대학원 경영학과의 이현주, 서보경, 정민정, 배수진, 그리고 서울아산병원 아카데미의 조은희 교수에게 감사의 말을 남긴다. 그리고 자료 분석을 도와준 한양대학교 대학원 경영학과의 안명아, Nguen Van Anh과 Nguen Thi Phuong Thao에게도 고마움을 표하고 싶다. 제11장 구조방정식 모델의 집필을 맡아 준 숭실대학교 경영대학의 유재원 교수에게 심심한 감사의 뜻을 전한다. 그리고 많은 조언과 수고를 아끼지 않은 법문사의 사장님 이하 직원 여러분들에게도 감사의 뜻을 전하고 싶다. 끝으로 이 책의 마무리 작업을 도와 준 동국대학교 신문방송학과 김도헌에게도 심심한 고마움을 표한다.

이 책에서는 통계학 공부의 새로운 틀을 제시하고자 하였다. 국내에서는 비교적 새로운 몇 가지 분석기법을 소개하고 나아가 그 응용에 집중하였다. 그리고 될 수 있으면 간결하게 내용을 정리하고자 하였다. 이 책의 새로운 시도만큼 오류도 많은 것으로 예상한다. 이 책의 개선을 위해 책을 읽는 여러분들의 지적과 도움이 필요한 부분으로 남겨 둔다.

2016년 1월
다시 돌아온 병신년에
김 성 호

차 례

제1부 다변량분석의 기초적 이해

제2부 종속형 분석기법

제 1 부

다변량분석의 기초적 이해

제1장 다변량 자료의 이해

제2장 빈도분석과 교차분석

제 1 장

다변량 자료의 이해

1. 다변량 자료
2. 기초통계
3. 측정척도
4. 다변량 자료 분석기법의 분류
5. 커피 데이터

1. 다변량 자료

우리가 자료를 분석할 때 빈번하게 접하는 것이 다변량 자료이다. 다변량 자료(multivariate data)란 우리가 관심을 가지고 분석하고자 하는 변수의 수가 두 개 이상인 자료를 말한다. 반면에 오직 하나의 변수만을 가지고 있는 자료를 단변량 자료(univariate data)라고 부른다. 아래의 〈표 1-1〉과 〈표 1-2〉는 각각 단변량 자료와 다변량 자료의 예를 보여주고 있다.

표 1-1 단변량 자료

응답자	한 달에 관람하는 영화의 수(X_1)
1	2
2	4
3	1
.	.
.	.
.	.
.	.
99	6
100	1

표 1-2 다변량 자료

응답자	한 달에 관람하는 영화의 수(X_1)	성별(X_2)	소득수준(X_3)
1	2	남	저
2	4	여	고
3	1	여	저
.	.	.	.
.	.	.	.
.	.	.	.
.	.	.	.
99	6	여	고
100	1	남	중

일반적으로 다변량 자료는 n개의 개체(예를 들면 응답자)가 p개의 변수(혹은 속성)에 의하여 측정된 자료를 일컫는다. 이러한 자료는 n개의 행(가로줄)과 p개의 열(세로줄)을 지니게 되므로 $(n \times p)$ 자료($n \times p$ data)라고 불린다. 또 하나의 행은 p개의 변수에 의하여 측정된 하나의 개체(예를 들면 브랜드, 기업, 혹은 소비자 등)의 특성(프로파일)을 보여주기 때문에 프로파일 데이터(profile data)

라고도 불린다. 그리고 이러한 자료는 일반적으로 개체(응답자)의 수(n)와 변수의 수(p)가 동일하지 않기 때문에($n > p$) 직사각형 모양을 띠게 되는데 이러한 이유로 직사각형 자료(rectangular data)라고 불리기도 한다.

아래의 〈표 1-3〉은 다변량 자료의 일반적인 형태를 보여주고 있다. 이 표에서 X_{ij}는 i번째 개체의 j번째 변수의 관측치를 나타낸다.

표 1-3 다변량 자료의 일반적인 형태

개체	변수 1	변수 2	...	변수 j	...	변수 p
1	X_{11}	X_{12}	.	.	.	X_{1p}
2	X_{21}	X_{22}	.	.	.	.
.	.	.	.	.	.	.
i	X_{i1}	.	.	X_{ij}	.	.
.	.	.	.	.	.	.
n	X_{n1}	.	.	.	.	X_{np}

2. 기초통계

다음은 우리가 다변량 자료를 분석하는 데 필요한 몇 가지 기초적인 통계를 살펴보기로 한다.

평 균

평균(mean)은 어느 특정한 변수에 대하여 모든 개체들의 값을 합하여 개체의 수(n)로 나눈 값을 말한다. j번째 변수의 평균값은 다음과 같다.

$$\overline{X_j} = \frac{\sum_{i=1}^{n} x_{ij}}{n}$$

편 차

편차(deviation)란 개체의 관측치와 평균의 차이를 말한다. 편차는 각각의 관측치가 평균에 대하여 조정된 수치를 나타낸다(mean corrected score 혹은 mean centered score). 그리고 모든 개체의 편차의 합은 항상 0이 된다. j번째 변수의 편차는 다음과 같다.

$$X_{dj} = (X_{ij} - \overline{X_j})$$

편차의 합이 항상 0이 되는 까닭은 다음과 같다.

$$n(X_{ij}-\overline{X}_j)=\sum_{i=1}^{n}X_{ij}-n\overline{X}_j$$
$$=\sum_{i=1}^{n}X_{ij}-n\cdot\frac{\sum X_{ij}}{n}$$
$$=0$$

표준화 변수

어떤 개체의 관측치에서 해당 변수의 평균을 뺀 다음 다시 그 변수의 표준편차로 나누면 표준화된 변수(standardized variable)를 얻는다. 표준화된 변수의 평균은 0이며 표준편차(혹은 분산)는 1이 된다.

$$X_{ij}=\frac{X_{ij}-\overline{X}_j}{sd_j}$$

제곱합

제곱합(sum of squares)이란 어떤 변수의 편차의 제곱을 구한 다음 모든 개체(응답자)들의 제곱의 합을 구한 것을 말한다. j번째 변수의 제곱합은 다음과 같다.

$$SS_{ij}=\sum_{i=1}^{n}X_{di}^2=\sum_{i=1}^{n}(x_{ij}-\overline{x}_j)^2$$

분 산

위에서 구한 j번째 변수의 제곱합을 $(n-1)$으로 나누면 j번째 변수의 분산(variance)을 얻는다. 그리고 분산의 제곱근은 표준편차(sd_j)가 된다.

$$\sigma_j^2=\frac{SS_j}{n-1}=\frac{\sum_{i=1}^{n}(x_{ij}-\overline{x}_j)^2}{n-1}$$

$$sd_j=\sqrt{\sigma_j^2}$$

교차합

어떤 한 변수의 편차의 제곱의 합이 그 변수의 제곱합이 되는 데 반하여 다른 두 변수의 편차의 곱을 구하여 모든 개체의 곱을 합한 것은 두 변수의 교차합(cross product)이 된다. j번째 변수와 k번째 변수의 교차합(CP_{jk})은 다음과 같다.

$$CP_{jk}=\sum_{i=1}^{n}(x_{ij}-\overline{x}_j)(x_{ik}-\overline{x}_k)$$

$$CP_{jj}=SS_j$$

공분산

어떤 한 변수의 제곱합을 $(n-1)$로 나누면 분산이 되는 것에 비하여 두 변수의 교차합을 $(n-1)$으로 나누면 그 두 변수간의 공분산(covariance)을 구할 수 있다.

$$cov(j,\ k)=\sigma_{jk}^2=\frac{\sum_{i=1}^{n}(x_{ij}-\overline{x}_j)(x_{ik}-\overline{x}_k)}{n-1}$$

상관관계

어떤 두 변수의 공분산을 각각의 변수의 표준편차로 나누면 두 변수 사이의 상관관계(correlation)를 얻을 수 있다.

$$P_{jk}=\frac{CP_{jk}}{sd_j sd_k}=\frac{\sum_{i=1}^{n}(x_{ij}-\overline{x}_j)(x_{ik}-\overline{x}_k)}{sd_j sd_k}$$

제곱합-교차합 행렬

일반적으로 p개의 변수들 사이의 제곱합과 교차합을 하나의 표에 나타낸 것을 제곱합-교차합 행렬(SSCP matrix)이라고 부르며 이는 아래의 〈표 1-4〉와 같다. 이 표에서 대각선상에 나타난 수치는 모두 제곱합이며 나머지는 모

표 1-4 제곱합-교차합 행렬

X	1	2	3	…	j	…	p
1	SS_1	CP_{12}	CP_{13}		CP_{1j}		CP_{1p}
2		SS_2	CP_{12}	·	·	·	·
3			SS_3		·	·	·
…				…			
j	CP_{j1}				SS_j		
…						…	
P							SS_p

두 교차합이다. 교차합들은 대각선을 중심으로 서로 거울 이미지를 갖는다.

$$CP_{jk}=CP_{kj}$$

분산-공분산행렬

위의 제곱합-교차합 행렬을 $(n-1)$로 나누면 분산-공분산 행렬(variance-covariance matrix)을 구할 수 있다. 제곱합-교차합 행렬에서와 마찬가지로 대각선상에 나타난 것은 모두 분산이며 나머지는 공분산이다.

표 1-5 분산-공분산 행렬

X	1	2	3	…	j	…	p
1	σ_1^2	σ_{12}^2	σ_{13}^2		σ_{1j}^2		σ_{1p}^2
2		σ_2^2					
3			σ_3^2	·			
…				…			
j	σ_{j1}^2				σ_j^2		
…						…	
p							σ_p^2

예

아래의 〈표 1-6〉은 10명의 응답자가 3개의 변수로 측정된 자료를 보여준

표 1-6 원자료

	X_1	X_2	X_3
1	2.00	3.00	2.00
2	3.00	6.00	2.00
3	4.00	2.00	3.00
4	2.00	7.00	4.00
5	5.00	3.00	1.00
6	2.00	5.00	5.00
7	4.00	9.00	4.00
8	6.00	4.00	2.00
9	1.00	5.00	3.00
10	2.00	6.00	1.00
평균	3.10	5.00	2.70
표준편차	1.60	2.11	1.34

다. 이 자료로부터 구한 편차는 〈표 1-7〉에 나타나 있다. 또 〈표 1-8〉은 표준화된 자료를 보여주고 있다. 그리고 〈표 1-9〉와 〈표 1-10〉은 각각 제곱합과 교차합, 그리고 〈표 1-11〉과 〈표 1-12〉는 각각 제곱합-교차합 행렬과 분산-공분산 행렬을 보여주고 있다.

표 1-7 편차

	편차		
	X_{d1}	X_{d2}	X_{d3}
1	−1.10	−2.00	−0.70
2	−0.10	1.00	−0.70
3	0.90	−3.00	0.30
4	−1.10	2.00	1.30
5	1.90	−2.00	−1.70
6	−1.10	0.00	2.30
7	0.90	4.00	1.30
8	2.90	−1.00	−0.70
9	−2.10	0.00	0.30
10	−1.10	1.00	−1.70

표 1-8 표준화 자료

	표준화 자료		
	X_{s1}	X_{s2}	X_{s3}
1	−0.69	−0.95	−0.52
2	−0.06	0.47	−0.52
3	0.56	−1.42	0.22
4	−0.69	0.95	0.97
5	1.19	−0.95	−1.27
6	−0.69	0.00	1.72
7	0.56	1.90	0.97
8	1.82	−0.47	−0.52
9	−1.32	0.00	0.22
10	−0.69	0.47	−1.27
평균	0.00	0.00	0.00
표준편차	1.00	1.00	1.00

표 1-9 제곱합

	제곱합		
	X_{d1}^2	X_{d2}^2	X_{d3}^2
1	1.21	4.00	0.49
2	0.01	1.00	0.49
3	0.81	9.00	0.09
4	1.21	4.00	1.69
5	3.61	4.00	2.89
6	1.21	0.00	5.29
7	0.81	16.00	1.69
8	8.41	1.00	0.49
9	4.41	0.00	0.09
10	1.21	1.00	2.89
제곱합	22.90	40.00	16.10

표 1-10 교차합

	교차합		
	$X_{d1}*X_{d2}$	$X_{d1}*X_{d3}$	$X_{d2}*X_{d3}$
1	2.20	0.77	1.40
2	−0.10	0.07	−0.70
3	−2.70	0.27	−0.90
4	−2.20	−1.43	2.60
5	−3.80	−3.23	3.40
6	0.00	−2.53	0.00
7	3.60	1.17	5.20
8	−2.90	−2.03	0.70
9	0.00	−0.63	0.00
10	−1.10	1.87	−1.70
교차합	−7.00	−5.70	10.00

표 1-11 제곱합 · 교차합 행렬

	X_1	X_2	X_3
X_1	22.90	−7.00	−5.70
X_2		40.00	10.00
X_3			16.10

표 1-12 분산-공분산 행렬

	X_1	X_2	X_3
X_1	2.54	−0.78	−0.63
X_2		4.44	1.11
X_3			1.79

3. 측정척도

우리가 변수를 측정하는 데 사용되는 측정척도(measurement scale)에는 다음과 같은 네 가지가 있다. 이들은 우리가 앞으로 다룰 다변량 자료의 분석기법에서 매우 중요하다. 각각의 다변량 분석기법은 서로 다른 측정척도에 의하여 측정된 자료를 요구하기 때문이다. 각각의 측정척도를 살펴보면 다음과 같다.

명목척도

명목척도(nominal scale)의 목적은 어떤 숫자나 기호 혹은 심볼 등을 배정받은 개체를 파악하는 데 있다. 예를 들면 여성은 1로 지정하고 남성은 2로 지정하는 것을 말한다. 명목척도에서는 수치의 크고 작음을 비교하는 것은 의미가 없으며 단순히 같고 다름을 결정한다. 남성이 2로 그리고 여성이 1로 지정되었다고 해서 남성이 여성에 비하여 두 배의 속성을 지니고 있다는 의미는 아니며 단지 1은 여성을 그리고 2는 남성을 지칭할 따름이다. 명목척도에서 허용되는 조작은 오직 빈도를 세는 것일 뿐이며 따라서 명목척도의 대푯값은 최다빈도수(mode)이다.

서열척도

서열척도(ordinal scale)의 목적은 개체의 크고 작음에 따른 서열(ranking)이나 순서(order)를 결정하는 것이다. 서열척도에서는 서열이나 순위 간의 구간은 의미 있는 차이를 나타내지 않는다. 예를 들어 1등(90점)과 2등(85점)의 차이는 2등과 3등(70점)의 차이와 같지 않다. 서열척도에서 이용되는 자료의 조작은 단조변환(monotonic transformation)이다. 즉,

$$Y = X + C \ (C > 0)$$

여기에서 X는 원래의 자료를 나타내고 Y는 변환된 자료를 나타낸다. 그리고 C는 0보다 큰 상수이다. 서열척도의 대푯값은 최다빈도수와 중간값(median)이다.

등간척도

등간척도(interval scale)에서는 수치(구간) 간의 차이가 의미가 있으며 따라서 비교가 가능하다. 예를 들면 섭씨 1도와 섭씨 2도의 차이는 섭씨 2도와 섭씨 3도의 차이와 같다. 등간척도에서 0은 어떤 속성이나 특성이 존재하지 않는다는 뜻이 아니다. 등간척도의 0은 자의적인 0 (arbitrary 0)일 뿐이다. 예를 들어 섭씨 0도는 온도가 존재하지 않는다는 의미가 아니라 물이 어는 온도(빙점)를 자의적으로 0도라고 정한 것이다. 등간척도에서 허용되는 조작은 일차변환(linear transformation)이다. 즉,

$$Y = aX + b$$

여기에서 X는 원래의 자료이며 Y는 변환된 자료를 나타낸다. a와 b는 상수이다. 등간척도에서는 앞의 명목척도와 서열척도와는 달리 평균의 계산이 가능하다. 평균을 계산할 수 있기 때문에 등간척도에서는 분산이나 상관관계를 구할 수 있다. 이는 나아가 여러 가지의 보다 풍부한 분석이 가능하다는 것을 의미한다. 등간척도에서의 대푯값은 최다빈도수, 중간값 그리고 평균(mean)이다.

비율척도

비율척도(ratio scale)는 우리의 일상생활에서 가장 흔하게 찾아볼 수 있는 측정척도이다. 비율척도는 등간척도가 지니는 모든 특성을 지니는데 단 한 가지의 차이점은, 비율척도에서는 등간척도의 경우와는 달리 0이 의미를 갖는다는 것이다. 즉, 비율척도에서의 0은 어떤 속성이나 특성이 존재하지 않는다는 것을 의미한다. 따라서 비율척도에서의 0은 자연적 0 (natural 0) 혹은 절대적 0 (absolute 0)이라고 불린다. 비율척도의 예로서는 매출액이나 시장점유율, 속도, 높이나 넓이 등을 들 수 있다.

등간척도에서 허용되는 자료의 조작은 등간척도의 경우와 마찬가지로 일차변환이다. 그러나 일차함수의 상수항이 존재하지 않는다. 즉,

$$Y = aX \ (a > 0)$$

여기에서 X는 원래의 자료이며 Y는 변환된 자료를 나타낸다. 그리고 a는 0보다 커야 한다.

비율척도의 대푯값은 등간척도의 경우와 마찬가지로 최다빈도수, 중간값, 그리고 평균을 포함한다. 따라서 비율척도에서도 등간척도의 경우처럼 여러 가지의 풍부한 분석이 가능하다.

표 1-13 측정척도의 비교

측정척도	기본 내용	허용되는 조작	대푯값(natural 0)
명목척도	개체의 같고 다름을 결정	빈도 세기(counting)	최다빈도수(mode)
서열척도	개체의 크고 작음을 결정	단조변환 $Y = X + C \ (C > 0)$	최다빈도수(mode) 중간값(median)
등간척도	구간 혹은 차이의 같고 다름을 결정	일차변환 $Y = aX + b$	최다빈도수(mode) 중간값(median) 평균(mean)
비율척도	비율의 같고 다름을 결정	일차변환 $Y = aX \ (a > 0)$	최다빈도수(mode) 중간값(median) 평균(mean)

출처: Dillon, W. R. and M. Goldstein (1984), *Multivariate Analysis: Methods and Applications*, Wiley.

이들 네 개의 측정척도들 가운데 상위의 측정척도는 하위의 측정척도가 지니는 모든 특성을 가진다(비율척도 〉 등간척도 〉 서열척도 〉 명목척도). 그러나 하위의 측정척도는 상위의 측정척도가 지니는 속성이나 특성을 가지지 못한다. 따라서 우리는 상위의 측정척도를 하위의 측정척도로 전환할 수 있다. 예를 들면 매출액은 비율척도에 의하여 측정된 자료이지만 매출액을 명목척도로 전환할 수 있다. 매출액이 25억 원 이상인 시장은 1로 그리고 매출액이 25억 원 미만인 시장은 2로 지정할 수 있다.

4. 다변량 자료 분석기법의 분류

우리에게 주어진 다변량 자료를 분석하는 기법은 여러 가지가 있는데 아래의 〈그림 1-1〉은 이들 분석기법의 분류를 보여주고 있다. 다변량 자료의 분석기법은 우선 종속변수와 독립변수의 구분이 존재하는가에 따라 나누어진다.

종속변수와 독립변수의 구분이 있는 경우를 종속형 모형(dependence model)이라고 부르며 이들 간의 구분이 없는 경우를 상호의존형 모형(interdependence model)이라고 부른다.

다음으로는 종속변수의 수에 따라서 분석기법들을 분류하는데 종속변수의 수가 하나인 경우(single criterion)와 두 개 이상인 경우(multiple criterion)로 나눈다. 그리고 종속변수가 메트릭 변수(metric variable)인지 혹은 비메트릭 변수(nonmetric variable)인지에 따라 다시 분류된다.

이 책에서는 주로 종속변수가 하나인 경우의 분석기법을 다룬다. 우선 회귀분석과 분산분석, 컨조인트 분석을 포함하는 종속형 모형을 다루고 다음으로는 주성분분석과 군집분석 그리고 다차원척도법 등의 상호의존형 모형을 다룬다. 그리고 마지막으로 구조방정식 모형을 다룬다.

그림 1-1 다변량 분석기법의 분류

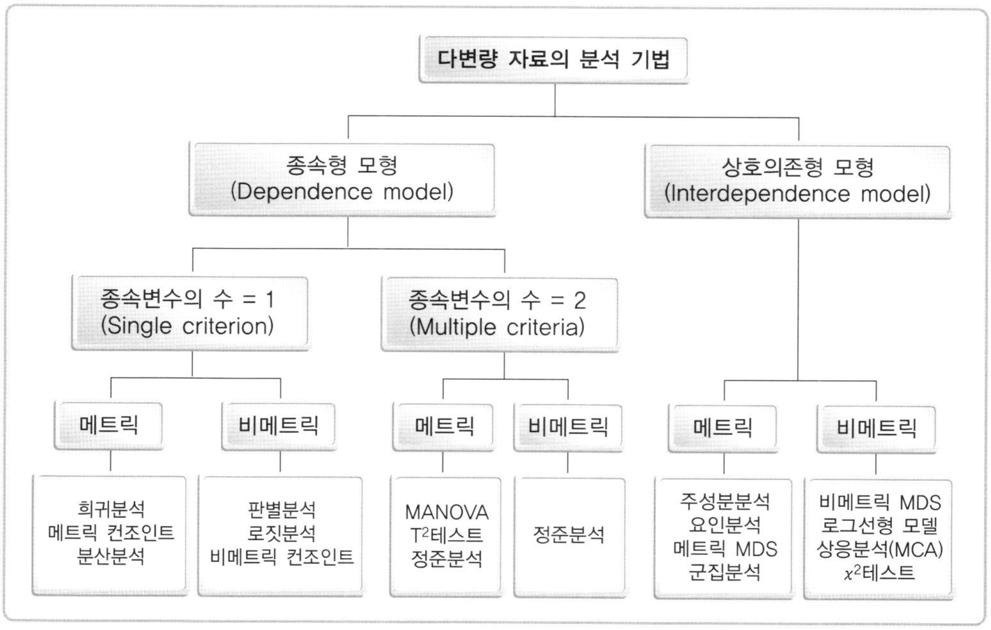

5. 커피 데이터

이 책에서는 하나의 데이터를 이용하여 여러 가지 분석기법의 예를 보여줄 것이다. 우리가 사용할 데이터는 커피의 사용에 관한 자료로서 299명의 응답자와 157개의 변수를 포함하고 있다. 아래의 〈그림 1-2〉는 커피 데이터를 수집하는 데 사용된 설문지이며 〈그림 1-3〉은 이 자료를 입력하는 데 사용한 코딩 기준(coding sheet)이다.

그림 1-2 커피 데이터 설문지

1. What type of coffeemaker do you usually use to prepare your ground coffee at home? (CHECK *ONE* BOX)

   1 ☐ Automatic drip
   2 ☐ Electric percolator
   3 ☐ Stove top percolator
   4 ☐ Stove top dripolator
   ☐ Other (Specify): ______

2. a. Check all the brands of regular ground coffee that you have ever used at home. (CHECK *ALL* THAT APPLY)

   b. Check the one brand you use most often. (CHECK *ONE* BOX)

   c. Check all the brands you currently have on hand. (CHECK *ALL* THAT APPLY)

   d. Check the one brand you will probably buy next. (CHECK *ONE* BOX)

   e. For each brand please indicate how much you like the brand overall on a scale of 1 to 10 with "1" meaning dislike it extremely and "10" meaning like it extremely. Rate each brand, whether you have used the brand or not.

	"A" Ever Used	"B" Use Most Often	"C" Have On Hand	"D" Will Buy Next	Brand Rating: "1" Dislike It Extremely ◄——► "10" Like It Extremely
Folgers	1☐	1☐	1☐	1☐	01☐ 02☐ 03☐ 04☐ 05☐ 06☐ 07☐ 08☐ 09☐ 10☐
Hills Brothers	2☐	2☐	2☐	2☐	01☐ 02☐ 03☐ 04☐ 05☐ 06☐ 07☐ 08☐ 09☐ 10☐
Maxwell House Regular	3☐	3☐	3☐	3☐	01☐ 02☐ 03☐ 04☐ 05☐ 06☐ 07☐ 08☐ 09☐ 10☐
Maxwell House Master Blend	4☐	4☐	4☐	4☐	01☐ 02☐ 03☐ 04☐ 05☐ 06☐ 07☐ 08☐ 09☐ 10☐
Yuban	5☐	5☐	5☐	5☐	01☐ 02☐ 03☐ 04☐ 05☐ 06☐ 07☐ 08☐ 09☐ 10☐
Other (Specify): ______	6☐	6☐	6☐	6☐	01☐ 02☐ 03☐ 04☐ 05☐ 06☐ 07☐ 08☐ 09☐ 10☐

3. What do you usually add to the coffee you drink? (CHECK *ALL* THAT APPLY)

   1 ☐ Nothing (I drink it black)
   2 ☐ A dairy creamer, like milk, cream, or Half and Half
   3 ☐ A non-dairy creamer, powdered or liquid
   4 ☐ Sugar
   5 ☐ Artificial sweetener
   ☐ Something else (Specify): ______

4. Are you the principal coffee purchaser for your household?

   1 ☐ Yes
   2 ☐ No

(Continued)

(Continued)

5. Please indicate how important it is to you that a ground coffee have each of the following characteristics. (CHECK *ONE* BOX FOR *EACH* CHARACTERISTIC)

	Not At All Important									Extremely Important
Rich taste	01☐	02☐	03☐	04☐	05☐	06☐	07☐	08☐	09☐	10☐
Always fresh	01☐	02☐	03☐	04☐	05☐	06☐	07☐	08☐	09☐	10☐
Gets the day off to a good start	01☐	02☐	03☐	04☐	05☐	06☐	07☐	08☐	09☐	10☐
Full-bodied taste	01☐	02☐	03☐	04☐	05☐	06☐	07☐	08☐	09☐	10☐
Rich aroma in the cup	01☐	02☐	03☐	04☐	05☐	06☐	07☐	08☐	09☐	10☐

	Not At All Important									Extremely Important
Good value for the money	01☐	02☐	03☐	04☐	05☐	06☐	07☐	08☐	09☐	10☐
The best coffee to drink in the morning	01☐	02☐	03☐	04☐	05☐	06☐	07☐	08☐	09☐	10☐
Rich aroma in the can/bag	01☐	02☐	03☐	04☐	05☐	06☐	07☐	08☐	09☐	10☐
Smooth taste	01☐	02☐	03☐	04☐	05☐	06☐	07☐	08☐	09☐	10☐
Highest quality coffee	01☐	02☐	03☐	04☐	05☐	06☐	07☐	08☐	09☐	10☐

	Not At All Important									Extremely Important
Premium brand	01☐	02☐	03☐	04☐	05☐	06☐	07☐	08☐	09☐	10☐
Not bitter	01☐	02☐	03☐	04☐	05☐	06☐	07☐	08☐	09☐	10☐
The coffee that brightens my day the most	01☐	02☐	03☐	04☐	05☐	06☐	07☐	08☐	09☐	10☐
Costs more than the other brands	01☐	02☐	03☐	04☐	05☐	06☐	07☐	08☐	09☐	10☐
Strong taste	01☐	02☐	03☐	04☐	05☐	06☐	07☐	08☐	09☐	10☐

	Not At All Important									Extremely Important
Has no aftertaste	01☐	02☐	03☐	04☐	05☐	06☐	07☐	08☐	09☐	10☐
Economy brand	01☐	02☐	03☐	04☐	05☐	06☐	07☐	08☐	09☐	10☐
Rich aroma while brewing	01☐	02☐	03☐	04☐	05☐	06☐	07☐	08☐	09☐	10☐
The best ground coffee available	01☐	02☐	03☐	04☐	05☐	06☐	07☐	08☐	09☐	10☐
Enjoy drinking with a meal	01☐	02☐	03☐	04☐	05☐	06☐	07☐	08☐	09☐	10☐
Costs less than other brands	01☐	02☐	03☐	04☐	05☐	06☐	07☐	08☐	09☐	10☐

(Continued)

6. On a scale of 0 to 10 with **"0"** meaning **does not describe at all** and **"10"** meaning **describes completely**, please indicate how well the following statements describe **each** of the coffee brands listed below. Rate each brand, whether you have used the brand or not. Please write in the number which indicates your answer on the lines provided.

	Folgers	Hills Brothers	Maxwell House Regular	Maxwell House Master Blend	Yuban
Rich taste	____	____	____	____	____
Always fresh	____	____	____	____	____
Gets the day off to a good start	____	____	____	____	____
Full-bodied taste	____	____	____	____	____
Rich aroma in the cup	____	____	____	____	____

	Folgers	Hills Brothers	Maxwell House Regular	Maxwell House Master Blend	Yuban
Good value for the money	____	____	____	____	____
The best coffee to drink in the morning	____	____	____	____	____
Rich aroma in the can/bag	____	____	____	____	____
Smooth taste	____	____	____	____	____
Highest quality coffee	____	____	____	____	____

	Folgers	Hills Brothers	Maxwell House Regular	Maxwell House Master Blend	Yuban
Premium brand	____	____	____	____	____
Not bitter	____	____	____	____	____
The coffee that brightens my day the most	____	____	____	____	____
Costs more than the other brands	____	____	____	____	____
Strong taste	____	____	____	____	____

	Folgers	Hills Brothers	Maxwell House Regular	Maxwell House Master Blend	Yuban
Has no aftertaste	____	____	____	____	____
Economy brand	____	____	____	____	____
Rich aroma while brewing	____	____	____	____	____
The best ground coffee available	____	____	____	____	____
Enjoy drinking with a meal	____	____	____	____	____
Costs less than other brands	____	____	____	____	____

7. Please indicate your **sex** and **age**.

1 ☐ Male
2 ☐ Female   Age:________

○ 그림 1-3 코딩 기준

ding Format for NFO Coffee Study

Question Number	Variable (Variable Number)	Coding Specification
—	Questionnaire ID (VAR1)	—
1	Usual Method of Preparation (VAR2)	1 = automatic drip 2 = electric percolator 3 = stove-top percolator 4 = stove-top dripolator
2a	Ever Use: Folgers (VAR3) Hills Bros. (VAR4) Maxwell House Regular (VAR5) Maxwell House Master Blend (VAR6) Yuban (VAR7) Other (VAR8)	0 = no 1 = yes
2b	Brand Used Most Often (VAR9)	1 = Folgers 2 = Hills Bros. 3 = Maxwell House Regular 4 = Maxwell House Master Blend 5 = Yuban 6 = Other
2c	On Hand: Folgers (VAR10) Hills Bros. (VAR11) Maxwell House Regular (VAR12) Maxwell House Master Blend (VAR13) Yuban (VAR14) Other (VAR15)	0 = no 1 = yes
2d	Brand Will Buy Next (VAR16)	1 = Folgers 2 = Hills Bros. 3 = Maxwell House Regular 4 = Maxwell House Master Blend 5 = Yuban 6 = Other
2e	Overall Rating: Folgers (VAR17) Hills Bros. (VAR18)	Rating 1–10, where 1 = dislike it extremely 10 = like it extremely

ding Format for NFO Coffee Study

Question Number	Variable (Variable Number)	Coding Specification
	Maxwell House Regular (VAR19)	
	Maxwell House Master Blend (VAR20)	
	Yuban (VAR21)	
	Other (VAR22)	
3	Add Nothing (VAR23)	0 = no
	Add Dairy Creamer (VAR24)	1 = yes
	Add Nondairy Creamer (VAR25)	
	Add Sugar (VAR26)	
	Add Artificial Sweetener (VAR27)	
	Add Something Else (VAR28)	
4	Are You Primary Coffee Purchaser (VAR29)	0 = no 1 = yes
5	Rich Taste (VAR30)	Importance Ratings, 0–10, where
	Always Fresh (VAR31)	0 = not at all important
	Gets Day Off to Good Start (VAR32)	10 = extremely important
	Full-Bodied Taste (VAR33)	
	Rich Aroma in the Cup (VAR34)	
	Good Value for the Money (VAR35)	
	Best Coffee in the Morning (VAR36)	
	Rich Aroma in the Can/Bag (VAR37)	
	Smooth Taste (VAR38)	
	Highest Quality Coffee (VAR39)	
	Premium Brand (VAR40)	
	Not Bitter (VAR41)	
	Coffee That Brightens Day Most (VAR42)	
	Cost More Than Other Brands (VAR43)	
	Strong Taste (VAR44)	
	Has No Aftertaste (VAR45)	
	Economy Brand (VAR46)	
	Rich Aroma While Brewing (VAR47)	
	Best Ground Coffee Available (VAR48)	
	Enjoy Drinking with Meal (VAR49)	
	Cost Less Than Other Brands (VAR50)	

알아두어야 할 핵심 용어

공분산(covariance)
교차합(sum of cross products)
명목척도(nominal scale)
등간척도(interval scale)
분산(variance)
비율척도(ratio scale)
상관관계(correlation)
서열척도(ordinal scale)
제곱합(sum of squares)
측정척도(measurement scale)
평균(average, mean)
표준편차(standard deviation)
표준화 변수(standardized variable)

생각해 볼 문제

1. 어떤 측정척도가 등간척도가 될 수 있는지 등간척도의 조건을 밝히고 우리 주변에서 등간척도의 예를 찾아보시오.

2. 우리가 자료를 수집하는데 사용하는 많은 등간척도는 엄밀하게 말하자면 등간척도가 아니다. 등간척도가 되어야만 평균과 표준편차를 구할 수 있고 보다 풍부한 분석이 가능하기 때문에 엄밀한 의미에서는 등간척도가 아니지만 등간척도로 취급하는 것이다. 그 대표적인 예는 리커트 7점 척도이다. 리커트 7점 척도가 왜 등간척도가 될 수 없는지 설명하시오.

3. 어떤 대학에서는 MBA 학생들을 선발하는 과정에서 네 개의 평가항목의 점수를 네 개의 구간으로 나누었다. GMAT 성적과 TOEFL 점수, 학업계획서와 추천서의 평가를 매우 우수(1), 우수(2), 보통(3), 미흡(4)의 네 구간으로 나누었다. 그리고 학생의 선발은 이 네 가지 구간 점수의 평균을 구하여 평균이 작은 순서에 따라 이루어졌다. 당신은 이러한 선발방법에 대하여 어떻게 생각하는가? 이러한 방법에 혹시 문제점이 있다면 어떤 점을 생각할 수 있는가?

제2장

빈도분석과 교차분석

1. 빈도분석
2. 교차분석

1. 빈도분석

빈도분석(frequency analysis 혹은 tabulation)은 우리가 관심을 가지고 있는 변수의 응답 항목의 빈도를 세는 것을 목적으로 한다. 예를 들면 우리가 관심을 가지고 있는 변수가 소비자가 가장 선호하는 자동차의 브랜드라고 할 때 이 변수의 응답항목에 응답한 소비자의 수를 세는 것을 말한다(쏘나타 21명, 벤츠 12명, 쏘렌토 35명 등).

빈도분석의 대상이 되는 자료는 반드시 명목척도에 의하여 측정된 범주형 변수(항목형 변수, categorical variable)이어야 한다.

우리가 빈도분석을 실행하기 전에 응답항목을 설정하여야 하는 경우가 종종 있는데 그 첫 번째 경우는 설문문항이 개방형 질문으로 되어 있는 경우이다. 응답항목의 설정은 우선 응답항목이 겹치지 않아야 하며 전체적으로는 가능한 모든 응답의 범위를 포함하여야 한다. 빈도분석을 실행하기에 앞서 응답항목을 설정하여야 하는 또 하나의 경우는 비율척도나 등간척도에 의하여 측정된 변수나 자료를 명목척도로 전환하는 경우이다. 예를 들면 매출액(비율척도)이 일정 수준을 넘는 시장과 그렇지 않은 시장의 두 집단(명목척도)으로 분류하는 경우이다.

빈도분석은 그 자체로 분석의 목표가 될 수도 있지만 분석의 주 목적이 빈도분석이 아닌 경우에도 데이터 정리의 일환으로 반드시 실행되어야 한다. 빈도분석을 실행할 때 다음과 같은 점을 체크하여야 한다.

첫째, 데이터에 들어 있는 모든 개체를 세었는지를 점검해야 한다. 빈도의 합계가 표본의 수와 일치하는가를 살펴보아야 한다.

둘째, 모든 응답항목이 정당한 범위 안에 있는가를 살펴보아야 한다. 예를 들어 우리가 7점 척도를 이용하여 고객만족을 측정하였다면 당연히 1에서 7 사이의 숫자를 예상하여야 한다. 그런데 8에 응답한 응답자가 있다면 이는 분명한 오류이다. 데이터를 다시 살펴보든가 설문지를 다시 살펴보아야 한다.

셋째, 결측치(missing value)의 수와 그 비율을 살펴보아야 한다. 결측치가 너무 많거나 표본의 상당한 부분을 차지한다면 향후 실행되는 분석의 결과를 받아들일 수 없게 된다. 이는 응답을 한 표본의 감소와 아울러 응답자 표본의 대표성에 문제를 야기할 수 있다.

한 예를 들면 다음과 같다. 무설탕 껌을 만드는 미국의 어느 회사는 자사의 무설탕 껌을 광고하는 자리에서 미국의 치과의사 4명 가운데 3명은 그 껌을 추천한다고 말했다. 얼핏 들으면 미국의 치과의사 75%가 그 무설탕 껌을 추천하는 것처럼 들리지만 여기에는 많은 오류가 있을 수 있다. 우선 전체 표본이 몇 명인지를 모른다는 사실이다. 전체 표본이 4명이라면 이 회사의 주장은 치과의사 75%가 무설탕 껌을 추천한다는 것이 옳다(여기에도 표본의 크기에 관한 문제는 여전히 제기될 수 있다). 그러나 만약 전체 표본이 100이라면 회사의 주장처럼 치과의사 4명 가운데 3명꼴로 무설탕 껌을 추천한 것인지 혹은 96명은 응답을 하지 않았고(결측치) 네 명만이 응답을 한 가운데 세 명이 추천을 하였다는 것인지는 결과의 해석에 큰 차이를 가져올 것이기 때문이다.

백분율

백분율(%)은 전체 표본이 서로 다른 항목의 빈도를 비교할 때 매우 유용하다. 아래의 표에서 고학력자(100명)의 30%만이 흡연을 하는 데 비하여 저학력자(250명)의 80%가 흡연을 하는 것을 알 수 있다.

표 2-1 학력과 흡연

	고학력자	저학력자	합계(행)
흡연자	30 (30%)	200 (80%)	230
비흡연자	70 (70%)	50 (20%)	120
합계(열)	100 (100%)	250 (100%)	350

아래의 표는 테스트 지역과 컨트롤 지역에서 광고를 실행하기 전과 광고를 실행한 후 브랜드를 인지하는 소비자와 그렇지 않은 소비자의 빈도를 나타내고 있다.

표 2-2 광고 효과의 측정

	광고 전			광고 후		
	인지함	인지 못함	합계	인지함	인지 못함	합계
테스트(광고) 지역	250	350	600	330	170	500
열 %	61	59	120	67	44	111
행 %	42	58	100	66	34	100

	광고 전			광고 후		
	인지함	인지 못함	합계	인지함	인지 못함	합계
컨트롤(비광고) 지역	160	240	400	160	220	380
열 %	39	41	80	33	56	89
행 %	40	60	100	42	58	100
합 계	410	590	1,000	490	390	880
전체 %	100	100	100	100	100	100

조건확률

위의 표로부터 우리는 광고를 실행한 지역(테스트 지역)에서 광고를 실행하기 전에 브랜드를 인지하는 확률은 42%임을 알 수 있다(250/600). 그리고 같은 지역에서 광고를 실행하고 난 후에 브랜드를 인지할 확률은 66%(330/500)임을 알 수 있다.

마찬가지로 광고를 실행하지 않은 지역(컨트롤 지역)에서의 광고 전과 광고 후의 인지하는 확률은 각각 40%(160/400)와 42%(160/380)임을 알 수 있다. 따라서 광고의 실행은 브랜드 인지도를 높이는 데 도움이 된다는 것을 알 수 있다.

여기에서 중요한 것은 테스트 지역과 컨트롤 지역에서의 광고를 실행하기 전과 광고를 실행하고 난 후의 인지도를 살펴보는 것이 의미가 있다는 것이다. 반대로 광고를 실행하기 전에 브랜드를 인지하는 소비자가 광고 지역에 있는지(250/410=61%) 혹은 비광고 지역에 있는지(160/410=39%)를 알아보는 것은 중요하지 않다. 이와 같이 조건확률(conditional probability)을 구할 때는 의미가 있는 방향으로 조건확률을 구하여야 한다. 위의 표에서 행의 %는 의미가 있지만 열의 %는 의미가 없음을 알 수 있다.

표 2-3 의미 있는 조건확률

	광고 실행 전	광고 실행 후
P(인지/테스트 지역)	0.42	0.66
P(인지/컨트롤 지역)	0.40	0.42

제3의 변수 추가

빈도분석에서 두 변수 간의 아무런 관계가 없어 보이는 경우에 제3의 변수를 추가함으로써 기존의 변수 간의 관계가 드러나는 경우가 있다. 우리에게는 다음과 같은 3개의 변수가 있다고 하자. 첫 번째 변수는 소비자의 사용량으로 두 개의 응답항목(response category)이 있다; 다량사용자(A_1)와 소량사용자(A_2). 두 번째 변수는 소비자의 만족수준으로 역시 두 개의 응답항목이 있다; 만족함(B_1)과 불만족함(B_2). 마지막으로 소비자의 성별이다; 남성(C_1)과 여성(C_2).

우선 아래의 〈표 2-4〉에 나타난 사용량과 만족수준의 관계를 살펴보면 이들 두 변수 사이에는 별다른 관계가 없어 보인다. 즉, 다량사용자의 80%가 만족한 소비자이며 소량사용자의 경우 70%의 소비자가 만족하였다.

표 2-4 사용량과 만족의 관계

	다량사용자(A_1)	소량사용자(A_2)
만족함(B_1)	80	70
불만족함(B)	20	30

그러나 제3의 변수인 성별을 추가하면 위의 결과와는 다른 결과가 나타난다. 즉, 성별을 추가했을 때 남성은 다량사용자가 보다 만족하는 한편 여성의 경우는 오히려 소량사용자가 보다 만족하는 것으로 나타났다.

표 2-5 성별을 추가했을 때 사용량과 만족의 관계

	남성(C_1)		여성(C_2)	
	다량사용자 (A_1)	소량사용자 (A_2)	다량사용자 (A_1)	소량사용자 (A_2)
만족함(B_1)	60 (75%)	20 (25%)	20 (29%)	50 (71%)
불만족함(B_2)	5 (25%)	15 (75%)	15 (50%)	15 (50%)

그렇다면 우리는 어디에서 제3의 변수를 찾을 수 있을까? 제3의 변수는 우선 선행연구들을 살펴보는 가운데 찾을 수 있다. 선행연구들과 이미 정립된 이론을 바탕으로 우리는 제3의 변수를 찾을 수 있다. 다음으로는 우리들이 갖고 있는 경험을 기반으로 제3의 변수에 대한 아이디어나 가능성을 모색할 수 있다. 그리고 마지막으로는 우리의 통찰력과 직관에 의해서도 제3의 변수를 찾을 수 있다.

2. 교차분석

빈도분석이 하나의 변수가 가지고 있는 응답항목(response category)의 빈도를 다루는 것이라면 교차분석은 두 변수의 조건을 동시에 충족하는 개체(응답자)의 수(빈도)를 세는 일을 그 주된 내용으로 한다. 예를 들면 성별이 남성이면서 동시에 다량사용자인 소비자의 수를 세는 것이다.

교차분석에서도 빈도분석의 경우와 마찬가지로 분석의 대상이 되는 자료는 반드시 명목척도에 의하여 측정된 범주형 변수(categorical variable)이어야 한다. 교차분석은 우리가 일반적으로 다루는 n-way 표(n-way table) 중에서 n이 2인 특수한 경우를 말한다. 위에서 살펴본 사용량과 만족수준의 교차표에서는 두 개의 변수를 다루고 있으므로 2-way 표를 나타낸다. 그리고 제3의 변수인 성별을 추가한 경우는 세 개의 변수를 다루고 있으므로 3-way 표이다. 일반적인 n-way표의 분석은 제10장의 상응분석(correspondence analysis)에서 다루기로 한다.

카이제곱 테스트

교차표에 나타난 두 개의 범주형 변수가 지니는 관계의 유의성을 통계적으로 검증하는 테스트가 바로 카이제곱 테스트(χ^2 test)이다. 카이제곱 테스트에는 두 가지 종류의 테스트가 있다. 그 가운데 첫 번째 테스트가 독립성 테스트(test of independence)인데 여기에서는 두 개의 범주형 변수가 지니고 있는 관계, 연관성(association) 혹은 의존성(dependence)을 검증하는 것을 주된 목적으로 한다. 우리는 도구의 사용자(tool user)의 입장에서 응용학문을 하기 때문에 독립성 테스트에 더 많은 관심을 갖는다.

또 하나의 카이제곱 테스트는 적합성 테스트(goodness of fit test)인데 여기에서는 관측된 빈도(observed frequency)가 이론적으로 예상되는 기대빈도(expected frequency)에서 얼마나 벗어나는지를 통계적으로 검증한다. 즉, 다음의 표에 나타난 바와 같이 가로줄의 합(row marginal)이 $n_{1.}$, $n_{2.}$, … $n_{R.}$으로 분포되어 있고 동시에 세로줄의 합(column marginal)이 $n_{.1}$, $n_{.2}$, … $n_{.C}$로 분포되어 있다면 우리가 실제로 관측한 빈도가 이론적 분포에서 제시하는 기대빈도와 얼마나 차이가 있는지를 검증하는 것이다. 그러나 이 두 가지의 카이제곱 테스트는 목적은 다르지만 통계 처리 절차는 동일하다.

표 2-6 교차표의 일반적인 형태

		X_2				가로줄의 합 (row marginal)
		1	2	,	C	n_1
	1	n_{11}	n_{12}	.	n_{1C}	.
	2	n_{21}	.	.	.	.
X_1	.	.	.	.	.	.
	.	.	.	.	.	.
	R	n_{R1}	.	.	n_{RC}	$n_{R.}$
세로줄의 합 (column marginal)		$n_{.1}$	.	.	$n_{.C}$	$n_{..}$

n_{ij} = i번째 가로줄과 j번째 세로줄의 셀의 관측된 빈도(observed frequency)
E_{ij} = i번째 가로줄과 j번째 세로줄의 셀의 기대빈도(expected frequency)
$E_{ij} = n_{i.} \times n_{.j} \ / \ n_{..}$
$n_{..}$ = 전체 표본의 수
$n_{i.}$ = i번째 가로줄의 합(row marginal)
$n_{.j}$ = j번째 세로줄의 합(column marginal)

카이제곱을 구하는 공식은 다음과 같다. 그리고 카이제곱 통계는 $(R-1)(C-1)$의 자유도를 갖는다. 여기에서 R은 가로줄의 수이며 C는 세로줄의 수이다.

$$\chi^2 = \sum_{i=1}^{R} \sum_{j=1}^{C} \frac{(N_{ij} - E_{ij})^2}{E_{ij}}$$

예: 직업과 흡연의 관계

여기에서는 아래의 〈표 2-7〉에 나타난 직업과 흡연의 관계를 카이제곱 테스트를 통하여 검증해 보고자 한다. 직업은 세 개의 응답항목을 가지고 있으며(사무직, 노동직, 무직/은퇴자) 흡연은 두 개의 응답 항목을 가지고 있다(흡연 혹은 비흡연). 따라서 다음에 나타난 교차표는 3개의 행과 2개의 열로 구성된 3×2 표이다. ( ) 안의 숫자는 기대빈도이다. 우선 귀무가설과 대립가설을 살펴보면 다음과 같다.

H_0: 직업과 흡연 행동은 관계가 없다. 혹은 직업과 흡연 행동은 서로 독립적이다.

H_a: 직업과 흡연 행동은 관계가 있다. 혹은 직업과 흡연 행동은 서로 의존적이다.

여기에서 검증통계(test statistic)는 $\chi^2=39.58$이며 이에 해당하는 유의확률(p-value)은 0.000이다. 검증통계의 유의확률이 0.05보다 작으므로 우리는 귀무가설을 기각할 수 있다.

이와 같이 귀무가설을 기각하는 경우에는 교차표의 셀의 빈도를 살펴봄으로써 두 변수 사이에 어떤 관계가 있는지 알아보아야 한다. 〈표 2-7〉에 나타난 셀의 빈도를 살펴보면 사무직 종사자는 76%가 흡연을 하지 않는 데 비하여 노동직 종사자는 14%만이 흡연을 하지 않는 것을 알 수 있다. 그리고 직업이 없거나 이미 은퇴한 사람은 흡연과 비흡연에 있어서 별반 차이가 없음을 알 수 있다.

표 2-7 직업과 흡연

		흡연		가로줄 합
		비흡연	흡연	
직업	사무직	38 (24.0)	12 (26.0)	50
	노동직	7 (24.0)	43 (26.0)	50
	무직 혹은 퇴직	27 (24.0)	23 (26.0)	50
세로줄 합		72	78	150

예: 커피 데이터

여기에서는 커피 데이터를 이용하여 응답자들이 가장 자주 마시는 커피 브랜드(6종류; X9)와 응답자의 성별(X156) 사이에 어떤 관계가 있는지 혹은 이들 두 변수는 서로 독립적인지를 카이제곱 테스트를 통하여 검증한다.

가설의 설정

H_0: 가장 자주 마시는 커피 브랜드와 성별은 서로 독립적이다. 혹은 가장 자주 마시는 커피 브랜드와 성별은 관계가 없다.

H_a: 가장 자주 마시는 커피 브랜드와 성별은 서로 의존적이다. 혹은 가장 자주 마시는 커피 브랜드와 성별은 관계가 있다.

검증통계

검증통계는 카이제곱이다. 카이제곱은 다음과 같이 구할 수 있다.

$$\chi^2 = \frac{(24-105\times66/298)^2}{105\times66/298} + \frac{(6-22\times66/298)^2}{22\times66/298} + \cdots + \frac{(55-70\times232/298)^2}{70\times232/298}$$

$$= 2.317\ (p = .804)$$

의사결정

우리가 구한 카이제곱의 유의확률(p)이 0.05보다 크기 때문에 우리는 귀무가설을 기각하는 데 실패한다.

예: 커피 데이터

여기에서는 커피 데이터를 SPSS로 분석한 카이제곱 통계분석의 예를 살펴본다. 소비자가 자주 마시는 커피 브랜드(X9)와 성별(X156) 사이의 관계가 유의적인가를 알아보기 위하여 카이제곱 검증을 실시한다. 이 분석을 위한 교차표는 다음 〈표 2-8〉과 같다.

표 2-8 자주 마시는 커피 브랜드와 성별의 교차표

		X156_gender		전체
		1.00	2.00	
X9_brand_used_most_often	1	24	81	105
	2	6	16	22
	3	11	39	50
	4	9	28	37
	5	1	13	14
	6	15	55	70
전체		66	232	298

위의 표에 나타난 자료를 카이제곱 통계로 분석한 결과는 다음의 〈표 2-9〉에 나타나 있다. 카이제곱 통계값은 2.317이며 이에 해당하는 유의확률은 0.804이므로 우리는 자주 마시는 커피 브랜드와 성별 사이에는 아무 관계가 없다고 판단한다. 그리고 우리의 판단이 잘못된 것일 확률은 80.4%이다.

표 2-9 자주 마시는 커피 브랜드와 성별의 카이 제곱

	값	자유도	점근 유의확률 (양측검정)
Pearson 카이제곱	2.317a	5	.804
우도비	2.790	5	.732
선형 대 선형결합	.282	1	.595
유효 케이스 수	298		

알아두어야 할 핵심 용어

가설(hypothesis)
검증통계(test statistic)
교차표(cross tabulation table)
누락치(missing value)
무응답(non–response)
백분율(percentage)
빈도분석(frequency analysis)
응답률(response rate)
제3의 변수(the third variable)
조건확률(conditional probability)
카이제곱 테스트(x^2 test)

생각해 볼 문제

1. 민지는 영화 관람객들의 성별과 그들이 일 년에 관람하는 영화의 수(편) 사이에 어떤 관계가 존재하는지 알아보고자 한다. 당신은 민지에게 어떤 분석 방법을 추천하겠는가? 그리고 민지가 당신이 추천한 방법을 실행하기 위해서 혹시 자료의 변환이 필요하겠는가? 필요하다면 그것은 어떤 변환인가?

2. 어느 불우이웃돕기 단체는 전국의 소비자들을 대상으로 불우이웃에 대한 기부 의도에 관하여 전화면접조사를 실시하였다. 유선과 무선전화를 이용하여 전국의 성인 남녀 1000명을 대상으로 기부의사를 물은 결과 오직 11.2%만이 긍정적인 반응을 보였다. 이 조사를 담당한 숙자는 이 같은 결과에 너무 실망하여 무엇인가가 잘못되었다고 생각하였다. 당신은 숙자의 의구심에 대하여 어떻게 생각하는가? 나아가 이 조사에서 무엇이 잘못 되었을 수 있는가?

3. 커피 데이터를 사용하여 응답자의 연령을 20대와 30대, 40대, 50대의 네 구간으로 나누고 연령대와 커피에 첨가물을 넣는지의 여부에 어떤 관계가 있는지 검증하시오. 귀무가설과 대립가설을 밝히고 검증통계와 유의확률을 통하여 당신의 결론을 설명하시오.

제 2 부

종속형 분석기법

제 3 장

회귀분석

1. 회귀분석의 개요
2. 단순회귀분석
3. 다중회귀분석
4. 가설검증
5. 회귀모형의 구축
6. 회귀분석의 주요 이슈들
7. 조절효과와 매개효과의 측정

1. 회귀분석의 개요

회귀분석(regression analysis)은 우리가 관심을 가지고 있는 종속변수(Y)의 평균값을 예측하기 위하여 사용하는 분석기법이다. 종속변수의 예측은 하나 혹은 둘 이상의 독립변수(independent variables; X) 혹은 예측변수(predictor variables)의 선형조합(linear combination)에 의하여 이루어진다. 여기에서 선형조합이란 독립변수들의 일차함수를 말한다.

이와 같이 회귀분석은 종속변수와 독립변수의 구분이 존재하는 종속형 분석기법(dependence model)이다. 회귀분석에서 종속변수는 항상 하나(single criterion)이며 반드시 메트릭 변수(metric variable)이어야 한다. 메트릭 변수란 등간척도 혹은 비율척도에 의하여 측정된 변수를 일컫는다. 반면에 회귀분석에 사용되는 독립변수(혹은 예측변수)는 그 수나 측정척도에 있어서 제한이 없다. 즉, 회귀분석의 독립변수는 어떤 스케일에 의하여 측정된 변수인가에 관계없이 모두 사용할 수 있다. 특히, 회귀분석의 특별한 경우로서 독립변수가 명목척도에 의하여 측정된 범주형 변수(categorical variable)일 때 이를 더미회귀분석(dummy regression analysis)이라고 부른다. 이는 제4장의 분산분석에서 다루기로 한다.

회귀분석에 사용되는 독립변수의 수가 하나일 때 단순회귀분석(simple regression analysis)이라고 부르며 독립변수의 수가 두 개 이상일 때 다중회귀분석(multiple regression analysis)이라고 부른다. 회귀분석의 일반적인 모형은 다음과 같다.

회귀분석 모형

일반적인 회귀모형(회귀식 혹은 회귀함수)은 다음과 같다.

$$Y = \beta_0 + \beta_1 X_1 + \cdots + \beta_p X_p + \varepsilon$$
$$\hat{Y} = \hat{\beta}_0 + \hat{\beta}_1 X_1 + \cdots + \hat{\beta}_p X_p$$

위의 회귀식에서 첫 번째 식은 모집단모형(population model)이며 두 번째는 추정모형(estimation model)이다. 우리는 추정모형을 사용하여 종속변수의 평균값($\hat{Y}$)을 예측한다. 종속변수 Y의 예측값은 X_1에서 X_p까지 p개의 독립변수들의 일차함수에 의하여 이루어진다. 위의 회귀식에서 β는 회귀계수

(regression coefficient)라고 부르며 각 독립변수의 예측력 혹은 설명력의 정도(predictive 혹은 explanatory power)를 나타낸다. 즉, β_1은 독립변수 X_1이 Y를 얼마나 잘 예측하는가의 정도를 나타내며, 마찬가지로 β_2는 X_2가 Y를 얼마나 잘 예측하는가의 정도를 나타낸다. 또한 β는 X가 한 단위 증가함에 따라 발생하는 Y의 증가분(기울기; slope)을 나타낸다. 한편 β_0은 절편(intercept)이라고 불리는데 이는 X값이 0일 때의 Y값을 나타낸다. 이 β들은 우리가 회귀분석을 통하여 추정하는 값이기 때문에 $\hat{\beta}$으로 나타낸다.

마지막으로 ε은 오차를 나타낸다. 오차는 모집단모형에서만 존재하는 것을 눈여겨 두는 것이 필요하다.

왜냐하면

$$\begin{aligned}\varepsilon &= Y - \hat{Y} \\ &= Y - \hat{\beta}_0 - \hat{\beta}_1 X_1 - \cdots - \hat{\beta}_p X_p\end{aligned}$$

위의 식에서 $(\hat{\beta}_0 + \hat{\beta}_1 X_1 + \cdots + \hat{\beta}_p X_p)$는 오차를 포함하고 있지 않기 때문이다.

회귀분석을 사용하는 몇 가지 예를 살펴보면 다음과 같다.

예 1

어떤 스키장에서는 다음과 같은 변수들을 사용하여 주말에 스키장을 방문하는 고객의 수를 예측하고자 한다.

(1) 수요일부터 금요일까지(주말 전 3일)의 평균기온(비율척도)

(2) 주말 날씨 예보(명목척도)

(3) 스키장의 신문광고 비용(비율척도)

여기에서 종속변수는 주말에 스키장을 방문하는 고객의 수(비율척도)이며 독립변수는 (1), (2), (3)에 나타난 세 가지 변수임을 알 수 있다.

예 2

소비자 포장재를 생산하여 판매하는 기업 C는 광고비용, 판매촉진비용, 판매원 교육비용(모두 비율척도)을 사용하여 소비자 포장재의 매출액을 예측하고자 한다.

위의 예에서 종속변수는 비율척도로 측정된 매출액이며 독립변수는 광고비용, 판촉비용, 판매원 교육비용의 세 가지이다.

2. 단순회귀분석

단순회귀분석(simple regression 혹은 bivariate regression analysis)은 독립변수가 오직 하나뿐인 경우의 회귀분석을 말한다. 단순회귀분석의 모형은 다음과 같다.

$$Y = \beta_0 + \beta_1 X_1 + \varepsilon$$
$$\hat{Y} = \hat{\beta}_0 + \hat{\beta}_1 X_1$$

위에서 이야기한 바와 같이 첫 번째 모형은 모집단의 모형(population model)이며 두 번째 모형은 추정모형(estimation model)이다. 위의 모형에서 우리는 독립변수 X_1의 일차함수로써 Y의 평균값을 예측하는 것이다. 앞에서 살펴본 바와 같이 기울기 β_1은 독립변수 X_1이 종속변수 Y에 미치는 영향(혹은 예측)의 정도를 나타낸다. 즉, X_1이 한 단위 증가함에 따라 발생하는 Y의 증가율(증가분이 아닌 것에 유의)을 나타낸다. 한편 β_0은 X_1이 0일 때의 Y값을 나타낸다.

단순회귀분석의 간단한 예를 들면 다음과 같다. 종속변수 Y가 매출액이고 독립변수 X가 광고비라고 할 때 기울기 β_1은 광고비가 한 단위(예를 들면 1억원) 증가할 때 나타나는 매출액의 증가율이다. 그리고 β_0은 광고비를 전혀 지출하지 않았을 때 발생하는 매출액이다.

2.1 극단치와 영향력 있는 관측치

회귀분석을 실행하기 전에 해야 하는 중요한 일 중의 하나는 종속변수와 독립변수의 산포도(scatter plot)를 확인하는 일이다. 산포도를 확인하는 목적은 극단치(outlier) 혹은 영향력 있는 관측치(influential observation)를 파악하여 적절한 처리를 하기 위해서이다. 극단치나 영향력 있는 관측치에 대한 적절한 사전 처리를 하지 않을 경우, 우리가 회귀분석을 통하여 얻는 결과는 자칫 우리를 잘못된 의사결정으로 오도(誤導)할 가능성이 있기 때문이다.

극단치와 영향력 있는 관측치는 흔히 같은 의미로 사용되는 경우가 많으나 이는 옳지 않다. 극단치란 단순히 그 관측치가 대부분의 다른 관측치에 비하여 매우 크거나 아니면 매우 작은 경우를 말한다. 극단치는 우리가 실행하는 분석의 결과에 영향을 미칠 수도 있고 미치지 않을 수도 있다. 반면에 영향력 있는 관측치란 그 이름이 시사하는 것처럼 분석결과에 반드시 영향을 미친다. 극단치는 영향력 있는 관측치일 수도 있고 아닐 수도 있지만 영향력 있는 관측치는 반드시 극단치이다.

아래의 〈그림 3-1〉에서 관측치 *A*는 분명히 극단치이지만 영향력 있는 관측치는 아니다. 관측치 *A*는 우리가 추정하는 회귀식의 기울기에 아무런 영향을 미치지 않기 때문이다. 다시 말하면 관측치 *A*는 회귀선 위에 위치하고 있기 때문이다.

그림 3-1 극단치와 영향력 있는 관측치

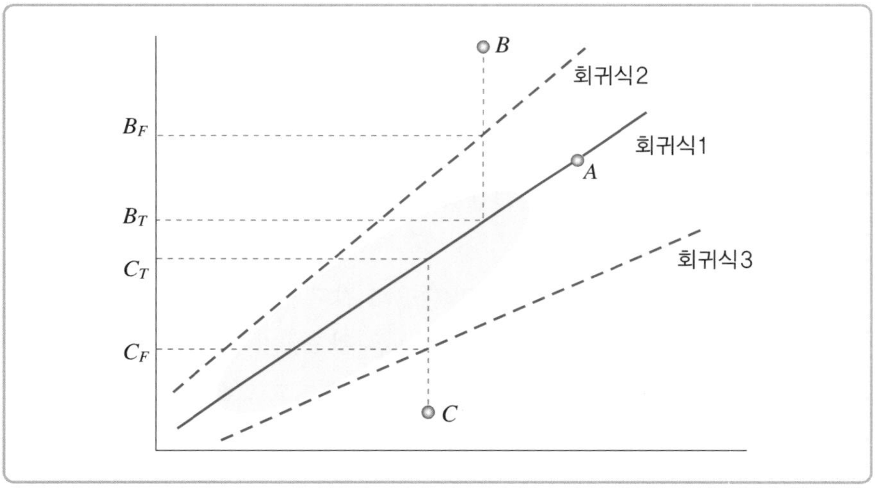

그러나 관측치 *B*는 다른 측정치들보다 매우 큰 값을 가지고 있으므로 분명히 극단치이다. 동시에 *B*는 영향력 있는 관측치이다. 관측치 *B*가 있음으로 해서 회귀함수는 회귀식 2의 형태를 갖게 되기 때문이다. 관측치 *B*는 우리로 하여금 독립변수의 설명력(혹은 예측력)을 실제보다 더 크게 만든다. 〈그림 3-1〉에서 *B*의 실제 예측치는 B_T이지만 우리로 하여금 B_F로 잘못 알게 한다. 예를 들어 광고비 *X*가 매출액 *Y*에 미치는 영향을 과대평가하는(overestimate) 잘못된 결정을 내리게 하는 것이다. 따라서 우리는 광고비의 낭비를 초래한다.

한편 관측치 *C* 역시 극단치이면서 동시에 영향력 있는 관측치이다. 관측치 B의 경우와는 반대로 관측치 C는 우리로 하여금 광고비의 효과를 과소평가하게(underestimate) 만든다. 따라서 우리는 관측치 C로 인하여 기회비용을 초래한다(회귀식 3).

2.2 회귀계수의 추정: OLS 방법

회귀계수 β를 추정하기 위하여 일반적으로 사용하는 방법이 OLS 추정방법(ordinary least squares method)이다. 이 방법은 실제 관측치(Y)와 회귀함수에 의한 예측치 Y값($\hat{Y}$) 간의 차이, 즉 오차의 제곱합(sum of squares of error)을 최소화하여 β의 추정치(estimate)를 구하는 방법이다. 즉, 다음을 최소화한다.

$$\sum_{i=1}^{n}(Y_i-\hat{Y}_i)^2=\sum_{i=1}^{n}(Y_i-\hat{\beta}_0-\hat{\beta}_1X_1)^2$$

아래의 〈그림 3-2〉에서는 다섯 개의 관측치의 오차의 제곱합을 최소화하는 방향으로 회귀식을 구성한다. 오차란 실제 관측치와 예측치의 차이를 말한다. 즉,

$$\text{minimize } (Y_1-\hat{Y}_1)^2+(Y_2-\hat{Y}_2)^2+\cdots+(Y_5-\hat{Y}_5)^2$$

그러나 〈그림 3-3〉과 〈그림 3-4〉에서는 회귀식의 기울기가 너무 높거나 너무 낮아서 오차의 제곱합이 최소화되지 않는 것을 볼 수 있다.

그림 3-2 OLS 회귀선

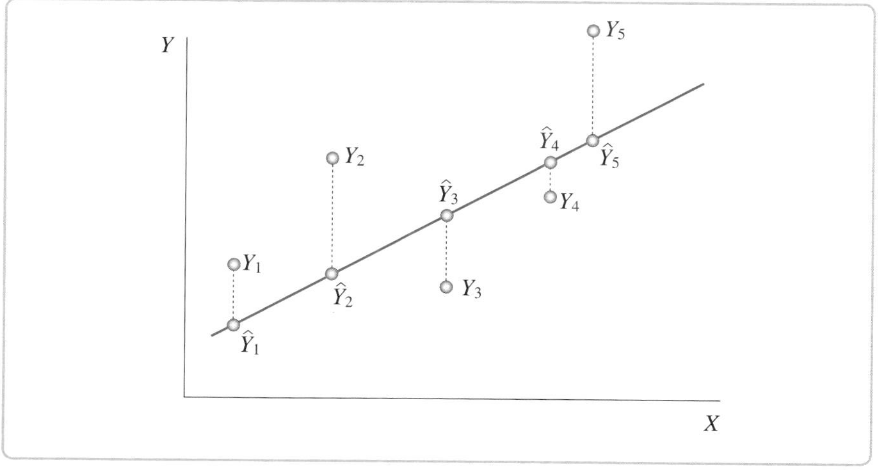

그림 3-3 OLS가 아닌 회귀선1

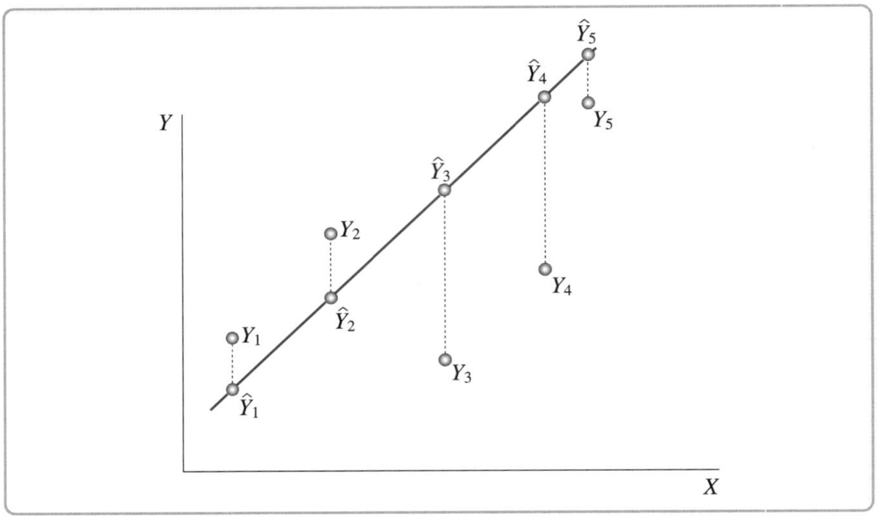

그림 3-4 OLS가 아닌 회귀선2

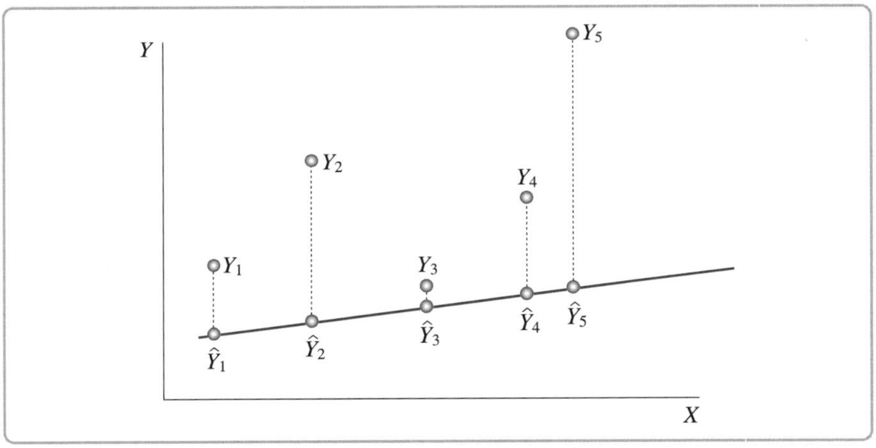

$$Y_i - \hat{Y}_i = Y_i - \hat{\beta}_0 - \hat{\beta}_1 X_{i1}$$

위의 등식에서 좌변은 실제치(Y)와 예측치($\hat{Y}$) 간의 차이, 즉 오차를 나타내며 우변은 예측치를 회귀함수로 풀어놓은 것이다. 이 오차를 제곱하여 모든 응답자들(n)의 합을 구하면 아래와 같다.

$$\sum_{i=1}^{n}(Y_i - \hat{Y}_i)^2 = \sum_{i=1}^{n}(Y_i - \hat{\beta}_0 - \hat{\beta}_1 X_1)^2$$

우변을 미분하여 β값을 구하면 다음과 같다.

$$\hat{\beta}_1 = \frac{\sum_{i=1}^{n} X_i Y_i - \sum_{i=1}^{n} X_i \sum_{i=1}^{n} Y_i}{\sum_{i=1}^{n} X_i^2 - \frac{(\sum_{i=1}^{n} X_i)^2}{n}}$$

$$\hat{\beta}_0 = \overline{Y} - \hat{\beta}_1 \overline{X}$$

2.3 회귀모형의 가정

회귀모형은 다음과 같은 네 가지의 가정을 가진다. 첫째. 분산이란 오차의 분산이며 이는 다시 종속변수(Y)의 분산과 동일하다. 즉, 회귀함수에서 독립변수(X)에 의하여 발생하는 오차는 존재하지 않는다.

$$\sigma^2(\varepsilon) = \sigma^2(Y) = \sigma^2$$

둘째, 종속변수(Y)는 평균 μ와 분산 σ^2를 지닌 정규분포를 따른다.

$$Y \sim N(\mu,\ \sigma^2)$$

셋째, 오차(ε)의 기댓값(평균)은 0이다. 오차(ε)는 무작위 요소(random component)를 나타내기 때문이다.

$$E(\varepsilon) = 0$$

넷째, 오차(ε)와 독립변수 X와의 공분산(covariance) 혹은 상관관계는 존재하지 않는다.

$$Cov(\varepsilon,\ X) = 0$$

2.4 종속변수 분산의 분해

일단 회귀계수의 값을 추정한 후에 우리가 관심을 갖는 주요한 사항은 종속변수와 독립변수 간의 관계가 얼마나 강한가를 알아보는 것이다. 즉, 독립변수가 얼마나 잘 종속변수를 예측(설명)하는가를 살펴보는 것이다. 종속변수와 독립변수 간의 관계는 결정계수(coefficient of determination) R^2를 이용하여 살펴 볼 수 있다.

종속변수와 독립변수 간의 관계를 살펴보기 위하여 종속변수의 총분산을 다음의 두 가지 요소(항)로 나누어 볼 수 있다. 하나는 오차에 따른 분산이며 다른 하나는 회귀함수로 인하여 발생하는 분산이다. 아래의 등식에서 좌변은 종속변수 Y의 편차(deviation)이다. 그리고 우변은 종속변수 Y의 편차에 $\hat{Y}$을 빼고 다시 더해준 것을 나타낸다.

$$(Y_i - \overline{Y}) = (Y_i - \hat{Y}_i) + (\hat{Y}_i - \overline{Y})$$

〈그림 3-5〉는 편차($Y - \overline{Y}$)를 오차($Y - \hat{Y}$)과 회귀식에 의한 부분($\hat{Y} - \overline{Y}$)으로 분해한 것을 그래프로 보이고 있다.

○ 그림 3-5 편차의 분해

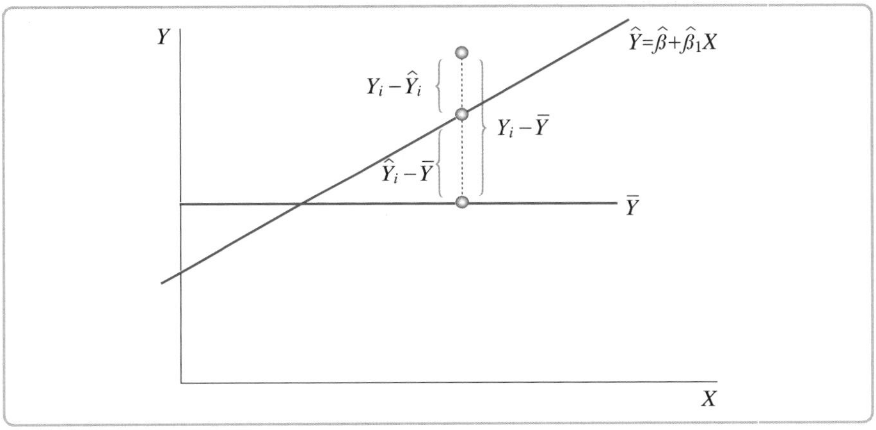

위의 식에서 좌변의 제곱합을 구하면 종속변수 Y의 제곱합(분산)이 된다. 제곱합을 구하는 이유는 관측치와 평균의 차(deviation)의 합은 항상 0이 되기 때문이다. 마찬가지로 우변의 두 항에 대해서도 제곱합을 구하면 다음과 같다.

$$\sum_{i=1}^{n}(Y_i - \overline{Y_i})^2 = \sum_{i=1}^{n}(Y_i - \hat{Y}_i)^2 + \sum_{i=1}^{n}(\hat{Y}_i - \overline{Y_i})^2$$

좌변은 Y의 제곱합(sum of squares)을 나타낸다. 우변의 첫 번째 항은 오차(실제치와 예측치 간의 차이)의 제곱합이며 두 번째 항은 회귀함수(독립변수의 일차함수)에 의한 제곱합이다. 즉, Y의 전체 제곱합(SST)을 오차에 의한 부분(SSE)과 회귀함수에 의한 부분(SSR)으로 나누는 것(decomposition)이다.

$$SST = SSE + SSR$$

다음으로 양변을 SST로 나누면,

$$1 = SSE/SST + SSR/SST$$
$$1 = (1 - R^2) + R^2$$

회귀함수에 의한 부분(SSR)을 Y의 전체 제곱합(SST)으로 나눈 부분(SSR/SST)을 R^2(결정계수; coefficient of determination)라고 부른다. 결정계수 R^2의 의미는 독립변수 X가 설명하는 Y 분산의 비율(%)이다. 그리고 (SSE/SST)은 당연히 ($1-R^2$)이며 이는 Y의 분산 중에서 독립변수 X에 의하여 설명될 수 없는 부분 즉, 오차로 인한 분산의 비율을 말한다.

R^2는 0과 1 사이의 값을 취한다. R^2의 값이 클수록 X와 Y간의 관계가 강함을 나타낸다. 이는 곧 독립변수 X가 종속변수 Y를 더욱 잘 예측한다는 것을 의미한다.

그리고 R^2의 제곱근을 취하면 상관계수(correlation coefficient) r을 구할 수 있다. 상관계수의 정식 이름은 Pearson product moment correlation coefficient이다. 상관계수는 −1에서 1 사이의 값을 취한다. 결정계수 R^2가 단지 크기(magnitude)만을 나타내는데 반하여 상관계수 r은 크기와 함께 방향성을 지닌다. 상관계수가 정(+)이면 X와 Y가 같은 방향으로 움직이는 것을 의미한다. 즉, X가 증가함에 따라 Y도 함께 증가하는 것을 나타낸다. 반대로 상관계수가 부(−)이면 X와 Y가 서로 반대 방향으로 움직이는 것을 의미한다.

기울기를 나타내는 회귀계수 β도 상관계수와 마찬가지로 크기와 방향성을

○ 그림 3-6 결정계수, 상관계수, 회귀계수 간의 관계

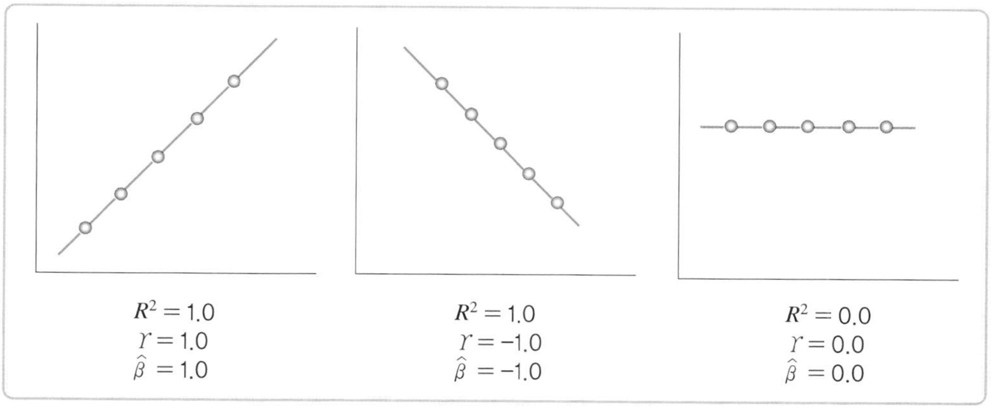

함께 지닌다. 따라서 상관계수 r과 회귀계수 β는 동일한 방향성(부호)을 지니는데 이들 사이의 관계는 아래와 같다.

$$r_{xy} = \hat{\beta}_1 \frac{s_x}{s_y}$$

위의 식에서 S_y는 종속변수의 표준편차이며, S_x는 독립변수의 표준편차이다.

위의 〈그림 3-6〉은 결정계수 R^2, 상관계수 r, 회귀계수 β 간의 관계를 보이고 있다.

3. 다중회귀분석

우리는 앞에서 독립변수의 수가 하나일 경우의 회귀분석을 살펴보았는데 여기에서는 독립변수의 수가 두 개 이상인 경우의 회귀분석(다중회귀분석; multiple regression)을 살펴보기로 한다. 다중회귀분석에서 우선 독립변수가 두 개 있는 경우를 생각해 보자. 단순회귀분석의 경우와 마찬가지로 모집단 모형과 추정모형을 다음과 같이 나타낼 수 있다.

3.1 다중회귀분석의 모형

$$Y = \beta_0 + \beta_1 X_1 + \beta_2 X_2 + \varepsilon$$
$$\hat{Y} = \hat{\beta}_0 + \hat{\beta}_1 X_1 + \hat{\beta}_2 X_2$$

$\hat{\beta}_1$은 Y의 평균값을 예측하는 데 있어서 X_2가 Y의 예측에 미치는 영향력을 감안하고 난 후, X_1이 Y의 예측에 미치는 영향력을 나타낸다. 반대로 $\hat{\beta}_2$는 X_1이 Y에 미치는 영향을 감안한 뒤에 X_2가 Y에 미치는 영향의 정도를 나타낸다.

만약 X_1과 X_2를 각각 하나씩 사용하여 두 번의 단순회귀분석을 실행한다면 일반적으로 β_1의 추정치($\hat{\beta}_1$)는 X_1과 X_2를 함께 사용하여 실행한 다중회귀분석에서의 β_1의 추정치 $\hat{\beta}_1'$와 같지 않다. 이는 β_2에 대해서도 마찬가지이다.

$$\hat{Y} = \hat{\beta}_1 X_1$$
$$\hat{Y} = \hat{\beta}_1' X_1 + \hat{\beta}_2 X_2$$

위의 등식에서 보는 바와 같이 단순회귀분석에서의 회귀계수 $\hat{\beta}_1$은 다중회귀분석에서의 회귀계수 $\hat{\beta}_1'$과 같지 않다.

$$\hat{\beta}_1 \neq \hat{\beta}_1'$$

그 이유는 두 개의 독립변수 X_1과 X_2 사이에 공분산(covariance)이 존재하기 때문이다. 즉, X_1이 Y를 설명(예측)하는 부분과 X_2가 Y를 설명(예측)하는 부분 사이에 겹치는 부분(공분산)이 있기 때문이다. 단순회귀분석에서의 회귀계수($\hat{\beta}_1$)와 다중회귀분석에서의 회귀계수($\hat{\beta}_1'$)은 X_1과 X_2 간의 공분산(상관관계)이 없을 때만 동일하다.

$$\text{만약 } corr(X_1,\ X_2) = 0,\ \beta_1 = \beta_1'$$

그러나 이러한 경우는 현실에서는 매우 드물다. 모든 변수들은 그 정도에 차이가 있지만 서로 관계를 맺고 있기 때문이다.

3.2 OLS 추정과 분산의 분해

단순회귀분석에서 살펴본 바와 마찬가지로 오차(실제 관측치와 예측치 사이의 차이)의 제곱합을 최소화함으로써 회귀계수의 값을 구할 수 있다. Y의 편차를 오차에 의한 부분과 회귀식에 의한 부분으로 나눈다.

$$(Y_i - \overline{Y}) = (Y_i - \hat{Y}_i) + (\hat{Y}_i - \overline{Y})$$

위의 식에서 양변을 제곱하여 합을 구한다. 즉, Y의 제곱합(SST)을 오차에 의한 부분(SSE)과 회귀함수에 의한 부분(SSR)으로 나눈다.

$$\sum_{i=1}^{n}(Y_i - \overline{Y_i})^2 = \sum_{i=1}^{n}(Y_i - \hat{Y}_i)^2 + \sum_{i=1}^{n}(\hat{Y}_i - \overline{Y_i})^2$$

단순회귀분석의 경우와 마찬가지로 양변을 SST로 나누어 R^2를 구한다.

$$SST = SSE + SSR$$
$$1 = (1 - R^2) + R^2$$

다중회귀분석에서 결정계수 R^2와 상관계수 r의 해석은 단순회귀분석의 경우와 동일하다. 결정계수 R^2은 독립변수들의 선형조합(회귀함수)이 설명하는 Y 분산의 비율을 나타낸다. 또한 상관계수 r은 종속변수 Y(실제치)와 Y의 예측치($\hat{Y}$) 사이의 상관관계를 나타낸다.

3.3 기타 상관계수

다음으로는 회귀분석에서 중요한 역할을 하는 상관계수 두 가지 종류를 살펴보기로 하는데 이들은 상관계수와 수정된 R^2이다.

(1) 편상관계수

편상관계수(partial correlation coefficient)는 다중회귀분석에서 종속변수(Y)에 대한 다른 모든 독립변수(X_k, X_l, … X_p)의 영향을 배제하고 어떤 특정한 독립변수(X_j)가 종속변수를 설명하는 부분이다. 즉, 다른 모든 독립변수(X_k, X_l, … X_p)가 Y에 대하여 지니는 영향력을 배제하고 난 후에 독립변수 X_j와 Y간의 상관관계의 크기를 나타내는 계수이다.

$$r_{YX\,/\,X_k X_l \ldots X_p}$$

편상관계수는 회귀식을 구성할 때 회귀식에 포함된 변수 혹은 변수의 순서를 결정하는 데 중요한 역할을 한다. 편상관관계는 다음과 같은 절차를 통해서도 구할 수 있다.

1. Y와 다른 독립변수들(X_k, X_l, … X_p)과의 회귀식을 구한다.
2. X_j와 다른 독립변수들(X_k, X_l, … X_p)과의 회귀식을 구한다.
3. 편상관계수는 위의 두 회귀식의 잔차(residual) 간의 단순상관계수 (simple correlation)이다

$$r_{YX_1\,/\,X_2} = \frac{r_{YX_1} - r_{YX_2} r_{X_1X_2}}{\sqrt{1-(r_{YX_2})^2}\ \sqrt{1-(r_{X_1X_2})^2}}$$

(2) 수정된 R^2

독립변수가 종속변수를 설명(예측)하는 능력을 나타내는 결정계수 R^2는 독립변수의 수가 증가함에 따라 함께 증가하며 감소하는 일은 없다. 따라서 R^2는 독립변수의 수에 대한 비감소함수(non-decreasing function)이다. 독립변수를 많이 사용할수록 회귀함수의 설명력 R^2이 증가하기 때문에 R^2는 각기 다른 수의 독립변수를 사용한 회귀모형의 비교에는 적절하지 않다. 따라서 서로 다른 수의 독립변수를 사용한 회귀모형을 비교할 때 사용하는 것이 수정된 R^2(adjusted R^2)이다. 수정된 R^2는 회귀모형에 사용된 독립변수의 수와 표본의 크

기에 대하여 원래 R^2을 수정한 것이기 때문에 독립변수의 수가 다른 회귀모형의 비교에 적합하다. 수정된 R^2는 아래의 식을 사용하여 구할 수 있다.

$$R^2_{adj} = 1 - (1 - R^2)\frac{(n-1)}{(n-p-1)}$$

여기에서 n은 표본의 크기이며 p는 회귀모형에 사용된 독립변수의 수이다.

4. 가설검증

회귀분석이 끝나면 우리는 회귀모형의 유의성을 검증하여야 하는데 여기에서의 가설검증(hypothesis testing)은 크게 전반적인 모형 테스트(overall model test)와 개별 계수 테스트(individual parameter test)의 두 가지로 나눌 수 있다. 이들을 각각 살펴보면 다음과 같다.

4.1 모형 테스트

전반적인 모형 테스트에서는 모든 독립변수들이 (힘을 합하여) 종속변수에 대하여 설명력을 가지고 있는가의 여부를 검증한다. 즉, 모든 독립변수들의 선형조합(linear composite)이 종속변수에 대한 설명력을 지니고 있는가를 검증한다.

가설의 설정

우선 전반적인 모형 테스트의 귀무가설은 다음과 같이 나타낼 수 있다.

H_0: 모든 독립변수(선형조합)는 종속변수에 대한 영향력(설명력)이 없다.

$$H_0: \beta_1 = \beta_2 = ... = \beta_p = 0$$

혹은

H_0: 독립변수들의 선형조합(회귀함수)이 설명하는 종속변수의 분산의 비율은 0이다.

$$H_0: R^2 = 0$$

귀무가설에 대한 대립가설은 다음과 같이 나타낼 수 있다.

H_1: 최소한 하나의 독립변수는 종속변수에 대한 설명력을 지니고 있다.

(최소한 하나의 회귀계수는 0이 아니다.)
(여기에서 주의할 점은 '모든 회귀계수는 0이 아니다'라는 대립가설을 세워서는 안 된다는 점이다.)

혹은
H_1: 독립변수들의 선형조합(회귀함수)이 설명하는 종속변수의 분산의 비율은 0보다 크다.

$$H_1: R^2 > 0$$

검증통계

위에서 제시한 가설을 검증하기 위해서 사용하는 검증통계는 분산분석 표를 이용한 F 통계이다. 여기에 사용되는 F 검증은 다음과 같다.

$$F = MSR/MSE;\ \text{자유도} = (df_R\ df_E)$$
$$F = R^2/(1 - R^2)$$

전반적인 모형 테스트를 위한 분산분석 표는 다음과 같다.

표 3-1 분산분석표

원천	제곱합	자유도	평균 제곱	F
회귀식	SSR	p	$MSR = SSR/p$	MSR/MSE
오차	SSE	$n-p-1$	$MSE = SSE/(n-p-1)$	
전체	SST	$n-1$		

의사결정

만약 F 통계값에 해당하는 유의수준(p 값)이 0.05와 같거나 이보다 작으면 귀무가설을 기각한다. 그렇지 않으면 귀무가설을 기각하는 데 실패한다.

4.2 계수 테스트

우리가 위에서 검증한 모형테스트에서 귀무가설이 기각되면 다음으로는 개별 회귀계수에 대한 검증(individual parameter test)을 실행한다. 모형 테스트에서 귀무가설이 기각되었다는 사실은 회귀분석에 사용된 p개의 독립변수 중에서 최소한 하나의 독립변수는 종속변수에 대한 설명력을 지니고 있다는 것을 의미한다. 따라서 귀무가설이 기각된 후 우리가 관심을 갖는 점은 과연 어떤 독립변수가 종속변수에 대한 설명력을 지니고 있는가라는 것이다. 이를 위하여 실행하는 것이 개별 계수 테스트(individual parameter test)이다. 따라서 개별 계수 테스트는 오로지 모형 테스트의 가설이 기각되었을 경우에만 실행한다.

가설의 설정

계수 테스트에서는 어느 독립변수가 종속변수에 대한 설명력을 지니고 있는지를 규명하는 것이 목적이기 때문에 회귀분석에 사용된 모든 독립변수에 대하여 개별적으로 검증을 하여야 한다. 즉, 회귀분석에 사용된 독립변수가 모두 p개라면 계수 테스트도 역시 p번을 실시하여야 한다. 계수 테스트의 귀무가설과 대립가설은 다음과 같다.

H_0: j번째 독립변수는 종속변수에 대한 설명력을 가지고 있지 않다.

$$\beta_j = 0$$

H_1: j번째 독립변수는 종속변수에 대한 설명력을 가지고 있다.

$$\beta_j \neq 0$$

검증통계

계수 테스트에서 가설을 검증하기 위하여 t 통계를 사용한다. 일반적으로 t 통계는 아래의 〈표 3-2〉와 같다. 따라서 여기에서는 다음과 같이 나타낼 수 있다.

$$t = \frac{\hat{\beta}_j - \overline{X}_j}{SE(\hat{\beta}_j)}$$

귀무가설에 나타난 β_j의 값은 0이기 때문이다.

회귀계수 추정치($\hat{\beta}$)의 표준오차는 다음과 같다.

$$SE(\hat{\beta}_j) = \frac{S_Y}{S_j}\left[\frac{1}{(n-p-1)}\frac{(1-R^2)}{(1-R^2)}\right]^{\frac{1}{2}}$$

표 3-2 *t*-test

일반적으로 *t*-test는 다음의 식을 사용하여 실행한다.

$$t = \frac{\hat{\theta} - \theta_0}{SE(\hat{\theta})}$$

$\hat{\theta} = \theta$의 추정치(estimate; 표본통계)
θ_0= 귀무가설에 나타난 θ의 값
$SE(\hat{\theta})$ = $\hat{\theta}$의 표준오차

의사결정

만약 우리가 얻은 t 통계값에 해당하는 유의수준이 0.05와 같거나 이보다 작으면 귀무가설을 기각한다. 그렇지 않으면 귀무가설을 기각하는 데 실패한다.

4.3 부분 *F* 테스트

우리가 위에서 살펴본 모형 테스트는 회귀분석에 사용된 모든 변수(변수들의 선형조합)가 유의한가를 검증하는 것이었고 개별 계수 테스트는 하나의 독립변수가 유의한가를 테스트하는 것이었다. 한편 부분 F 테스트(partial F-test)는 독립변수들의 일부분이(힘을 합하여) 종속변수에 대하여 유의적인 설명력을 가지고 있는가를 검증하기 위하여 실행하는 테스트이다. 다시 말하면 추가적인 독립변수들이 회귀식에 포함됨으로써 종속변수에 대한 설명력이 증가하는가를 검증하는 것이다. 부분 F 테스트는 완전모형(full model)과 부분모형(reduced model)을 설정하여 이들을 비교함으로써 이루어진다.

완전모형

$$Y = \beta_0 + \beta_1 X_1 + \cdots + \beta_q X_q + \beta_{q+1} X_{q+1} + \cdots + \beta_p X_p + \varepsilon$$

부분모형

$$Y = \beta_0 + \beta_1 X_1 + \cdots + \beta_q X_q + \varepsilon$$

완전모형에는 모두 p개의 독립변수가 회귀분석에 사용되었으며 부분모형에는 이보다 적은 q개의 독립변수가 사용되었음을 알 수 있다. 따라서 부분 F 테스트의 목적은 부분모형에 비하여 완전모형에 추가적으로 사용된 $(p-q)$개의 독립변수들의 집단적 유의성(collective significance)을 검증하는 데 있다.

가설의 설정

부분 F 테스트의 귀무가설과 대립가설은 다음과 같이 설정한다.

귀무가설

H_0: 완전모형에 사용된 $(p-q)$개의 독립변수는 모두 종속변수에 대한 설명력이 없다.

$$H_0: \beta_{q+1} = \beta_{q+2} = \ldots = \beta_{p-1} = \beta_p = 0$$

대립가설

H_1: 완전모형에 사용된 $(p-q)$개의 추가적인 독립변수 가운데 최소한 하나의 변수는 종속변수에 대한 설명력이 있다.

검증 통계

부분 F 테스트에서는 가설 검증을 위하여 F 통계를 사용한다.

$$F = \frac{SSE_r - SSE_f}{SSE_f} \frac{df_f}{df_r - df_f} = \frac{R_f^2 - R_r^2}{1 - R_f^2} = \frac{(1-R_r^2) - (1-R_f^2)}{1 - R_f^2}$$

SSE_f = 완전모형의 오차 제곱합
R_f^2 = 완전모형의 R^2
SSE_r = 부분모형의 오차 제곱합
R_r^2 = 부분모형의 R^2

부분 F 테스트의 F 통계는 $(df_r - df_f,\ df_f)$의 자유도를 지닌다.

의사결정

만약 F 통계값에 해당하는 유의수준이 0.05와 같거나 이보다 작으면 귀무가설을 기각한다. 그렇지 않으면 귀무가설을 기각하는 데 실패한다.

5. 회귀모형의 구축

회귀분석의 모형을 구축하는 일(model building) 혹은 회귀식에 포함되는 변수를 선정하는 일(variable selection)은 매우 중요하다. 어떠한 그리고 몇 개의 변수를 회귀모형에 포함시키는가의 문제는 곧 회귀모형의 예측력(설명력)과 모형의 간결성(parsimony)에 직접적인 영향을 미치기 때문이다. 모형의 간결성은 자료 수집이나 자료의 처리에 따르는 비용의 절감을 의미하기 때문에 우리는 여러 개의 회귀모형 가운데 회귀식에 포함되는 변수의 수가 적은 간결한 모형을 선호한다. 어떠한 그리고 몇 개의 독립변수를 사용하여 종속변수의 평균값을 예측하는가는 결국 회귀모형(회귀함수)의 효과성과 효율성에 커다란 영향을 미친다.

회귀모형의 구축 혹은 변수의 선정은 매우 중요한 일이지만 동시에 매우 까다로운 일이기도 하다. 회귀모형을 구축하는 작업에는 어떠한 왕도(royal road)도 없으며 하나의 정형화된 옳은 방법도 존재하지 않는다. 회귀모형의 구축은 오직 이론적 기반(theoretical foundation)과 실증적 분석(empirical analysis)의 결합으로써만 이루어 질 수 있는 일이다. 이러한 점에서 회귀모형의 구축은 과학(science)이라기보다는 차라리 예술(art)에 가깝다고 할 수 있다.

회귀모형을 구축하는 방법은 크게 다음과 같은 네 가지 방법으로 나누어 볼 수 있다. 회귀모형을 구축하는 데 가장 좋은 방법은 이들 네 가지 방법을 모두 실행해 보고나서 이론과 현실에 맞는 변수를 선정하는 것이다. 이들을 각각 살펴보면 다음과 같다.

(1) 입력방법

입력방법(enter)은 우리 앞에 주어진 모든 독립변수를 한꺼번에 회귀함수에 투입(dump-in)하는 방법이다. 우리는 입력방법의 결과로부터 종속변수에 유의한 영향을 미치는 독립변수를 t 통계값(t)과 유의수준(p)을 고려하여(회귀계수 테스트) 선정함으로써 회귀모형을 구축할 수 있다.

이 방법은 가장 간단하지만 몇 가지 문제점을 지니고 있다. 입력방법에서는 회귀모형에 최종적으로 포함될 변수를 t 통계값과 유의수준을 살펴봄으로써 선정하는데 t 통계값과 유의수준은 때때로 신뢰할 수 없는 경우가 존재한다. 즉, 독립변수 간에 높은 상관관계 혹은 공분산이 존재하는 경우 t 통계는 매우 불안정해지는 경우가 있다. 따라서 이러한 경우 t 통계는 그리 신뢰할 수 없는 지표가 된다. 또한 독립변수의 유의수준은 회귀식에 투입되는 변수의 순서에 따라 크게 달라지는 경우가 있다.

예: 커피 데이터를 이용한 입력방법

여기에서는 커피 데이터를 이용하여 SPSS로 회귀분석을 실행한 결과를 살펴본다. 종속변수는 폴져스 커피의 평가(X17)이며 독립변수는 커피의 속성 평가(X30–X50)이다. 우선 아래의 〈표 3–3〉은 회귀분석의 요약을 보여주는데 R^2와 수정된 R^2값을 알 수 있다.

표 3-3 회귀모형의 요약

모형 요약

모형	R	R 제곱	수정된 *R* 제곱	추정값의 표준오차
1	.349[a]	.122	.055	2.3974

〈표 3–4〉는 회귀분석의 분산분석표이다. 우리는 이 표를 가지고 전반적 모형 테스트를 실행할 수 있는데 여기에서 *F* 통계값은 1.825 그리고 유의수준은 0.016이므로 21개의 독립변수 가운데 최소한 하나는 유의적임을 알 수 있다. 즉, 최소한 하나의 독립변수는 폴저스 커피 평가에 유의적인 영향을 미치는 것을 알 수 있다.

표 3-4 분산분석표

분산분석[a]

모형		제곱합	자유도	평균 제곱	*F*	유의확률
1	회귀 모형	220.294	21	10.490	1.825	.016[b]
	잔차	1592.007	277	5.747		
	합계	1812.301	298			

a. 종속변수: X17_FOLGERS_RATING

다음의 〈표 3–5〉는 개별 계수 테스트의 결과를 보여준다. 위의 모형 테스트에서 귀무가설이 기각되었으므로 개별 계수 테스트는 의미를 갖는다. *t* 통계값과 유의수준을 살펴본 결과 우리는 X34, X37, X42, 그리고 X50의 네 변수가 회귀식에 포함될 수 있는 변수임을 알 수 있다.

표 3-5 개별 계수 테스트

계수[a]

모형	비표준화 계수		표준화 계수	*t*	유의확률
	B	표준오차	베타		
(상수)	6.007	1.273		4.720	.000
X30_RICH_TASTE	.063	.140	.037	.450	.653
X31_ALWAYS_FRESH	.091	.133	.051	.686	.493

모형		비표준화 계수		표준화 계수	t	유의확률
		B	표준오차	베타		
	X32_GOOD_START	−.072	.088	−.071	−.819	.413
	X33_FULL_BODIED_TASTE	.051	.135	.035	.380	.704
	X34_RICH_AROMA_CUP	−.224	.118	−.186	−1.905	.058
	X35_GOOD_VALUE	−.055	.068	−.059	−.811	.418
	X36_BEST_COFFEE_MORNING	−.146	.101	−.123	−1.443	.150
	X37_RICH_AROMA_TIN	.236	.114	.216	2.071	.039
	X38_SMOOTH_TASTE	.024	.131	.015	.180	.857
1	X39_HIGHEST_QUALITY	−.102	.108	−.079	−.949	.343
	X40_PREMIUM_BRAND	.083	.050	.110	1.654	.099
	X41_NOT_BITTER	−.040	.111	−.025	−.363	.717
	X42_BRIGHTENS_DAY	.161	.083	.178	1.948	.052
	X43_COST_MORE	−.064	.057	−.071	−1.130	.260
	X44_STRONG_TASTE	−.061	.052	−.075	−1.180	.239
	X45_NO_AFTERTASTE	.015	.067	.015	.220	.826
	X46_ECONOMY_BRAND	−.040	.072	−.052	−.561	.575
	X47_RICH_AROMA_BREWING	.049	.090	.047	.545	.586
	X48_BEST_GROUND_COFFEE	−.017	.061	−.021	−.275	.784
	X49_ENJOY_WITH_MEALS	.070	.043	.100	1.625	.105
	X50_COST_LESS	.185	.070	.257	2.642	.009

입력방법을 사용한 회귀분석의 회귀함수는 다음과 같다.

$$X17 = 0.037^* X30 + 0.051^* X31 + \cdots\cdots + 0.257^* X50$$

(2) 전진방법

전진방법(forward method)은 회귀식에 어떤 독립변수도 포함되어 있지 않은 상태에서 시작한다. 그리고 독립변수가 어떤 기준(selection criterion)에 따라 차례로 회귀함수에 투입되며 일단 회귀식에 포함된 변수는 제거되지 않는다(keep adding method).

전진방법에서 제일 처음으로 회귀식에 들어가는 변수는 종속변수와의 상관관계가 가장 높은 독립변수이다. 만약에 종속변수와의 상관관계가 통계적으로 유의하지 않을 경우(예를 들면 유의수준 〉 0.05)에는 회귀모형을 구축하는 것이 불가능하다. 이 경우 모든 독립변수를 투입하여도 R^2는 유의하지 않다(모형 테스트의 귀무가설 기각 실패).

두 번째로 회귀식에 들어가는 변수는 종속변수에 대한 첫 번째 변수의 영향력을 감안한 편상관계수(partial correlation)가 가장 높은 독립변수이다. 첫 번째 변수의 경우와 마찬가지로 만약 종속변수와의 편상관관계가 통계적으로 유의하지 않을 경우(예를 들면 유의수준 〉 0.05)에는 회귀모형의 구축이 이 단계에서 멈춘다. 즉, 회귀식은 첫 번째 변수만을 포함하는 단순회귀모형으로 결정된다. 마찬가지 방법으로 세 번째, 네 번째 변수가 회귀식에 투입되며 통계적으로 유의한 편상관관계를 지니지 못한 독립변수가 나타날 때까지 이 과정은 되풀이된다. 따라서 회귀모형에 포함될 수 있는 독립변수의 수는 최소 0에서 최대 p이다.

예: 커피 데이터를 이용한 전진방법

앞의 예와 마찬가지로 X17을 종속변수로 그리고 X30에서 X50까지 21개의 변수를 독립변수로 하여 전진방법을 사용하여 회귀분석을 실행한다. 우선 아래의 〈표 3-6〉에서 알 수 있는 것처럼 전진모형은 두 단계에서 끝나므로 우리는 회귀함수에 들어가는 변수가 두 개임을 알 수 있다. 또한 회귀식에 포함되는 변수의 수가 하나 늘어남에 따라 R^2와 수정된 R^2가 늘어남을 알 수 있다.

표 3-6　회귀모형의 요약

모형 요약

모형	R	R 제곱	수정된 R 제곱	추정값의 표준오차
1	.208a	.043	.040	2.4160
2	.249b	.062	.056	2.3966

다음의 〈표 3-7〉은 분산분석표이다. 독립변수가 하나인 첫 번째 회귀모형이나 독립변수가 두 개인 두 번째 모형이나 모두 유의함을 알 수 있다. 이는 두 개의 변수를 포함한 회귀모형의 전반적인 테스트이다. 그리고 세 번째로 회귀식에 들어갈 만큼 유의한 편상관계수를 지닌 변수는 없다.

다음으로는 이미 회귀함수에 포함된 두 변수(X50과 X37)에 대한 계수 테스트 결과이다. 따라서 전진방법을 이용한 회귀함수는 다음과 같다.

$$X17 = .197^{*} X50 + .136^{*} X37$$

표 3-7 분산분석표

분산분석[a]

모형		제곱합	자유도	평균 제곱	F	유의확률
1	회귀 모형	78.662	1	78.662	13.476	.000b
	잔차	1733.639	297	5.837		
	합계	1812.301	298			
2	회귀 모형	112.142	2	56.071	9.762	.000c
	잔차	1700.159	296	5.744		
	합계	1812.301	298			

a. 종속변수: X17_FOLGERS_RATING

또한 〈표 3-8〉의 2단계에서 X37이 추가되면서 X50의 회귀계수가 .208에서 .197로 바뀌는 것을 볼 수 있다. 따라서 우리는 이들 두 변수간에 공분산이 존재한다는 것(비록 크지는 않겠지만)을 알 수 있다.

표 3-8 개별 계수 테스트

계수[a]

모형		비표준화 계수		표준화 계수	t	유의확률
		B	표준오차	베타		
1	(상수)	6.522	.235		27.794	.000
	X50_COST_LESS	.150	.041	.208	3.671	.000
2	(상수)	5.390	.523		10.297	.000
	X50_COST_LESS	.142	.041	.197	3.492	.001
	X37_RICH_AROMA_TIN	.149	.062	.136	2.414	.016

a. 종속변수: X17_FOLGERS_RATING

(3) 후진방법

후진방법(backward method)은 입력방법과 마찬가지로 회귀식에 모든 p개의 변수가 포함된 상태에서 시작한다. 그리고 p개의 변수 중에서 가장 낮은 유의수준 혹은 가장 큰 t 통계의 절대값을 가진 독립변수가 회귀식으로부터 제거된다. 만약 가장 낮은 유의수준이 어떤 제거기준(예를 들어 0.05)보다 작거나 같다면 회귀모형의 구축과정은 여기에서 멈춘다. 즉, 회귀식에 포함된 p개의 변수가 모두 유의적이므로 모든 변수를 포함한 이 모형이 최종 회귀모형으로 결정된다.

첫 번째 변수가 제거되면 나머지 $(p-1)$개의 변수를 모두 회귀식에 투입하여 각각의 독립변수가 가지고 있는 편상관계수의 유의수준 혹은 t 통계의 절대값을 살펴봄으로써 두 번째로 제거될 변수를 결정한다. 유의수준이 0.05를 초과하지 않는 독립변수를 발견할 때까지 이 과정을 되풀이한다. 전진방법과 마찬가지로 회귀모형에 포함될 수 있는 독립변수의 수는 최소 0에서 최대 p이다. 전진방법의 경우와 유사하게 후진방법에서는 한번 제거된 변수는 다시는 회귀식에 투입되지 않는다(keep deleting method).

예: 커피 데이터를 이용한 후진방법

후진방법을 이용한 회귀분석의 예를 살펴본다. 종속변수와 독립변수는 앞의 예와 같다. 우선 아래의 〈표 3-9〉에서 보는 바와 같이 후진모형에서는 18단계에서 멈춘다. 1단계에서는 21개의 변수가 포함되고 2단계에서는 20개의 변수가 포함되고 18단계에서는 4개의 변수가 포함된 상태로 최종 회귀함수가 결정되는 것을 알 수 있다.

후진모형의 단계가 진행될수록(회귀식에 포함된 변수의 수가 줄어들기 때문에) R^2와 수정된 R^2 모두 감소하는 것을 볼 수 있다.

표 3-9 회귀모형의 요약

모형 요약

모형	R	R 제곱	수정된 R 제곱	추정값의 표준오차
1	.349[a]	.122	.055	2.3974
2	.348[b]	.121	.058	2.3932
3	.348[c]	.121	.061	2.3892
4	.348[d]	.121	.065	2.3852
5	.348[e]	.121	.068	2.3813
6	.347[f]	.120	.070	2.3779
7	.346[g]	.119	.073	2.3747
8	.344[h]	.118	.075	2.3720
9	.342[i]	.117	.077	2.3699
10	.339[j]	.115	.078	2.3685
11	.335[k]	.112	.078	2.3678
12	.331[l]	.109	.078	2.3674
13	.327[m]	.107	.079	2.3669
14	.321[n]	.103	.079	2.3672
15	.311[o]	.097	.075	2.3720
16	.301[p]	.091	.072	2.3756
17	.291[q]	.084	.069	2.3798
18	.286[r]	.082	.070	2.3788

다음은 분산분석표인데 마지막 단계에서도 네 개의 변수를 가지고 있는 회귀모형은 유의함을 알 수 있다. 모형 테스트의 귀무가설이 기각되는 것을 볼 수 있다.

표 3-10 분산분석표

분산분석[a]

모형		제곱합	자유도	평균 제곱	F	유의확률
1	회귀 모형	220.294	21	10.490	1.825	.016[b]
	잔차	1592.007	277	5.747		
	합계	1812.301	298			
2	회귀 모형	220.108	20	11.005	1.922	.011[c]
	잔차	1592.193	278	5.727		
	합계	1812.301	298			
3	회귀 모형	219.727	19	11.565	2.026	.008[d]
	잔차	1592.574	279	5.708		
	합계	1812.301	298			
4	회귀 모형	219.314	18	12.184	2.142	.005[e]
	잔차	1592.987	280	5.689		
	합계	1812.301	298			
5	회귀 모형	218.851	17	12.874	2.270	.003[f]
	잔차	1593.450	281	5.671		
	합계	1812.301	298			
6	회귀 모형	217.782	16	13.611	2.407	.002[g]
	잔차	1594.519	282	5.654		
	합계	1812.301	298			
7	회귀 모형	216.418	15	14.428	2.559	.001[h]
	잔차	1595.883	283	5.639		
	합계	1812.301	298			
8	회귀 모형	214.397	14	15.314	2.722	.001[i]
	잔차	1597.904	284	5.626		
	합계	1812.301	298			
9	회귀 모형	211.665	13	16.282	2.899	.001[j]
	잔차	1600.636	285	5.616		
	합계	1812.301	298			
10	회귀 모형	207.882	12	17.323	3.088	.000[k]
	잔차	1604.419	286	5.610		
	합계	1812.301	298			
11	회귀 모형	203.265	11	18.479	3.296	.000[l]
	잔차	1609.036	287	5.606		
	합계	1812.301	298			

모형		제곱합	자유도	평균 제곱	*F*	유의확률
12	회귀 모형	198.213	10	19.821	3.537	.000[m]
	잔차	1614.088	288	5.604		
	합계	1812.301	298			
13	회귀 모형	193.231	9	21.470	3.832	.000[n]
	잔차	1619.070	289	5.602		
	합계	1812.301	298			
14	회귀 모형	187.201	8	23.400	4.176	.000[o]
	잔차	1625.100	290	5.604		
	합계	1812.301	298			
15	회귀 모형	174.971	7	24.996	4.442	.000[p]
	잔차	1637.330	291	5.627		
	합계	1812.301	298			
16	회귀 모형	164.352	6	27.392	4.854	.000[q]
	잔차	1647.949	292	5.644		
	합계	1812.301	298			
17	회귀 모형	152.980	5	30.596	5.403	.000[r]
	잔차	1659.321	293	5.663		
	합계	1812.301	298			
18	회귀 모형	148.597	4	37.149	6.565	.000[s]
	잔차	1663.704	294	5.659		
	합계	1812.301	298			

a. 종속변수: X17_FOLGERS_RATING

다음은 개별 계수 테스트의 결과이다. 마지막 단계에서 우리는 회귀식에 포함된 네 개의 변수들의 회귀계수를 볼 수 있다. 따라서 최종 회귀모형은 다음과 같다.

$$X17 = -.146^{*} X34 + .210^{*} X37 + .119^{*} X49 + .180^{*} X50$$

표 3-11 개별 계수 테스트

계수[a]

모형	비표준화 계수		표준화 계수	*t*	유의확률
	B	표준오차	베타		
(상수)	6.007	1.273		4.720	.000
X30_RICH_TASTE	.063	.140	.037	.450	.653
X31_ALWAYS_FRESH	.091	.133	.051	.686	.493
X32_GOOD_START	−.072	.088	−.071	−.819	.413
X33_FULL_BODIED_TASTE	.051	.135	.035	.380	.704
X34_RICH_AROMA_CUP	−.224	.118	−.186	−1.905	.058

모형		비표준화 계수		표준화 계수	*t*	유의확률
		B	표준오차	베타		
	X35_GOOD_VALUE	−.055	.068	−.059	−.811	.418
	X36_BEST_COFFEE_MORNING	−.146	.101	−.123	−1.443	.150
	X37_RICH_AROMA_TIN	.236	.114	.216	2.071	.039
	X38_SMOOTH_TASTE	.024	.131	.015	.180	.857
1	X39_HIGHEST_QUALITY	−.102	.108	−.079	−.949	.343
	X40_PREMIUM_BRAND	.083	.050	.110	1.654	.099
	X41_NOT_BITTER	−.040	.111	−.025	−.363	.717
	X42_BRIGHTENS_DAY	.161	.083	.178	1.948	.052
	X43_COST_MORE	−.064	.057	−.071	−1.130	.260
	X44_STRONG_TASTE	−.061	.052	−.075	−1.180	.239
	X45_NO_AFTERTASTE	.015	.067	.015	.220	.826
	X46_ECONOMY_BRAND	−.040	.072	−.052	−.561	.575
	X47_RICH_AROMA_BREWING	.049	.090	.047	.545	.586
	X48_BEST_GROUND_COFFEE	−.017	.061	−.021	−.275	.784
	X49_ENJOY_WITH_MEALS	.070	.043	.100	1.625	.105
	X50_COST_LESS	.185	.070	.257	2.642	.009
	(상수)	6.042	1.256		4.810	.000
	X30_RICH_TASTE	.065	.139	.038	.465	.642
	X31_ALWAYS_FRESH	.091	.133	.051	.686	.493
	X32_GOOD_START	−.071	.088	−.069	−.807	.420
	X33_FULL_BODIED_TASTE	.056	.132	.038	.425	.672
	X34_RICH_AROMA_CUP	−.226	.117	−.187	−1.927	.055
	X35_GOOD_VALUE	−.056	.067	−.060	−.830	.407
	X36_BEST_COFFEE_MORNING	−.145	.101	−.122	−1.437	.152
	X37_RICH_AROMA_TIN	.241	.110	.221	2.193	.029
	X39_HIGHEST_QUALITY	−.100	.107	−.078	−.938	.349
2	X40_PREMIUM_BRAND	.083	.050	.109	1.650	.100
	X41_NOT_BITTER	−.036	.108	−.022	−.330	.741
	X42_BRIGHTENS_DAY	.162	.083	.179	1.963	.051
	X43_COST_MORE	−.064	.057	−.071	−1.138	.256
	X44_STRONG_TASTE	−.062	.051	−.077	−1.228	.221
	X45_NO_AFTERTASTE	.017	.066	.017	.258	.797
	X46_ECONOMY_BRAND	−.039	.071	−.051	−.552	.581
	X47_RICH_AROMA_BREWING	.049	.089	.047	.544	.587
	X48_BEST_GROUND_COFFEE	−.017	.061	−.021	−.277	.782
	X49_ENJOY_WITH_MEALS	.070	.043	.100	1.635	.103
	X50_COST_LESS	.185	.070	.257	2.649	.009
	(상수)	6.079	1.246		4.880	.000
	X30_RICH_TASTE	.066	.139	.039	.478	.633
	X31_ALWAYS_FRESH	.089	.132	.050	.671	.503
	X32_GOOD_START	−.073	.087	−.071	−.838	.403
	X33_FULL_BODIED_TASTE	.057	.132	.038	.430	.667
	X34_RICH_AROMA_CUP	−.229	.116	−.190	−1.968	.050

모형		비표준화 계수		표준화 계수	t	유의확률
		B	표준오차	베타		
3	X35_GOOD_VALUE	−.056	.067	−.060	−.831	.406
	X36_BEST_COFFEE_MORNING	−.146	.100	−.123	−1.449	.148
	X37_RICH_AROMA_TIN	.243	.110	.223	2.218	.027
	X39_HIGHEST_QUALITY	−.100	.107	−.077	−.934	.351
	X40_PREMIUM_BRAND	.084	.050	.111	1.681	.094
	X41_NOT_BITTER	−.028	.103	−.017	−.269	.788
	X42_BRIGHTENS_DAY	.164	.082	.181	2.007	.046
	X43_COST_MORE	−.064	.056	−.071	−1.133	.258
	X44_STRONG_TASTE	−.063	.051	−.077	−1.233	.219
	X46_ECONOMY_BRAND	−.038	.071	−.049	−.535	.593
	X47_RICH_AROMA_BREWING	.052	.088	.051	.591	.555
	X48_BEST_GROUND_COFFEE	−.017	.060	−.021	−.277	.782
	X49_ENJOY_WITH_MEALS	.071	.043	.101	1.657	.099
	X50_COST_LESS	.184	.070	.255	2.644	.009
	⋮			⋮		
17	(상수)	5.624	.630		8.922	.000
	X34_RICH_AROMA_CUP	−.196	.099	−.162	−1.972	.050
	X37_RICH_AROMA_TIN	.220	.088	.201	2.505	.013
	X42_BRIGHTENS_DAY	.051	.058	.056	.880	.380
	X49_ENJOY_WITH_MEALS	.077	.042	.110	1.841	.067
	X50_COST_LESS	.133	.041	.185	3.249	.001
18	(상수)	5.746	.615		9.351	.000
	X34_RICH_AROMA_CUP	−.175	.096	−.146	−1.818	.070
	X37_RICH_AROMA_TIN	.229	.087	.210	2.633	.009
	X49_ENJOY_WITH_MEALS	.083	.041	.119	2.014	.045
	X50_COST_LESS	.129	.041	.180	3.180	.002

a. 종속변수: X17_FOLGERS_RATING

(4) 단계별 선택방법

전진방법에서는 변수를 계속 회귀식에 투입하고 후진방법에서는 변수를 회귀식으로부터 계속 제거하는 방법을 사용하는 데 반하여 단계별 선택방법(stepwise regression)에서는 변수의 투입과 제거가 반복적으로 일어난다.

단계별 선택방법은 전진방법과 마찬가지로 회귀식에 어떤 변수도 포함되어 있지 않은 상태에서 모형구축이 시작된다. 그리고 처음으로 회귀식에 들어가는 변수는 역시 전진방법에서와 마찬가지로 종속변수와의 상관관계가 가장 강한 변수이다. 만약에 이 변수의 종속변수와의 상관관계가 통계적으로 유의하지 않을 경우에는 회귀모형을 구축하는 것이 불가능하다.

두 번째로 회귀식에 투입되는 변수도 전진방법의 경우와 마찬가지로 종속변수와의 편상관관계(partial correlation)가 가장 높은 변수이다. 일단 두 번째 변수가 들어가면 다음 단계는 이 두 변수가 포함되어 있는 회귀모형을 테스트해 보는 것이다.

첫 번째와 두 번째 변수만을 회귀식에 투입하면 이들의 공분산 혹은 상관관계에 따라 각각의 변수의 유의수준이 변할 수 있다. 즉, 변수의 유의수준이 전보다 증가하기도 하고(다른 변수를 inflator라고 한다) 감소하기도 한다(다른 변수를 depressor라고 한다). 만약 두 변수 중의 하나 혹은 두 변수 모두가 유의적이지 않다면 회귀식으로부터 제거된다.

세 번째로 회귀식에 포함되는 변수는 나머지 (p−2)개의 변수 중에서 종속변수와의 편상관관계가 가장 높은 변수이다. 그리고 일단 회귀식에 들어가고 나면 세 개의 변수로 회귀식을 구성하여 각각의 변수의 유의수준을 살펴봄으로써 제거할 변수를 결정한다. 회귀식에 투입될 수 있는 부분 상관관계를 지니지 못한 변수가 나타날 때까지 이 과정을 반복한다.

단계별 선택방법을 사용하는 중요한 이유는 각각의 독립변수의 유의수준은 그 변수의 투입순서에 따라 달라지기 때문이다. 따라서 단계별 방법에서는 새로운 변수가 투입될 때마다 제거해야 할 혹은 유지해야 할 변수를 점검한다. 전진방법이나 후진방법과는 달리 변수들은 투입과 제거를 반복할 수 있다.

예: 커피 데이터를 이용한 단계별 방법

여기에서는 단계별 방법을 살펴본다. 종석변수와 독립변수는 앞의 예와 같다. 아래의 〈표 3−12〉는 두 단계 만에 회귀모형의 구축이 끝난 것을 보여준다.

표 3-12 회귀모형의 요약

모형 요약

모형	R	R 제곱	수정된 R 제곱	추정값의 표준오차
1	.208[a]	.043	.040	2.4160
2	.249[b]	.062	.056	2.3966

다음의 분산분석표에서는 21개의 독립변수 가운데 두 개의 변수가 회귀식에 포함되었음을 보여준다. 그리고 이 두 개의 변수의 선형조합은 유의적임을 알 수 있다.

표 3-13 분산분석표

분산분석[a]

모형		제곱합	자유도	평균 제곱	F	유의확률
1	회귀 모형	78.662	1	78.662	13.476	.000[b]
	잔차	1733.639	297	5.837		
	합계	1812.301	298			
2	회귀 모형	112.142	2	56.071	9.762	.000[c]
	잔차	1700.159	296	5.744		
	합계	1812.301	298			

a. 종속변수: X17_FOLGERS_RATING

다음의 표는 개별 계수 테스트의 결과이다. 여기에서는 위의 분산분석표에서 확인한 두 개의 변수가 어느 것인가를 보여준다. 단계별 방법을 이용한 최종 회귀식은 다음과 같다.

$$X17 = .197^{*}\ X50 + .130^{*}\ X37$$

표 3-14 개별 계수

계수[a]

모형		비표준화 계수		표준화 계수	t	유의확률
		B	표준오차	베타		
1	(상수)	6.522	.235		27.794	.000
	X50_COST_LESS	.150	.041	.208	3.671	.000
2	(상수)	5.390	.523		10.297	.000
	X50_COST_LESS	.142	.041	.197	3.492	.001
	X37_RICH_AROMA_TIN	.149	.062	.136	2.414	.016

a. 종속변수: X17_FOLGERS_RATING

6. 회귀분석의 주요 이슈들

다중공선성

다중공선성(multicollinearity)이란 독립변수들 간에 높은 상관관계가 존재하고 있는 것을 말한다. 다중공선성이 회귀분석에서 중요한 이유는 우리가 추정하는 회귀계수와 회귀계수의 표준오차를 불안정(unstable)하게 만들기 때문이다. 회귀계수와 그 표준오차가 불안정해지면 결과적으로 t통계의 값이 불안정해지므로 각 독립변수의 유의성을 정확하게 평가할 수 없게 된다.

다중공선성으로 인한 문제의 해결방안은 다음과 같다.

첫째, 다중공선성을 무시하는 것이다. 이는 특히 독립변수들 간에 다중공선성이 존재하고 있지만 분석결과로 나타난 회귀계수가 비교적 안정적일 때 혹은 종속변수의 설명이나 예측에 중요한 영향을 미치지 않는 독립변수들 간에 공선성이 존재할 때 효과적인 대처 방법이다.

둘째, 높은 다중공선성을 지니고 있는 변수들 가운데 하나 혹은 두 개 정도의 변수를 회귀식에서 제거하는 것이다. 이는 회귀분석에서 가장 빈번하게 사용되는 방법이다.

셋째, 다중공선성을 지니고 있는 변수들을 새로운 변인(variates)으로 전환하는 방법이다. 높은 다중공선성을 제거하기 위하여 가장 많이 쓰이는 방법은 이들 변수들을 주성분분석을 통하여 몇 개의 주성분(principal component) 혹은 요인(factor)으로 변환하는 것이다. 주성분 간의 상관관계는 0이기 때문이다. 그러나 이 방법은 원래 데이터에 존재하는 데이터의 구조를 바꾸기 때문에 다중공선성을 제거한 뒤에 실행하는 후속분석(예를 들면 군집분석)의 결과에 영향을 미칠 수도 있다.

회귀분석 결과의 검증

회귀분석을 통하여 회귀계수의 추정값을 얻게 되면 다음으로는 과연 이 추정값이 얼마나 정확한가를 검증하여야 한다. 회귀분석 결과의 검증방법으로서 많이 사용되는 것은 분할표본법(split sample method)이다.

분할표본법에서는 전체 표본을 실행 표본(calibration sample)과 검증 표본(validation sample)의 두 하위표본으로 나눈다. 그리고 실행 표본을 사용하여 회귀계수의 추정값(β)을 구한다. 다음으로는 실행 표본으로부터 구한 회귀함수를 검증 표본의 실제 관측치에 적용하여 검증 표본의 예측치를 구한다. 검증 표본의 실제치와 예측치 간의 상관관계가 우리가 실행 표본을 사용하여 추정한 회귀계수의 검증 결과이다. 즉, 검증 표본의 실제치와 예측치 간의 상관관계가 높을수록 실행 표본의 회귀계수는 그 타당성(특히 외적 타당성)이 높다고 할 수 있다.

다음으로 실행 표본과 검증 표본의 역할을 바꾸어 위의 과정을 반복하여 교차검증(cross validation)을 실행할 수 있다.

7. 조절효과와 매개효과의 측정

변수의 조절효과와 매개효과를 측정하는 방법은 여러 가지가 있으나 여기에서는 회귀분석을 이용한 이들 효과의 측정방법을 살펴보기로 한다.

7.1 조절효과의 측정

우선 조절변수(moderator 혹은 moderating variable)란 독립변수와 종속변수 사이에 존재하는 관계의 방향이나 강도에 영향을 미치는 제3의 변수를 말한다. 예를 들어 판촉활동 비용과 매출액 사이의 관계는 판촉의 대상이 되는 제품의 관여도에 따라 달라질 수 있다. 이때 관여도는 판촉비용과 매출의 관계에 영향을 미치는 조절변수라고 할 수 있다. 그리고 조절효과(moderating effect)란 곧 독립변수와 조절변수의 상호작용(interaction)을 일컫는 것이다. 다음의 〈그림 3-8〉은 판촉활동 비용과 관여도 사이에 존재하는 상호작용 효과, 즉 관여도의 조절효과를 보여주고 있다.

그림 3-7 조절효과 모형

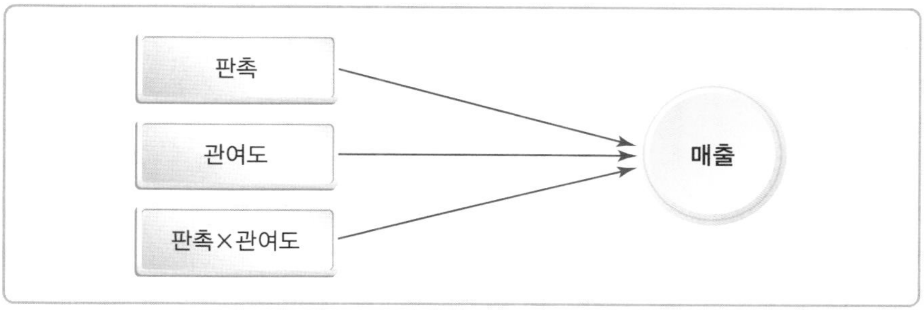

그림 3-8 조절(상호작용)효과

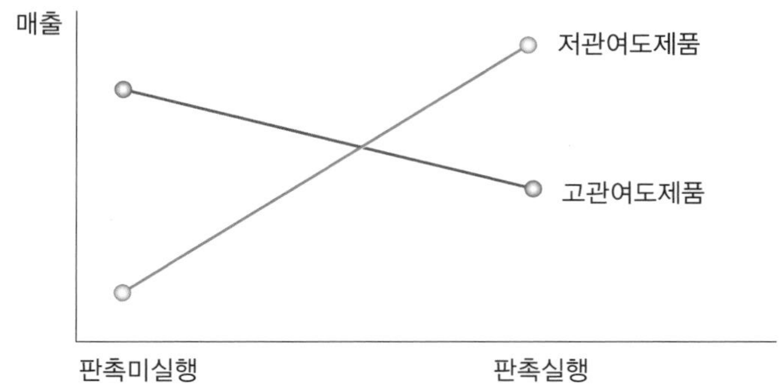

회귀분석을 이용하여 조절효과를 측정하는 방법은 다음과 같다. 판매촉진 비용(X)을 독립변수라 하고 매출액(Y)을 종속변수라고 할 때 조절변수인 관여도(X_m)의 효과는 아래의 회귀식을 사용하여 측정할 수 있다. 회귀식에서 마지막 항은 독립변수와 조절변수의 곱으로서 조절효과(상호작용 효과)를 나타낸다.

$$\hat{Y} = \beta_1 X + \beta_2 X_m + \beta_3 X X_m$$

만약 조절효과(상호작용)를 나타내는 회귀계수 β_3이 통계적으로 유의하다면 조절변수인 관여도(X_m)는 독립변수인 판촉비용과 종속변수인 매출액 사이의 관계를 조절하는 역할을 한다. 이때 β_1이나 β_2의 유의성은 조절변수의 역할과 아무런 관계가 없다.

7.2 매개효과의 측정

변수 X와 변수 Y 사이의 관계가 또 다른 변수 X_m을 통해서 이루어질 때 우리는 X_m을 매개변수(mediator 혹은 mediating variable)라고 부른다. 예를 들어 광고에 대한 태도가 구매의도에 미치는 영향이 브랜드에 대한 태도라는 또 다른 변수를 통하여 나타난다면 브랜드에 대한 태도는 광고태도와 구매의도 사이의 매개변수가 된다. 아래의 〈그림 3-9〉에서 광고태도는 브랜드 태도를 경유하여 구매의도에 영향을 미칠 수도 있고(경로 A; 브랜드 태도의 매개효과) 브랜드 태도를 거치지 않고 직접 구매의도에 영향을 미칠 수도 있다(경로 B; 매개효과 없음).

이러한 경우 브랜드 태도의 매개효과를 밝히기 위해서는 (1) 광고태도가

○ 그림 3-9 독립변수 종속변수 매개변수의 관계

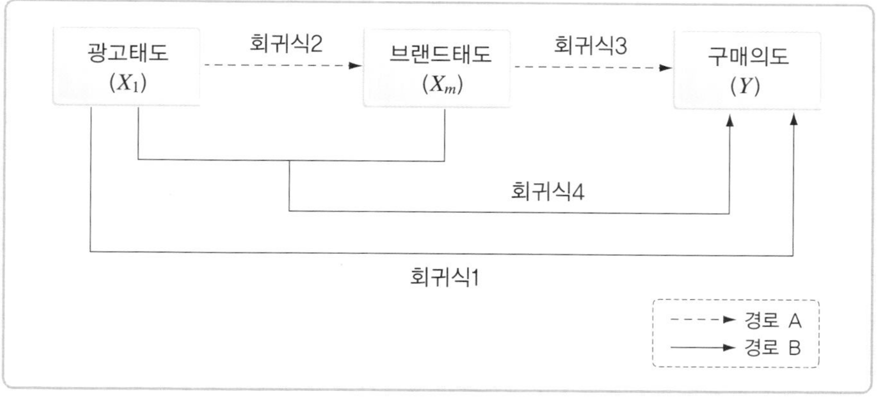

구매의도에 미치는 영향(회귀식 1), (2) 광고태도가 브랜드 태도에 미치는 영향(회귀식 2), 그리고 (3) 브랜드 태도가 구매의도에 미치는 영향(회귀식 3)이 유의함을 보여야 한다. 아래의 식에서는 광고태도, 브랜드 태도 그리고 구매의도 사이의 관계를 회귀모형으로 나타내고 있다.

회귀식 1

$$\hat{Y} = \hat{\beta}_1 X_1$$

회귀식 2

$$\hat{X}_m = \hat{\beta}_2 \mathrm{X}_1$$

회귀식 3

$$\hat{Y} = \hat{\beta}_3 X_m$$

회귀식 4

$$\hat{Y} = \hat{\beta}_4 X_1 + \hat{\beta}_5 X_m$$

만약 $\hat{\beta}_4$이 통계적으로 유의하지 않지만 $\hat{\beta}_5$이 유의하다면 이는 매개변수 X_m(브랜드 태도)가 종속변수 Y(구매의도)와 X_1(광고태도) 사이의 관계를 완전히 매개하는 것을 나타낸다. 그러나 $\hat{\beta}_4$이 통계적으로 유의하지만 회귀식 1의 $\hat{\beta}_1$보다 현저히 작으면 이는 X_m(브랜드 태도)가 부분적으로 매개변수의 역할을 하는 것을 나타낸다(partial mediation).

여기에서 $\hat{\beta}_4$이 $\hat{\beta}_1$보다 현저히 작다는 것을 확인하기 위해서는 평행성 검증 t-test(pallelism test in slope)를 사용하여야 한다. 평행성 검증 t-test에 사용되는 표준오차는 다음과 같다(출처: Baron, R. M and D. A. Kenny (1986)

"The Moderator–Mediator Distinction in Social Psychological Research: Cenceptual, Strategic, and Statistical Consideration," Journal of Personality and Social Psychology, 51(5), 1173–1192.).

$$[\hat{\beta}_2^2 SE(\hat{\beta}_2)^2 + \hat{\beta}_3^2 SE(\hat{\beta}_3)^2]^{\frac{1}{2}}$$

여기에서

$\hat{\beta}_2$= 회귀식 2에서의 독립변수의 회귀계수
$SE(\hat{\beta}_2)$= $\hat{\beta}_2$의 표준오차
$\hat{\beta}_3$= 회귀식 3에서의 매개변수의 회귀계수
$SE(\hat{\beta}_3)$= $\hat{\beta}_3$의 표준오차

알아두어야 할 핵심 용어

개별계수 테스트(individual parameter test)
결정계수(coefficient of determination)
극단치(outlier)
기울기(slope)
다중공선성(multiollinearity)
단계별 입력방법(stepwise method)
더미 회귀분석(dummy regression analysis)
매개변수(mediating variable 혹은 mediator)
매개효과(mediating effect)
모형 테스트(overall model test)
부분 F 테스트(partial F test)
상관계수(correlation coefficient)
선형조합(linear combination 혹은 linear composite)
수정된 R^2(adjusted R^2)
영향력 있는 관측치(influential observation)
완전모형(full model)
절편(intercept)
조절변수(moderating variable 혹은 moderator)
조절효과(moderating effect)
회귀계수(regression coefficient)
회귀모형의 구축(regression model building)

회귀분석(regression analysis)
회귀함수(regression function)
OLS 추정방법(ordinary least square method)
SSR(sum of squares due to regression)

생각해 볼 문제

1. 소영과 숙자는 다변량분석 과목에서 회귀모형을 구축하라는 과제를 받았다. 표본의 수가 150명인 데이터를 가지고 과제를 수행한 결과 소영은 5개의 변수를 사용하여 회귀모형을 구성하였는데 소영의 모형에서 R^2는 0.75로 나타났다. 반면에 숙자는 오직 3개의 변수를 사용하여 분산의 68%를 설명하는 R^2를 보였다. 소영은 자기 모형이 높은 예측력을 지니고 있으므로 숙자의 모형보다 낫다고 주장하였다. 한편 숙자는 자신의 모형이 변수 당 예측력이 높으므로 자신의 모형이 소영의 모형보다 우수하다고 주장하였다.

당신은 이들의 주장에 대하여 어떻게 생각하는가? 그리고 당신은 이들 모형 중에서 어느 것을 선택하겠는가?

2. 현정은 유수한 대학의 대학원 입학지도를 맡고 있다. 현정은 다음과 같은 다섯 가지의 변수를 사용하여 학생들의 대학원에서의 성과를 예측하고자 한다. 현정이 관심을 두고 있는 성과란 대학원 성적이다(GPA: graduate grading point average; 0–4.5).

X_1 = 학부성적(0.0–4.0)
X_2 = 학부 3–4 학년 성적(0.0–4.0)
X_3 = GMAT 성적(0%–99%)
X_4 = TOEFL 성적(0%–99%)
X_5 = 추천서 평가의 평균(10점–30점)

아래는 현정이 실행한 분석결과이다.

ANOVA[a]

Model		Sum of Squares	df	Mean Square	F	Sig.
1	Regression	31.119	5	6.224	1.385	.230[b]
	Residual	1317.128	293	4.495		
	Total	1348.247	298			

Coefficients[a]

Model	Unstandardized Coefficients B	Unstandardized Coefficients Std. Error	Standardized Coefficients Square	t	Sig.
1 (Constant)	6.049	.916		6.600	.000
UGPA	.087	.119	.059	.730	.466
UGPA_upper	.096	.109	.062	.882	.379
GMAT_pere	.108	.059	.122	1.817	.070
TOFEL_perc	−.071	.114	−.056	−.627	.531
RECOMM	−.122	.078	−.118	−1.565	.119

(1) 당신은 위의 다섯 개의 변수가 현정에게 도움을 준다고 생각하는가? 이에 관한 귀무가설과 대립가설을 제시하시오.

(2) 당신의 답을 뒷받침하기 위해서 R^2를 제시하시오.

(3) 현정에게 조금이라도 도움이 되는 변수가 있다면 그것은 무엇이라고 생각하는가?

(4) 현정이 분석한 결과를 보고 회귀식을 구성하시오.

(5) 현정이 실행한 분석에 문제점이 있을 수 있다면 당신은 그것이 무엇이라고 생각하는가?

제4장

분산분석

1. 분산분석의 개요
2. 일원 분산분석
3. 이원 분산분석
4. 상호작용
5. 다원 분산분석
6. 분산분석의 정리
7. 더미 회귀분석
8. 공분산분석

1. 분산분석의 개요

분산분석(analysis of variance, ANOVA)은 우리가 관심을 가지는 종속변수의 집단 평균(group mean)의 차이가 통계적으로 유의한가를 검증하는 분석기법이다. 집단 평균 간의 차이는 실험변수의 조작에서 발생한다. 예를 들면 실험변수가 광고비라고 할 때 광고비의 높고 낮음에 따라(실험변수의 조작) 매출(종속변수)이 어떻게 달라지는지를 분석하는 것이다. 따라서 분산분석은 실험디자인과 밀접한 관계를 가지고 있다. 물론 분산분석에서는 통제되지 않은 외생변수들(extraneous variables)의 영향을 감안한 후에 관측되는 집단 평균의 차이를 분석하는 것이다. 외생변수의 예로는 이력(history), 성숙(maturation), 피실험대상의 손실(experimental mortality) 등을 들 수 있다.

분산분석이라는 이름은 자못 사람들을 혼란스럽게 만드는 것이 사실이다. 분산분석에서 우리가 분석하는 것은 분산(variance)이 아니라 집단 평균(예를 들면 실험집단의 평균과 통제집단의 평균)의 차이이기 때문이다. 분산분석의 주된 이점은 여러 집단의 평균을 한꺼번에 비교할 수 있다는 점에 있다. 집단의 평균을 비교하는 가장 간단한 방법은 t 테스트이다. 그러나 t 테스트는 한 번에 두 집단만을 비교하기 때문에 집단의 수가 늘어남에 따라 우리가 실행하여야 할 t 테스트의 수는 크게 증가한다. 모두 k개의 집단이 있을 때 우리가 실행하여야 하는 t 테스트의 수는 $_kC_2$이다. 반면에 분산분석에서는 이 $_kC_2$개의 t 테스트를 동시에 처리할 수 있다는 이점이 있다.

분산분석은 회귀분석과 마찬가지로 종속변수와 독립변수의 구별이 있는 종속형 분석기법(dependence model)이다. 분산분석에 사용되는 종속변수는 하나(single criterion)이며 반드시 메트릭 변수(metric variable)가 되어야 한다. 즉, 분산분석에서 종속변수는 등간척도나 비율척도에 의하여 측정된 변수이어야 한다. 한편 분산분석에서의 독립변수는 실험변수(experimental variable), 실험요인(experimental factor) 혹은 처리변수(treatment)라고도 불리는데 이들은 반드시 명목척도에 의하여 측정된 범주형 변수(categorical variable)이어야 한다. 이 항목변수는 응답자가 어느 집단에 소속되어 있는지를 나타낸다. 그리고 독립변수의 수에는 제한이 없다. 독립변수(실험변수)의 수가 하나인 경우를 일원 분산분석(single factor ANOVA)라고 부르며 독립변수의 수가 두 개일 경우를 이원 분산분석(two factor ANOVA)이라고 부른다. 일반적으로 독립변수의 수가 두 개 이상일 경우를 다원 분산분석(multi-factor ANOVA)이라고 부른다. 다원 분산분석에서는 일원 분산분석의 경우와는 달리 독립변수 사이에 상호작용(interaction)이 발생하기도 한다. 상호작용은 다원 분산분석에서 자세히 다루기로 한다.

표 4-1 집단평균은 언제 유의한 차이를 보이는가?

아래 그림은 두 식료품점－수퍼마켓과 편의점－에서 팔린 새 브랜드의 아이스크림에 대한 판매량 측정을 보여준다. 관측은 5일간 각 가게에서 추진되었다. 이 연구는 더 엄격하게 통제되는 실험법이나 더 느슨하게 진행되는 관찰법으로 운영될 수 있었다.

우리는 두 가게에서 팔린 아이스크림의 평균계수가 의미 있는 차이를 만들어내는지의 여부를 이 연구의 학문적인 토대이자 주된 관심사로 삼았다. 아래의 그래프 Ⅰ이 계수적으로 다른 평균을 보여주기는 하지만 이것이 의미 있는 차이를 지닌다고 단정적으로 말할 수는 없다.

그래프Ⅱ에 나타난 평균계수들간의 차이는 그래프Ⅰ에 나타난 것들과 같지만, 각각의 관찰이 산발적이기 때문에 이들의 본질적인 차이는 확정적이지 못하다. 각 집단에서의 변동은 평균계수에서의 차이마저 확실치 못하게 만들 정도로 상당한 규모로 나타난다.

이러한 상황은 평균계수들간의 차이가 이전의 두 그래프와 똑같게 나타나는 그래프Ⅲ에서 상당히 많이 달라진다. 그러나 그 관찰들은 각 가게에서의 평균 주변에서 무리를 이룬다. 이러한 군집현상은 연구자들로 하여금 두 평균 사이에 통계적으로 유의미한 차이가 있었다는 결론에 도달하게 해준다.

문제는 평균들 사이의 통계적으로 유의미한 차이가 있다는 결론을 내리기 위해서, 언제 평균계수들이 충분히 다르고, 각 집단에서 이루어진 관찰의 산발성(즉, 변동)에 대한 연관 등을 어떻게 결정하느냐는 것이다. 분산분석은 우리가 이 질문에 대한 답을 연구하는 데 도움을 준다.

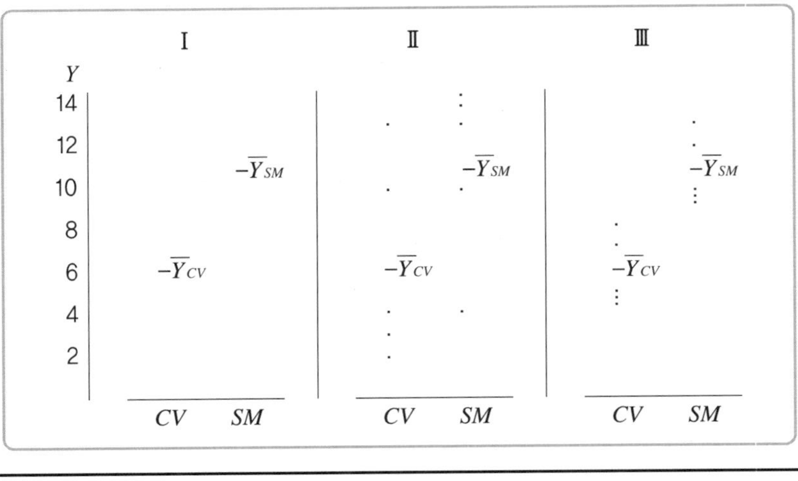

출처: Iversen, Gudmund R. and Norporth Helmut (1976), Analysis of Variance, Sage.

2. 일원 분산분석

일원 분산분석(single factor ANOVA)은 독립변수(실험변수)의 수가 하나일 경우의 분산분석을 말한다. 일원 분산분석의 대상이 되는 데이터의 일반적인 형태는 다음의 표와 같다. 〈표 4-2〉에서 각 집단은 독립변수의 수준이나 응답항목에 의하여 나누어진 집단이다. 예를 들면 집단 1은 광고비의 수준이 높은 지역, 집단 2는 광고비의 수준이 중간인 지역, 그리고 집단 3은 광고비의 수준이 낮은 지역을 나타낸다.

표 4-2 일원 분산분석의 자료

응답자	집단 1	집단 2	.	집단 J
1	Y_{11}	Y_{12}	.	Y_{1J}
2	.	.	.	.
.	.	.	.	.
.	.	.	.	.
.	.	.	.	.
.	.	.	.	.
n	Y_{n1}	.	.	Y_{nJ}

일반적으로

Y_{ij} = j 번째 집단에 소속된 i 번째 응답자의 관측치

2.1 일원 분산분석 모형

일원 분산분석의 모형은 다음과 같다.

$$Y_{ij} = \mu + \tau_j + \varepsilon_{ij}$$

여기에서

Y_{ij} = j 번째 집단에 소속된 i 번째 응답자의 관측치(실제치)

μ = 전체 평균(overall mean 혹은 grand mean)

τ_j = 전체평균(μ)과 j 번째 집단 평균의 차이(실험변수의 효과)

ε_{ij} = 오차(j 번째 집단 평균과 그 집단에 소속된 i 번째 응답자의 관측치와의 차이)

예

Y대에서는 다변량 분석 과목을 개설하면서 두 개의 반을 운영하였다. 한 반은 매주 퀴즈를 실시하였고 다른 반은 퀴즈를 실시하지 않았다. 두 반의 학기말 시험 성적은 아래의 〈표 4-3〉과 같다. 퀴즈를 실시한 반의 평균은 90점이고 퀴즈를 실시하지 않은 반의 평균은 80점이었다. 분산분석은 두 반의 학기말 시험 성적의 평균이 통계적으로 유의한 차이가 있는지를 검증한다. 물론 두 반은 퀴즈의 실시 여부를 제외하고는 모든 것이 같다고 가정한다. 여기에서 실험변수는 퀴즈이고 종속변수는 기말고사 성적이다.

분산분석의 모형을 구체적인 숫자로 보여주면 다음과 같다.

예를 들어 집단 1의 두 번째 학생의 점수는 앞의 모형에 따라 다음과 같은 부분으로 구성되어 있다: (1) 전체평균, (2) 집단 1의 반 평균과 전체 평균의 차이, (3) 집단 1의 두 번째 학생의 점수와 집단 1의 평균의 차이. 즉,

$$88 = 85 + (90 - 85) + (88 - 90)$$

이 가운데 두 번째 항(90−85)은 실험변수의 효과 즉, 퀴즈를 실시한 효과를 나타낸다. 그리고 마지막 항은(88−90)은 우리가 알 수 없는 개인차 즉, 오차를 나타낸다. 집단 1에 있는 학생들의 평균이 90인데 비하여 두 번째 학생이 88점을 받은 것은 실험변수(퀴즈의 실시)로는 설명할 수 없는 오차이다.

표 4-3 두 집단의 평균 비교

학 생	집단 1 (매주 퀴즈)	집단 2 (퀴즈 없음)
1	95	90
2	88	75
3	91	82
.	.	.
.	.	.
50	80	78
집단 평균	90	80
전체 평균	85	

2.2 종속변수의 제곱합의 분해

일단 ANOVA 모형을 구축한 다음, 위의 예에서 살펴본 바와 같이 개인 응답자의 관측치를 다음과 같은 세 구성요소로 분해(decomposition)할 수 있다.

개인 응답자의 관측치
=(1)전체 평균
+(2)(개인 응답자의 관측치와 집단 평균의 차이)
+(3)(전체 평균과 집단 평균의 차이)

즉,

$$Y_{ij}=\bar{Y}_{..}+(Y_{ij}-\bar{Y}_{.j})+(\bar{Y}_{.j}-\bar{Y}_{..})$$

$\bar{Y}$를 왼쪽으로 이항하면

$$(Y_{ij}-\bar{Y}_{..})=(Y_{ij}-\bar{Y}_{.j})+(\bar{Y}_{.j}-\bar{Y}_{..})$$

각 항의 제곱합을 구하면

$$\sum_{i=1}^{n}\sum_{j=1}^{J}(Y_{ij}-\bar{Y}_{..})^2=\sum_{i=1}^{n}\sum_{j=1}^{J}(Y_{ij}-\bar{Y}_{.j})^2+\sum_{j=1}^{J}(\bar{Y}_{.j}-\bar{Y}_{..})^2$$

n=각 집단의 응답자 수
J=집단의 수

만약 각 집단에 있는 응답자의 수가 다를 경우 n을 n_j로 대체한다.

$$\sum_{i=1}^{n_j}\sum_{j=1}^{J}(Y_{ij}-\bar{Y}_{..})^2=\sum_{i=1}^{n_j}\sum_{j=1}^{J}(Y_{ij}-\bar{Y}_{.j})^2+\sum_{j=1}^{J}(\bar{Y}_{.j}-\bar{Y}_{..})^2$$

n_j=각 집단의 응답자 수

좌변은 개인 응답자의 관측치와 전체 평균의 차이의 제곱합이므로 종속변수의 전체 제곱합(SST: total sum of squares)을 나타낸다. 마찬가지로 우변의 첫 번째 항은 j번째 집단 내의 제곱합(SSW: within group sum of squares)이며 두 번째 항은 집단 간의 제곱합(SSB: between group sum of squares)을 나타낸다. 즉,

$$SST=SSW+SSB$$

SST=전체 제곱합(total sum of squares)
SSW=집단 내 제곱합(within–group sum of squares)
SSB=집단 간 제곱합(between–group sum of squares)

회귀분석의 경우와 마찬가지로 양변을 SST로 나누면

$$1 = SSW/SST + SSB/SST$$

여기에서 SSB/SST는 실험변수에 의하여 설명되는 분산(제곱합)의 비율을 나타낸다. 즉, 실험변수의 효과를 나타낸다. 그리고 SSW/SST는 실험변수에 의하여 설명되지 않는 분산의 비율을 나타낸다. 즉, 이는 개인 차이를 비롯한 무작위 요인(random error)의 효과를 나타내는 것이다. 따라서 SSB/SST는 R^2을 나타내며 그 의미는 회귀분석에서의 경우와 같다. 즉, 실험변수에 의하여 설명되는 분산의 비율을 말한다.

$$1 = (1 - R^2) + R^2$$

2.3 일원 분산분석의 가설 검증

분산분석에서의 가설검증은 전반적인 모형 테스트와 개별적인 집단평균의 테스트(비교)의 두 부분으로 이루어진다. 이는 회귀분석의 경우와 유사하다. 회귀분석에서는 전반적인 모형 테스트를 실시하고 모형 테스트의 귀무가설을 기각한 경우 개별 계수 테스트를 실행하였는데 분산분석에서도 마찬가지로 전반적인 모형 테스트를 실시하고 귀무가설이 기각된 경우 집단 평균의 같고 다름을 검증한다.

(1) 모형 테스트

분산분석의 모형 테스트에서는 모든 집단 평균이 같은지의 여부를 살펴본다.

가설의 설정

분산분석의 모형 테스트는 최소한 하나의 집단 평균이 나머지 집단 평균과 다른가를 검증하는 과정이다. 여기에서 귀무가설은 실험변수의 효과가 없다는 것으로 모든 τ는 0이 된다는 것이다. 그리고 만약 실험변수의 효과가 없다면 실험변수의 조작에도 불구하고 결과적으로 모든 집단 평균은 같게 나타날 것이다. 따라서 귀무가설은 다음과 같다.

$$H_0 : \overline{Y}_1 = \overline{Y}_2 = \overline{Y}_3 (\mu_1 = \mu_2 = \mu_3)$$

$$H_0 : \tau_1 = \tau_2 = \tau_3 = 0$$

여기에서 한 가지 주의할 것은 두 번째 가설에서는 반드시 모든 τ가 0이 된다는 것을 명시해야 한다는 점이다. 첫 번째 가설은 모든 집단 평균이 같다는 것을 제시하는 것으로 충분하지만 두 번째 가설에서는 반드시 실험 변수의 효과가 0이라는 것을 명확하게 밝혀야 한다. 모형 테스트의 대립가설은 다음과 같다.

H_A : 최소한 하나의 $\overline{Y}_j$는 다를 것이다.

H_A : 최소한 하나의 τ_j는 0이 아닐 것이다.

검증 통계

분산분석에서는 회귀분석의 경우와 마찬가지로 가설을 검증하기 위하여 분산분석표(ANOVA table)를 이용한다. 분산분석표에 나타난 F 통계와 유의확률(p)을 사용하여 귀무가설의 기각여부를 결정한다. 그리고 F 통계는 집단간 평균제곱(MSB)과 집단내 평균제곱(MSW)의 비율이며 ($J-1$, $N-J$)의 자유도를 갖는다(J는 집단의 수이며 N은 전체 표본의 수이다).

표 4-4 분산분석표

	제곱합	자유도	평균 제곱	F
집단 간	SSB	$J-1$	MSB = SSB/($J-1$)	MSB/MSW
집단 내	SSW	($N-J$)	MSW = SSW/($N-J$)	
전체	SST	($N-1$)		

의사결정

우리가 구한 F 통계의 유의확률이 0.05와 같거나 그보다 작으면 귀무가설을 기각할 수 있다.

(2) 집단 평균 테스트

우리가 위에서 실행한 모형 테스트의 귀무가설이 기각되면 이것은 최소한 하나의 집단 평균이 나머지 집단 평균과 다르다는 것을 의미한다. 따라서 다음으로 우리가 관심을 갖는 사항은 과연 어느 집단의 평균이 다른 집단 평균과 통계적으로 유의한 차이를 보이는가의 문제이다.

어느 집단 평균이 다른 집단 평균(들)과 통계적으로 유의한 차이를 보이는가를 밝혀내기 위하여 사용하는 분석이 바로 *t* 테스트이다. 앞에서 이야기한 바와 같이 분산분석은 많은 수의 *t* 테스트를 동시에 수행할 수 있다(다중비교; multiple comparison). 이러한 *t* 테스트에는 Bonferroni 테스트 , Tukey's 테스트, Scheffe 테스트 등 여러 가지 종류의 *t* 테스트가 있지만 가장 단순한 형태의 *t* 테스트는 LSD(least significant difference)이다. LSD 방법에서는 여러 집단 평균의 쌍(pair)을 비교하면서 그 가운데에서 통계적으로 유의한 최소의 차이를 파악한다. 이 최소 차이보다 큰 집단 평균의 차이는 당연히 통계적으로 유의하기 때문이다.

예: BOWBOW 매출의 일원 분산분석

BOWBOW라는 개 사료를 판매하는 한 점포에서는 제품을 진열하는 선반의 높이가 매출에 미치는 영향을 분석하기 위하여 24주 동안의 매출 자료를 분석하였다. 처음 8주간은 제품을 무릎 높이의 선반에 진열하였고 다음 8주는 허리 높이의 선반에, 그리고 마지막 8주는 눈높이의 선반에 각각 제품을 진열하였다. 진열대의 높이에 따른 매출 자료는 아래의 〈표 4-5〉에 나타나 있다.

여기에서 독립변수(실험변수)는 진열 선반의 높이이며 종속변수는 매출액이다. 실험변수는 세 가지의 수준(높이)을 가지고 있으며 이는 명목척도로 측정된 범주형 변수이다. 즉, 무릎 높이는 (1)로, 허리 높이는 (2)로, 그리고 눈

표 4-5 BOWBOW 매출 자료

	무릎 높이(1)		허리 높이(2)		눈 높이(3)	
관측치	X_{11}	77	X_{12}	88	X_{13}	85
	X_{21}	82	X_{22}	94	X_{23}	85
	.	86	.	93	.	87
	.	78	.	90	.	81
	.	81	.	91	.	80
	.	86	.	94	.	79
	.	77	.	90	.	87
	X_{81}	81	X_{82}	87	X_{83}	93
집단 평균		81.0		90.9		84.6
전체 평균				85.5		

높이는 (3)으로 각각 코딩되어 있다. 이는 세 집단 일원 분산분석의 예이다.

(1) 전반적 모형 테스트

우리가 이 매출 자료를 분석하는 목적은 세 개의 집단 평균에 통계적으로 유의한 차이가 있는가를 규명하는 것이다. 따라서 귀무가설과 대립가설을 다음과 같이 설정할 수 있다.

$$H_0 : \overline{Y}_1 = \overline{Y}_2 = \overline{Y}_3$$

$$H_0 : \tau_1 = \tau_2 = \tau_3 = 0$$

H_A : 최소한 하나의 $\overline{Y}_j$는 다를 것이다.

H_A : 최소한 하나의 τ_j는 0이 아닐 것이다.

분산분석의 결과는 다음의 분산분석표에 나타나 있다. 검증통계인 F값은 14.6이며 유의수준은 0.05보다 작으므로 우리는 귀무가설을 기각할 수 있다. 즉, 세 집단의 매출 평균 가운데 적어도 하나는 다른 집단의 매출 평균과 다르다는 것을 의미한다.

표 4-6 BOWBOW 매출의 분산분석표

	제곱 합	자유도	평균 제곱	F
집단 간	399.25	2 (J−1)	199.625	14.42 (p 〈 .000)
집단 내	288.75	21 (N−J)	13.75	
합계	688.00	23 (N−1)		

(2) 다중비교

위의 모형 테스트에서 귀무가설을 기각하였으므로 다음으로는 어느 집단의 매출 평균이 어느 다른 집단의 매출 평균과 다른지 알아보기 위하여 집단 평균의 다중비교를 실시한다. 여기에서의 귀무가설과 대립가설은 다음과 같다.

$$H_{01} : \mu_1 = \mu_2$$
$$H_{A1} : \mu_1 \neq \mu_2$$

$$H_{02} : \mu_1 = \mu_3$$
$$H_{A2} : \mu_1 \neq \mu_3$$

$$H_{03} : \mu_2 = \mu_3$$
$$H_{A3} : \mu_2 \neq \mu_3$$

검증통계는 t 테스트이다.

$$t = \frac{\overline{Y}_i - \overline{Y}_j}{SE(\overline{Y}_i - \overline{Y}_j)}$$

아래의 다중비교표에서 알 수 있는 바와 같이 허리 높이의 매출은 다른 두 집단의 매출과 다르고(p=.000) 허리 높이의 매출과 눈높이의 매출은 서로 다르지 않은 것을(p=.064)을 알 수 있다.

표 4-7 다중비교표

	평균 차	표준오차	유의확률
무릎 높이－허리 높이	−9.875	1.854	.000
무릎 높이－눈 높이	−3.625	1.854	0.064
허리 높이－눈 높이	6.250	1.854	0.003

예: 커피 데이터

아래는 커피 데이터를 이용하여 실행한 분산분석의 예이다. 여기에서는 응답자들이 가장 자주 마시는 커피 브랜드가 폴져스인지 아닌지를 독립변수로 하여 이것이 폴져스 커피의 평가에 미치는 영향을 분석하였다(2-group ANOVA). 아래의 SPSS 프로그램의 출력물에 나타난 바와 같이 F값은 152.183 그리고 유의확률은 .000으로, 이는 폴져스 커피를 가장 자주 마시는 집단이 그렇지 않은 집단과 비교하여 폴져스 커피에 대한 평가가 다르다는 것을 뜻한다(집단평균은 여기에 나타나 있지 않음).

일원배치 분산분석

X17_FOLGERS_RATING

	제곱합	df	평균 제곱	F	유의확률
집단－간	614.007	1	614.007	152.183	.000
집단－내	1198.294	297	4.035		
합계	1912.301	298	0.003		

3. 이원 분산분석

분산분석에서 실험변수(독립변수)의 수가 2개 이상일 때를 다원(혹은 다요인) 분산분석(multi-factor ANOVA)이라고 부른다. 여기에서는 실험변수의 수가 2개일 경우(two factor ANOVA)를 살펴보도록 한다. 이 경우 분산분석의 모형은 다음과 같다.

이원 분산분석 모형

$$Y_{ijk} = \mu + \alpha_i + \beta_j + (\alpha\beta)_{ij} + \varepsilon_{ijk}$$

여기에서

Y_{ijk} = 실험변수 A의 i번째 수준과 실험변수 B의 j번째 수준의 조합 (cell)에 있는 k번째 응답자의 관측치

α_i = 실험변수 A의 주효과

β_j = 실험변수 B의 주효과

$(\alpha\beta)_{ij}$ = 실험변수 A와 실험변수 B 사이의 상호작용 효과

ε_{ijk} = 오차

예: BOWBOW 매출의 이원 분산분석

BOWBOW 개 사료를 판매하는 점포는 개 사료를 진열하는 선반의 높이에 추가하여 진열 선반의 너비가 매출에 미치는 영향을 살펴보기 위하여 이원 분산분석을 실시하였다. 이원 분산분석의 자료는 다음과 같다.

표 4-8 BOWBOW 매출의 이원 분산분석 자료

진열 선반의 높이	진열 선반의 너비		
	무릎 높이(B_1)	허리 높이(B_2)	눈 높이(B_3)
반쪽 선반(A_1)	70, 75, 79	85, 88, 93	77, 81, 78
온쪽 선반(A_2)	91, 90, 87	94, 97, 93	87, 90, 90

위의 자료를 이용하여 실행한 이원 분산분석의 결과는 다음의 〈표 4-9〉에 나타나 있다. 이원 분산분석에서 우리가 처음으로 살펴보아야 하는 것은 두 실험변수 사이의 상호작용 효과(interaction effect)이다. 만약 상호작용 효과가 통계적으로 유의하다면 실험변수의 주효과(main effect)를 분석하는 것은 의미를 잃게 된다. 다음에서 살펴볼 바와 같이 상호작용의 존재는 집단 평균이 다른 실험변수의 수준에 따라 달라지게 만들기 때문이다. 따라서 두 실험변

표 4-9 BOWBOW 매출의 이원 분산분석표

	제곱합	자유도	평균 제곱	F / p
집단 간	853.167	5	170.633	19.439 =170.633/8.778 (p=.000)
선반 너비 (너비의 주효과)	480.500	1 (너비수준의 수−1)	480.500	54.741 =480.500/8.778 (p=.000)
선반 높이 (높이의 주효과)	316.333	2 (높이수준의 수−1)	158.167	18.019 =158.167/8.778 (p=.000)
너비×높이 (상호작용 효과)	56.333	2 (너비 자유도×높이 자유도)	28.167	3.209 =28.167/8.778 (p=.071)
집단 내 (오차)	105.333	12	8.778	
합계	958.500	17		

수 사이에 상호작용이 존재할 경우에는 집단 평균을 분석하는 대신에 실험조합의 평균(cell mean)을 분석하여야 한다.

그러나 만약 상호작용 효과가 유의하지 않다면 일원 분산분석의 경우와 마찬가지로 실험변수의 집단 평균(주효과)을 분석하면 된다. 이 경우 실험변수의 주효과(집단 평균의 차이) 검증을 보다 엄격하게(rigorous)하기 위하여 상호작용의 제곱합을 집단내 제곱합에 더하여 집단내 평균제곱(오차)을 크게 만들기도 한다. 즉, 주효과의 기각을 어렵게 하기 위하여 오차를 늘리는 것이다.

(1) 상호작용 효과의 가설 검증

이원 분산분석에서 우리가 가장 먼저 살펴보아야 하는 것은 상호작용 효과의 유의성이다. 상호작용 효과의 검증을 위한 귀무가설과 대립가설은 다음과 같다.

H_0 : 모든 i, j에 대하여 $(\alpha\beta)ij=0$

H_A : 최소한 하나의 $(\alpha\beta)ij$는 0이 아니다.

검증통계인 F값이 3.209이고 그에 해당하는 유의확률이 0.071로 이는 0.05보다 크므로 우리는 귀무가설을 기각하는 데 실패한다. 따라서 실험변수 사이의 상호작용 효과가 없으므로 우리는 선반 너비의 주효과와 선반 높이의 주효과를 살펴볼 수 있다. 일원 분산분석에서와 마찬가지로 선반의 높이에 따른 집단 평균(3개)을 비교하고 또 선반 너비에 따른 2개의 집단 평균을 비교하는 일이 가능하다.

(2) 주효과 검증

다음으로 선반 높이와 선반 너비의 주효과를 검증하기 위한 귀무가설과 대립가설은 다음과 같다.

선반 너비의 주효과

$$H_0 : \mu_{\text{반쪽 선반}} = \mu_{\text{온쪽 선반}}$$

$$H_A : \mu_{\text{반쪽 선반}} \neq \mu_{\text{온쪽 선반}}$$

선반 높이의 주효과

$$H_0 : \mu_{\text{무릎 높이}} = \mu_{\text{허리 높이}} = \mu_{\text{눈 높이}}$$

H_A : 최소한 하나의 $\mu_{\text{높이}}$는 다를 것이다.

검증통계량 F 값이 선반 너비와 선반 높이에 대하여 각각 54.741과 18.019이며 이들에 대한 유의확률이 0.05보다 작으므로 우리는 귀무가설을 기각할 수 있다(〈표 4-8〉 참조). 집단 평균간의 사후 비교인 다중비교는 일원 분산분석의 경우와 같다.

4. 상호작용

다원 분산분석에서 어떤 종속변수의 평균이 실험 변수의 수준에 따라 달라지는 경우에 우리는 독립변수 사이에 상호작용(interaction)이 존재한다고 말한다. 상호작용의 존재는 집단 평균의 주효과(main effects)를 무의미하게 만든다. 따라서 실험변수(독립변수) 사이에 상호작용이 존재하는 경우에는 집단 평균의 차이를 분석하지 않고 실험조합의 평균(cell mean)을 분석하여야 한다.

여기에서 상호작용의 유무에 관한 두 가지 극단적인 경우를 생각해 볼 수 있다. 아래의 두 케이스에 나타난 자료는 실험조합의 평균이다.

Case 1: 상호작용이 없는 경우

〈표 4-10〉은 선반 높이와 선반 너비 사이에 상호작용이 없는 경우를 보

여주고 있다. 우선 이 표에서 선반 높이의 주효과가 있는 것을 알 수 있다. 즉, 선반 높이에 따른 집단 평균이 다름을 알 수 있다(3, 5, 7). 그리고 이 차이는 선반 너비의 수준에 상관없이 동일하다. 즉, 선반이 반쪽이든 온쪽이든 허리 높이의 선반을 사용하는 것이 가장 많은 매출을 올릴 수 있는 것이다. 선반 너비의 주효과도 마찬가지이다. 선반의 높이에 상관없이 언제나 반쪽 선반을 사용하는 것이 유리하다. 〈그림 4-1〉은 셀 평균을 그래프로 나타낸 것인데 상호작용이 없는 경우에는 선반 너비의 두 그래프(반쪽과 온쪽)는 평행을 이룬다.

표 4-10 셀 평균의 비교

	무릎 높이	허리 높이	눈 높이	선반 너비 집단 평균
반쪽 너비	4	6	8	6
온쪽 너비	2	4	6	4
선반 높이 집단 평균	3	5	7	

그림 4-1 상호작용이 없는 경우 셀 평균 그래프

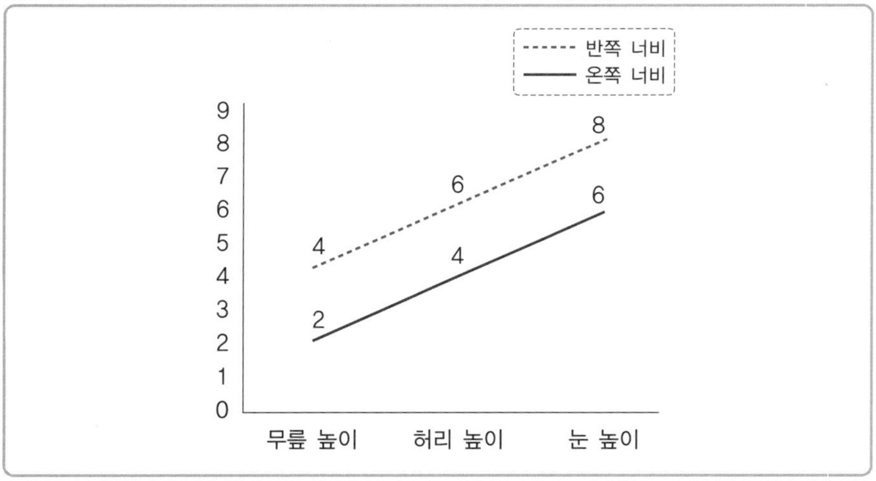

Case 2: 상호작용이 있는 경우

두 번째 케이스는 선반의 높이와 선반의 너비, 두 실험변수 사이에 상호작용이 존재하는 경우를 보여준다. 첫 번째 케이스와 마찬가지로 진열 선반 높이의 집단 평균(주효과)을 살펴보면 진열선반의 높이가 허리 높이일 때 가장 매출이 많은 것을 알 수 있다. 그러나 선반이 허리 높이일 때 매출이 가장 많다는 사실은 항상 옳은 것이 아니다. 즉, 매출은 진열선반의 너비가 반쪽인가 혹은 온쪽인가에 달려 있기 때문이다. 선반의 너비가 온쪽일 때는 허리 높이의 수준에서 가장 많은 매출이 발생하지만 선반의 너비가 반쪽일 때는 눈 높이의 수준에서 가장 많은 매출이 발생하는 것을 알 수 있다.

또한 진열선반 너비의 주효과를 살펴보면 온쪽 너비이거나 반쪽 너비이거나 매출이 같음을 알 수 있다. 즉, 선반 너비의 평균만을 보면 선반의 너비는 중요하지 않은 것처럼 보이지만 이 사실은 선반의 높이에 따라 달라진다. 선반의 너비가 온쪽일 때는 허리 높이에서 가장 많은 매출이 발생하지만 선반의 너비가 반쪽일 때는 눈 높이에서 매출이 가장 많음을 알 수 있다.

따라서 이처럼 두 실험변수 간에 상호작용이 존재하는 경우에는 허리 높이에서 매출이 가장 많다든가(선반 높이의 주효과) 혹은 선반 너비에 관계없이 매출은 같다(선반 너비의 주효과)는 결론은 옳지 않다. 상호작용이 존재하는 경우에는 실험변수의 주효과를 분석하여서는 안 되며 실험조합의 평균(cell mean)

표 4-11 셀 평균의 비교

	무릎 높이	허리 높이	눈 높이	Marginal Mean
온쪽 너비	4	6	2	4
반쪽 너비	2	4	6	4
Marginal Mean	3	5	4	

그림 4-2 상호작용이 있는 경우 셀 평균 그래프

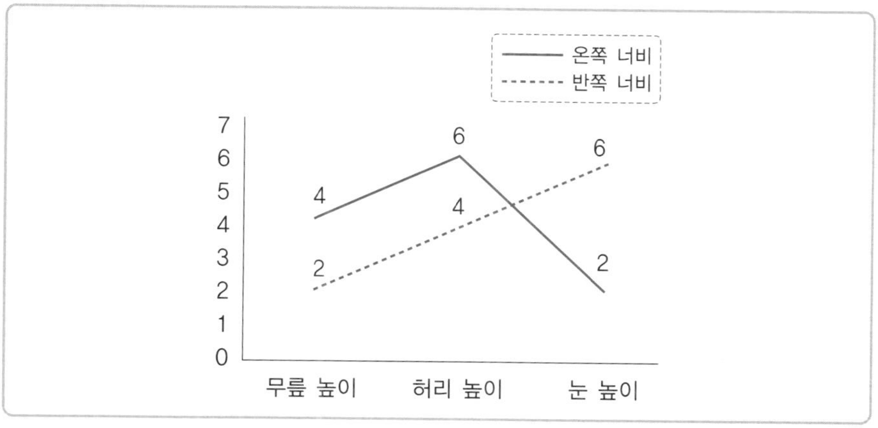

을 분석하여 어떤 실험조합이 가장 많은 매출을 일으키는지 살펴보아야 한다.

예: 커피 데이터

여기에서는 커피 데이터를 이용하여 실행한 이원분산분석의 예를 보여주고 있다. 독립변수(실험변수)는 어느 브랜드의 커피를 자주 마시는가(X9)와 커피에 무엇을 첨가하는가의 여부(X23)이다. 그리고 종속변수는 폴져스 커피의 평가(X17)이다.

아래의 SPSS 프로그램의 출력물에 나타난 바와 같이 두 실험변수 사이의 상호작용은 *F*값이 1.92, 그리고 유의확률이 0.091로 유의하지 않다. 따라서 우리는 일원 분산분석의 경우와 마찬가지로 두 실험변수의 주효과를 분석한다.

표 4-12 커피 데이터의 분산분석

개체-간 효과 검정

종속 변수: X17_FOLGERS_RATING

소스	제Ⅲ유형 제곱합	자유도	평균 제곱	*F*	유의 확률
수정 모형	707.046[a]	11	64.277	16.191	.000
절편	7822.128	1	7822.128	2031.162	.000
V9_brand_most_used_of ten	662.313	5	132.463	34.396	.000
add_noting	10.355	1	10.355	2.689	.102
V9_brand_most_used_of ten*add_noting	36.995	5	7.399	1.921	.091
오차	1105.255	287	3.851		
합계	17373.000	299			
수정 합계	1812.301	298			

a. R 제곱=.390(수정된 R 제곱=.367

5. 다원 분산분석

여기에서는 실험변수(독립변수)의 수가 3개인 경우의 분산분석을 살펴본다. 삼원 분산분석에서 우리는 *A*, *B* 그리고 *C*의 세 개의 실험변수를 가지고 있다. 그리고 각각의 실험변수는 *a*, *b*, 그리고 *c*개의 수준을 가지고 있다. 이 경우 실험조합의 수는 a*b*c이다(Cartesian set). 삼원 분산분석의 분산분석표

표 4-13 삼원배치 분산분석표

		제곱합	자유도	평균제곱	F
주효과	A	SSA	$a-1$	MSA	MSA/MSW
	B	SSB	$b-1$	MSB	MSB/MSW
	C	SSC	$c-1$	MSC	MSC/MSW
2-way 상호작용	$A*B$	SS($A*B$)	$(a-1)(b-1)$	MS($A*B$)	MS($A*B$)/MSW
	$A*C$	SS($A*C$)	$(a-1)(c-1)$	MS($A*C$)	MS($A*C$)/MSW
	$B*C$	SS($B*C$)	$(b-1)(c-1)$	MS($B*C$)	MS($B*C$)/MSW
3-way 상호작용	$A*B*C$	SS($A*B*C$)	$(a-1)(b-1)(c-1)$	MS($A*B*C$)	MS($A*B*C$)/MSW
	집단 내	SSW		MSW	–
계	SST		$n-1$		

는 〈표 4-13〉과 같다.

이원 분산분석에서와 마찬가지로 삼원 분산분석에서도 우리가 가장 먼저 살펴보아야 할 것은 3개의 실험변수 사이의 상호작용(3 way interaction)이다. 만약 세 변수간 상호작용이 유의하면 우리는 $a*b*c$의 셀 평균을 분석하여야 한다. 그러나 만약 3자간 상호작용이 유의하지 않다면 우리는 두 실험변수 사이의 상호작용(2 way interaction)을 살펴보아야 한다. 만약 2자간 상호작용이 유의하다면 우리는 $a*b$, $a*c$, 그리고 $b*c$ 가운데 어느 상호작용이 유의한지를 파악하여 유의한 상호작용의 셀 평균을 분석하여야 한다. 그러나 만약 이 2자간 상호작용이 유의하지 않다면 우리는 A, B, C 세 실험변수의 주효과를 분석한다. 여기에서 중요한 사실은 실험변수의 수에 관계없이 우리는 항상 가장 상위의 상호작용(higher order interaction)부터 살펴보아야 한다는 것이다.

6. 분산분석의 정리

6.1 집단 평균의 비교 기법

앞에서 이야기한 바와 같이 분산분석은 집단 평균의 차이를 비교하는 분석기법이다. 아래의 표는 집단 평균을 분석하는 기법들을 집단의 수와 종속변수의 수에 따라 분류하여 나타내고 있다. 또한 각각의 분석기법에서의 귀무가설과 대립가설도 제시하고 있다.

표 4-14 집단평균의 비교 기법

	종속변수가 하나일 때 (single criterion)	종속변수가 두 개 이상일 때 (multiple criteria)
집단이 두 개일 때	t-test $H_0 : \mu_1 = \mu_2$ $H_A : \mu_1 \neq \mu_3$	T-test $H_0 : \begin{bmatrix} \mu_{11} \\ \mu_{11} \\ \cdots \\ \mu_{1p} \end{bmatrix} = \begin{bmatrix} \mu_{21} \\ \mu_{21} \\ \cdots \\ \mu_{2p} \end{bmatrix}$ $H_A : \begin{bmatrix} \mu_{11} \\ \mu_{12} \\ \cdots \\ \mu_{1p} \end{bmatrix} \neq \begin{bmatrix} \mu_{21} \\ \mu_{22} \\ \cdots \\ \mu_{2p} \end{bmatrix}$
집단이 세 개 이상일 때	ANOVA $H_0 : \mu_1 = \mu_2 = \cdots = \mu_3$ H_A : 최소한 하나의 μ는 다를 것이다.	MANOVA $H_0 : \begin{bmatrix} \mu_{11} \\ \mu_{12} \\ \cdots \\ \mu_{1p} \end{bmatrix} = \begin{bmatrix} \mu_{21} \\ \mu_{22} \\ \cdots \\ \mu_{2p} \end{bmatrix} = \cdots \begin{bmatrix} \mu_{k1} \\ \mu_{k2} \\ \cdots \\ \mu_{kp} \end{bmatrix}$ H_A : 최소한 하나의 $\begin{bmatrix} \mu_{k1} \\ \mu_{k2} \\ \cdots \\ \mu_{kp} \end{bmatrix}$은 다를 것이다.

6.2 분산분석 유의성의 두 가지 사례

다음으로는 분산분석 유의성의 두 가지 극단적인 경우를 살펴봄으로써 분산분석의 내용을 정리한다. 분산분석은 집단 간의 제곱합(SSB)을 집단 내의 제곱합(SSW)으로 나누어 그 비율(F 통계)의 통계적 유의성을 검증하는 분석기법이다.

첫번째 케이스는 집단내 제곱합(분산)이 0인 경우로서 이 경우는 당연히 집단간 분산이 전체 분산을 대표하는 경우이다. 이 경우 집단간 분산과 집단내 분산의 비율은 매우 크다. 따라서 실험변수가 집단 평균의 차이에 미치는 영향은 매우 크다($R^2 = 1$).

Case 1: SSW=0; SSB=SST

관측치	무릎 높이	허리 높이	눈 높이
1	1	3	5
2	1	3	5
3	1	3	5
4	1	3	5
5	1	3	5
집단 평균	1	3	5
전체 평균		3	

$$F = \text{MSB}/\text{MSW} = \text{SSB}/\text{SSW}$$
$$R^2 = \text{SSB}/\ \text{SST} = 1$$

두번째 케이스는 집단내 분산이 전체 분산과 같은 경우이다. 따라서 당연히 집단간 분산은 0이 된다. 이 경우 집단간 분산(SSB)과 집단내 분산(SSW)의 비율(F값)은 0이 된다. 따라서 실험변수가 집단 평균의 차이에 미치는 영향은 전혀 없다($R^2=0$).

Case 2: SSB=0; SSW=SST

관측치	무릎 높이	허리 높이	눈 높이
1	1	2	1
2	2	4	5
3	3	3	3
4	4	2	1
5	5	4	5
집단 평균	3	3	3
전체 평균		3	

$$F = \text{MSB}/\text{MSW} = \text{SSB}/\text{SSW} = 0$$
$$R^2 = \text{SSB}/\ \text{SST} = 0$$

7. 더미 회귀분석

더미회귀분석(dummy regression analysis)은 회귀분석의 특수한 경우로서 독립변수가 명목척도에 의하여 측정된 범주형 변수(categorical variable)일 경우의 회귀분석을 말한다. 그리고 우리는 더미 회귀분석을 통하여 분산분석에서와 같은 분석을 실행할 수 있다. 예를 들어 광고비의 지출이 세 가지의 수준(상, 중, 하)으로 되어 있는 경우에 우리는 광고비의 수준이 매출액에 미치는 영향을 분석하기 위하여 분산분석을 이용할 수 있으며, 또한 더미회귀분석을 통해서도 같은 문제를 분석할 수 있다. 아래의 〈표 4-15〉는 분산분석을 위한 자료의 형태이다.

그러나 우리는 같은 문제를 더미 회귀분석을 통하여 해결할 수 있다. 더미 회귀분석에서는 상, 중, 하의 세 가지 광고비 수준을 나타내는 범주형 변수를 세 개의 더미 변수로 전환할 수 있다(〈표 4-16〉). 〈표 4-16〉에서 각각의 더미 변수는 광고비의 수준의 여부를 나타낸다. 예를 들어 d_1은 광고비의 수준이 높은지(1) 아닌지(0)를 나타내는 것이다. 마찬가지로 d_2는 광고비의 수준이 중간인지(1) 아닌지(0)를 나타내는 것이다. 따라서 (d_1, d_2, d_3)가 (1, 0, 0)인 경우는 광고비의 수준이 높은 것을 나타내고 (d_1, d_2, d_3)가 (0, 1, 0)인 경우는 광고비의 수준이 중간인 것을, 그리고 (d_1, d_2, d_3)가 (0, 0, 1)인 경우는 광고비의 수준이 낮은 것을 나타낸다.

표 4-15 분산분석을 위한 자료

매 출	광고비 수준 높음(1), 중간(2), 낮음(3)
Y_1	1
Y_2	2
Y_3	3
Y_4	3
:	:
Y_n	2

표 4-16 더미 회귀분석을 위한 자료

매 출	광고비 높음(d_1)	광고비중간(d_2)	광고비 낮음(d_3)
Y_1	1	0	0
Y_2	0	1	0
Y_3	0	0	1
Y_4	0	0	1
:	:	:	:
Y_n	0	1	0

따라서 우리가 관심을 가지는 회귀모형은 다음과 같다.

$$매출 = \beta_1 * (높은\ 광고비) + \beta_2 * (중간\ 광고비) + \beta_3 * (낮은\ 광고비)$$
$$매출 = \beta_1 * d_1 + \beta_2 * d_2 + \beta_3 * d_3$$

그러나 위의 회귀모형은 완전한 선형구조(linearity)를 지니고 있다는 문제점이 있다. 즉, 광고비의 세 가지 수준은 각각 나머지 두 광고비 수준의 선형조합으로 나타낼 수 있다는 것이다. 이러한 완전한 선형구조로 인하여 발생하는 문제점은 다중공선성으로 인한 문제와 마찬가지로 우리가 추정하는 회귀계수의 값(β)이 불안정해지고 따라서 광고비의 수준이 매출에 미치는 영향을 정확하게 측정할 수 없다는 문제를 야기한다.

이러한 문제를 피하기 위하여 우리는 마지막 항목(낮은 광고비 수준; d_3)을 삭제하여 회귀분석을 실행한다. 즉, 높은 광고비 수준은 (1,0)으로 나타나며 중간 광고비 수준은 (0,1)로, 그리고 낮은 광고비 수준은 (0,0)으로 나타낸다. 일반적으로 우리가 k개의 응답항목을 가지고 있을 때 완전한 선형구조를 피하기 위하여 $(k-1)$개의 더미 변수를 사용한다. 이렇게 오직 두 개의 더미 변수만을 이용하여 새로운 회귀식을 다음과 같이 세울 수 있다.

$$매출 = \alpha_1 * d_1 + \alpha_2 * d_2$$

d_1 = 높은 광고비 수준의 여부를 나타내는 더미변수
d_2 = 중간 광고비 수준의 여부를 나타내는 더미변수

여기에서 중요한 점은 베타는 각 광고비의 수준이 매출에 미치는 직접적인 영향을 나타내는 데 비하여 알파는 광고비의 높은 수준과 중간 수준이 광고비가 낮은 수준에 비하여 매출에 미치는 차별적인 효과(differential effect)를 나타낸다는 것이다. 즉,

β_1 = 높은 수준의 광고비가 매출에 미치는 영향
α_1 = 높은 광고비가 낮은 광고비에 비하여 매출액에 미치는 차별적인 영향

이와 같이 2개의 더미(독립)변수를 사용하여 α_1과 α_2의 값을 추정할 수 있다. α_1은 낮은 광고비 수준에 비하여 높은 광고비 수준이 매출에 미치는 상대적인 영향(differential effect)을 나타낸다. 마찬가지로 α_2는 낮은 광고비 수준에

비하여 중간 광고비 수준이 매출에 미치는 역시 상대적인 영향을 나타낸다. 그러나 우리가 관심을 갖는 사항은 광고비의 세 가지 수준이 각각 매출에 미치는 영향(β_1, β_2, β_3)이다. 그리고 이들 회귀계수의 값은 다음과 같이 구할 수 있다.

$$\alpha_1 = \beta_1 - \beta_3$$
$$\alpha_2 = \beta_2 - \beta_3$$

이와 같이 미지수는 3개이고 등식은 두 개로서 위의 등식으로는 β_1, β_2, β_3의 값을 구할 수 없다. 이 문제를 해결하기 위하여 아래의 식을 추가할 수 있다. 왜냐하면 회귀식을 위아래로 평행 이동함으로써 회귀식이 원점을 통과하도록 만들 수 있기 때문이다. 회귀함수의 평행 이동은 회귀함수의 기울기(β)에 아무런 영향을 미치지 않는다.

$$\beta_1 + \beta_2 + \beta_3 = 0$$

예: 커피 데이터

다음은 커피 데이터를 이용한 더미 회귀분석의 예이다. 여기에서는 폴져스 브랜드의 커피를 가장 자주 마시는가의 여부(X9)가 폴져스 커피의 평가(X17)에 미치는 영향을 더미 회귀분석으로 알아보고자 한다.

$$X17 = \beta_1 * d_1 + \beta_2 * d_2$$

여기에서 d_1 = 가장 자주 마시는 커피가 폴져스인 경우
d_2 = 가장 자주 마시는 커피가 폴져스가 아닌 경우

그러나 더미변수간의 선형구조를 피하기 위하여 우리는 다음과 같은 회귀식을 세운다.

$$X17 = \alpha_1 * d_1$$

다음의 SPSS 프로그램의 출력물에서 보는 바와 같이 소비자가 폴져스 커피를 가장 자주 마시는가의 여부는 그 커피의 평가의 33.9%를 설명하는 것을 알 수 있다. 그리고 α_1의 값은 0.582이다. 따라서 위에 설명한 방법으로 β값을 구하면 β_1=0.291 그리고 β_2=−0.291이 됨을 알 수 있다.

따라서 우리가 구하고자 하는 회귀식은 다음과 같다.

X17 = 0.291(폴져스 커피를 가장 자주 마시는 경우)* − 0.291(다른 커피를 가

장 자주 마시는 경우)

표 4-17 더미회귀분석의 모형요약

모형 요약

모 형	*R*	*R* 제곱	수정된 *R* 제곱	추정값의 표준오차
1	.582[a]	.339	.337	2.0086

a. 예측값: (상수), D1_V9

표 4-18 더미회귀분석의 분산분석표

분산분석[a]

모 형		제곱합	자유도	평균 제곱	*F*	유의확률
1	회귀 모형	614.007	1	614.007	152.183	.000[b]
	잔차	1198.294	297	4.035		
	합계	1812.301	298			

a. 종속변수: X17_FOLGERS_RATING
b. 예측값: (상수), D1_V9

표 4-19 더미회귀분석의 회귀계수

계수[a]

모 형		비표준화 계수		표준화 계수	*t*	유의확률
		B	표준오차	베타		
1	(상수)	6.160	.144		42.713	.000
	D1_V9	3.002	.243	.582	12.336	.000

a. 종속변수: X17_FOLGERS_RATING

8. 공분산분석

우리는 때때로 종속변수에 영향을 미치는 변수를 사전에 통제하지 못하는 경우가 있는데 이때 그 통제하지 못한 변수의 영향력을 제거하는 방법이 바로 공분산분석(analysis of covariance; ANCOVA)이다. 따라서 공분산분석의 주된 목적은 통제하지 못한 변수의 영향력을 제거함으로써 우리가 실행하는 실험(분산분석)의 정확도을 높이는데 있다. 우리가 사전에 통제하지 못한 변수를 공변수(covariate)라고 부른다. 공분산분석은 분산분석과 회귀분석이 혼합된 형태를 띠는데 공분산분석에서 공변수는 회귀분석에서의 독립변수와 마찬가지로 측정 스케일에 있어서 아무런 제약이 없다. 공변수는 종속변수와 상관관계를 지니고 있어야 하는데 그 크기는 일반적으로 0.3보다 커야 한다.

공분산분석을 사용하는 상황을 몇 가지 살펴보면 다음과 같다.

예 1

제품의 가격수준(고, 저)에 따라 소비자의 구매의도가 어떻게 달라지는가를 분석하는데 소비자의 제품에 대한 사전태도의 영향력을 고려할 경우

여기에서 실험변수는 가격수준이고 종속변수는 구매의도이다. 그리고 공변수는 소비자의 사전태도이다.

예 2

광고의 실행여부가 매출에 미치는 영향을 분석하는 상황에서 소비자가 가지고 있는 제품 정보의 양이 매출에 미치는 영향을 제거할 경우

실험변수는 광고의 실행여부, 종속변수는 매출, 그리고 공변수는 소비자의 제품정보의 양이다.

예 3

서비스 실패의 유형이 고객반응에 미치는 영향을 분석할 때 서비스 실패의 심각성이 고객반응에 미치는 영향력을 제거할 경우

여기에서의 실험변수는 서비스 실패의 유형이며 종속변수는 고객반응이다. 공변수는 서비스 실패의 심각성이다.

다음으로 분산분석과 공분산분석의 모형을 살펴보면 다음과 같다.

분산분석 모형

$$Y_{ij} = \mu + \tau_j + \varepsilon_{ij}$$

공분산분석 모형

$$Y_{ij} = \mu + \tau_j + \beta(X_{ij}) + \varepsilon_{ij}^*$$

여기에서 Y_{ij} = j번째 집단에 있는 i번째 응답자의 관측치

μ = 전체평균

τ_j = j번째 집단의 실험효과

ε_{ij} = 오차

β = 공변수의 회귀계수

앞의 모형에서 보는 바와 같이 공분산분석의 모형은 분산분석의 모형에 공변수 항을 추가한 형태이다. 따라서 우리는 분산분석에서의 오차를 다음과 같은 두 개의 요소로 나눌 수 있다. 하나는 공분산분석의 오차(ε_{ij}^*)이며 다른 하나는 공변수가 종속변수를 설명하는 부분(βX_{ij})이다.

$$\varepsilon_{ij} = \varepsilon_{ij}^* + \beta(X_{ij})$$

따라서 분산분석에서의 분산은 아래와 같이 공분산분석에서의 분산과 공변수의 분산으로 나눌 수 있다.

$$\sigma(\varepsilon)^2 = \sigma(\varepsilon)^2 + \sigma(X)^2$$

공분산분석의 예

공분산분석의 간단한 예를 보이면 다음과 같다. 아래의 〈표 4-20〉은 일원배치 분산분석을 위한 데이터이다. 이 표에서 종속변수(Y)는 다변량분석 과목의 기말고사 성적(Y)이며 독립변수(X)는 강의보조물의 유형이다. 공변수 C는 기초통계 과목의 기말고사 점수이다.

〈표 4-20〉에서 공변수의 값이 높은 학생들이 종속변수의 값도 역시 높은 것을 볼 수 있는데(공변수와 종속변수의 상관관계) 따라서 우리는 종속변수의 집

표 4-20 공분산분석 데이터

실험집단	수강생	Y	C
강의	a	4	2.2
	b	5	2.9
	c	6	4.3
	d	7	5.2
집단 평균		5.5	3.65
칠판	e	5	4.8
	f	6	6.4
	g	7	6.7
	h	8	8.1
집단평균		6.5	6.5
빔 프로젝터	i	6	8.3
	j	7	9.2
	k	8	9.8
	l	9	11.1
집단평균		7.5	9.6

단간 차이(5.5, 6.5 ,7.5)가 실험변수의 조작(강의, 칠판 사용, 그리고 빔 프로젝터 사용)에 의한 것인지 혹은 사전에 존재하는 공변수의 차이에 의한 것인지를 공분산분석을 통하여 살펴보아야 한다.

다음의 〈표 4-21〉은 위의 자료를 사용하여 분산분석을 실행한 결과이며 〈표 4-22〉는 공분산분석의 결과이다. 우리는 분산분석 모형에 공변수를 추가함으로써 분산분석에서의 오차 23에서 공분산분석에서의 오차 0.523으로 대폭 줄어든 것을 알 수 있다. 또한 공변수의 *F*값은 221.53 그리고 유의확률은 0.000으로 매우 유의적임을 알 수 있다.

한편 실험변수는 분산분석에서는 유의하지 않았으나(F=2.40, p=.146) 공변수를 추가함으로써 매우 유의적이 되었음(F=39.38, p=.000)을 볼 수 있다. 여기에서 종속변수와 공변수 간의 상관관계는 .868이다.

공분산분석의 더미회귀 모형

표 4-21 분산분석 결과

일원배치 분산분석

Y

	제곱합	*df*	평균 제곱	*F*	유의확률
집단-간	8.000	2	4.000	2.400	.146
집단-내	15.000	9	1.667		
합계	23.000	11			

표 4-22 공분산분석 결과

개체-간 효과 검정

종속 변수: Y

소 스	제Ⅲ유형 제곱합	자유도	평균 제곱	*F*	유의확률
수정 모형	22.477[a]	3	7.492	114.650	.000
절편	.001	1	.001	.019	.894
C	14.477	1	14.477	221.532	.000
X	5.147	2	2.574	39.383	.000
오차	.523	8	.065		
합계	530.000	12			
수정 합계	23.000	11			

a.R 제곱=.977(수정된 R 제곱=.969

공분산분석의 모형을 더미 회귀식으로 전환한 형태를 살펴보면 다음과 같다. 만약 우리가 세 개의 실험집단을 가지고 있다고 할 때 회귀식은 아래와 같다.

$$Y_{ij} = \beta_0 + \beta_1 d_{i1} + \beta_2 d_{i2} + \beta(X_{ij}) + \varepsilon_{ij}$$

여기에서 $d_{i1} = 1$ (관측치 i가 두 번째 실험집단에 있는 경우)
0 (그렇지 않은 경우)
$d_{i2} = 1$ (관측치 i가 세 번째 실험집단에 있는 경우)
0 (그렇지 않은 경우)
X_{ij} = 공변수

그리고 우리가 이미 더미회귀분석에서 살펴본 것처럼 β_1과 β_2는 각각 첫 번째 집단에 대한 두 번째 집단과 세 번째 집단의 차별적인 실험변수의 효과(differential effect)를 나타낸다.

$$\beta_0 = \mu + \tau_1$$
$$\beta_1 = \tau_2 - \tau_1$$
$$\beta_2 = \tau_3 - \tau_1$$

알아두어야 할 핵심 용어

공변수(covariate)
공분산분석(analysis of covariance, ANCOVA)
다중비교(multiple comparison)
더미 변수(dummy, dummy variable)
더미회귀분석(dummy regression)
모형테스트(model test)
분산분석(analysis of variance, ANOVA)
일원분산분석(single factor ANOVA)
상호작용(interaction)
실험변수(experimental variable, treatment variable)
주효과(main effect)
집단내 분산(within group sum of squares; SSW)
집단간 분산(between group sum of squares; SSB)
집단 평균의 차이(group mean difference)
LSD(least significant difference)
R^2의 의미

생각해 볼 문제

1. 아래는 이원배치 ANOVA 모형이다. 이 ANOVA 모형을 더미 회귀식으로 전환하시오. 당신이 사용하는 용어나 기호의 뜻을 분명히 밝히시오.

$$Y_{ijk} = \mu + \alpha_i + \beta_j + \varepsilon_{ijk}$$

Y_{ijk} = i번째 변수와 j번째 변수의 실험조합에 있는 k번째 응답자의 관측치
$i=1, 2$; $j=1, 2, 3$; $k=1, 2, ..., 300$

2. 승주는 서비스 실패의 발생 여부와 고객과 서비스 제공자 사이의 친밀감의 정도가 고객만족에 미치는 영향을 살펴보기 위하여 실험을 실시하였다. 승주는 서비스 실패를 두 수준(있음과 없음)으로, 친밀감의 정도 역시 두 수준(낮음과 높음)으로 처리하였다. 승주는 실험의 결과를 분석하기 위하여 분산분석을 사용하였는데 분석결과는 아래의 표와 같다.

	자유도	평균제곱	F	유의수준
절편	1	1929.59	5207.30	.000
친밀감	1	2.57	6.93	.009
서비스 실패	1	181.12	488.80	.000
친밀감*서비스 실패	1	11.89	32.107	.000
오차	193	.371		
합계	197			

(1) 이 분산분석에서 R^2을 계산하시오.

(2) 친밀감이 높은 집단과 낮은 집단의 고객만족 평균은 각각 3.25와 3.02로 나타났다. 당신은 이를 근거로 고객만족을 높이기 위해서는 고객과 높은 친밀감을 유지하는 것이 좋다는 결론을 내릴 수 있다고 생각하는가? 왜 그렇게(혹은 그렇지 않게) 생각하는지 이유를 밝히시오.

3. 커피 데이터를 사용하여 맥스웰 하우스 브랜드를 가장 자주 마시는 고객과 맥스웰 하우스 맥스웰 블렌드 브랜드를 가장 자주 마시는 고객 사이에 맥스웰 하우스 브랜드의 전반적 평가에 어떤 차이가 있는지 알아보시오. 귀무가설과 대립가설, 그리고 검증통계와 유의확률을 사용하여 당신의 분석결과를 설명하시오.

제5장

판별분석

1. 판별분석의 개요
2. 판별함수의 추정
3. 변수의 입력방법
4. 새로운 개체의 배정
5. 판별분석의 검증
6. 유의성 검증

1. 판별분석의 개요

판별분석(discriminant analysis)은 우리가 관심을 가지고 있는 개체(예를 들면 소비자, 제품 혹은 서비스 등)가 속해 있는 집단을 구분(판별)할 수 있는 함수(판별함수)를 구성하는 다변량 분석기법이다. 판별함수(discriminant function)란 회귀함수와 마찬가지로 독립변수들의 선형조합(linear combination)을 말한다.

여기에서 개체들이 속해 있는 집단이란 분석에 앞서 이미 존재하고 있는 집단(a priori defined group)을 말한다. 이미 존재하는 집단의 예를 들면 충성도가 높은 고객과 충성도가 낮은 고객의 두 집단 혹은 대량구매자와 중간 정도의 구매자 그리고 소량구매자의 세 집단 등을 말할 수 있다. 이와 같이 판별분석은 이미 존재하는 집단을 다룬다는 점에서 분석의 결과를 가지고 사후적으로 집단(post hoc group)을 찾아내는 군집분석과 큰 대조를 이룬다.

판별분석은 회귀분석이나 분산분석과 마찬가지로 종속변수와 독립변수의 구분이 존재하는 종속형 모형(dependence model)에 속하는 분석기법이다. 여기에서 종속변수(Y)의 수는 하나(single criterion)이며 반드시 명목척도에 의하여 측정된 범주형 변수이어야 한다. 그리고 종속변수는 각각의 개체가 소속되어 있는 집단을 나타낸다. 반면에 독립변수는 그 수에 제한이 없으며 측정척도에 있어서도 제한이 없다. 이는 회귀분석의 경우와 동일하다.

우리가 오직 두 개의 집단만을 다루는 경우를 두 집단의 판별분석(two-group discriminant analysis)이라고 부른다. 집단의 수가 세 개 이상인 경우를 다중판별분석(multiple discriminant analysis; MDA)이라고 부르는데 일반적으로 이를 k-집단 판별분석(k-group discriminant analysis)이라고 부른다(여기에서 k는 집단의 수를 나타낸다).

판별분석은 분석대상으로 주어진 데이터에 따라서 분석 결과가 달라지는 다변량 분석기법(data driven analysis)이다. 따라서 분석결과의 통계적 유의성을 테스트할 수 있는 모수(parameter)의 분포가 존재하지 않는다.

다음의 〈표 5-1〉은 판별분석의 대상이 되는 자료의 형태를 보여주고 있다. 여기에서 n은 응답자의 수, k는 집단의 수, 그리고 p는 변수의 수를 나타낸다.

다음의 〈그림 5-1〉은 판별분석의 아이디어를 나타내고 있다. X_1과 X_2의 두 개의 독립변수로 구성된 공간에 A와 B의 두 집단이 존재할 때 우리는 판별분석을 통하여 두 집단을 최대한 구별할 수 있는 판별함수 Z를 찾는 것이다.

표 5-1 판별분석의 자료

응답자	Y(종속변수)	X_1	X_2	…	X_p
1	1	X_{11}	X_{12}		X_{1p}
2	2				
.	1				
.	1				
.	.				
n	k				

여기에서 판별함수 Z는 독립변수 X_1과 X_2의 선형조합이다. 즉,

$$Z = k_1X_1 + k_2X_2$$

그림 5-1 판별분석의 개념

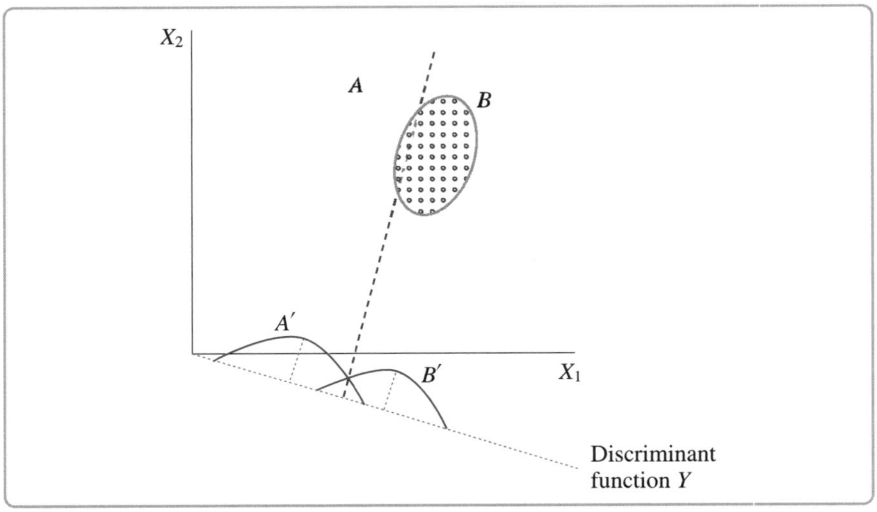

출처: Dillon, William R. and Matthew Goldstein (1984), *Multivariate Analysis: Methods and Applications*, Wiley.

판별분석에서 두 집단을 판별할 수 있는 판별함수의 유형을 살펴보면 아래와 같다. 다음의 〈그림 5-2〉는 4가지 유형의 판별함수를 보여주고 있다. 우선 패널 A에서는 두 집단이 X_1에서는 구분이 되지만 X_2에서는 전혀 구분이 되지 않는 것을 볼 수 있다. 즉, 두 집단은 X_2 상에서는 완전히 겹치는 분포를 가지고 있다. 따라서 패널 A에서의 판별함수는 X_1 하나의 변수로 족하다.

패널 B에서 우리는 두 개의 판별함수를 생각해 볼 수 있는데 판별함수 Z_1에서는 다른 판별함수 Z_2에 비하여 두 집단이 겹치는 부분이 적은 것을 볼 수

있다. 따라서 판별함수 Z_1이 Z_2보다 판별능력이 우수한 것을 알 수 있다.

패널 C는 매우 이례적인 경우를 보이고 있는데 여기에서 두 집단은 동일한 분산을 가지고 있으나 이들 간의 공분산은 존재하지 않는다(covariance=0). 이 경우 두 집단의 평균중심(centroid)을 연결하는 선이 두 집단을 판별하는 판별함수가 된다.

마지막으로 패널 D에서는 점선으로 나타낸 판별함수(Z_1)가 실선으로 나타낸 판별함수(Z_2)보다 두 집단을 더 잘 구분(wider separation)한다. 판별함수 Z_1이 보다 작은 분산을 가지고 있는 X_1과 이루는 각도가 Z_2보다 작기 때문에 X_1이 보다 더 큰 판별계수(weight)를 지닌다. 다시 말하면 판별함수 Z_2가 Z_1에서보다 두 집단이 겹치는 부분이 많다는 것이다.

○ **그림 5-2 판별함수의 유형**

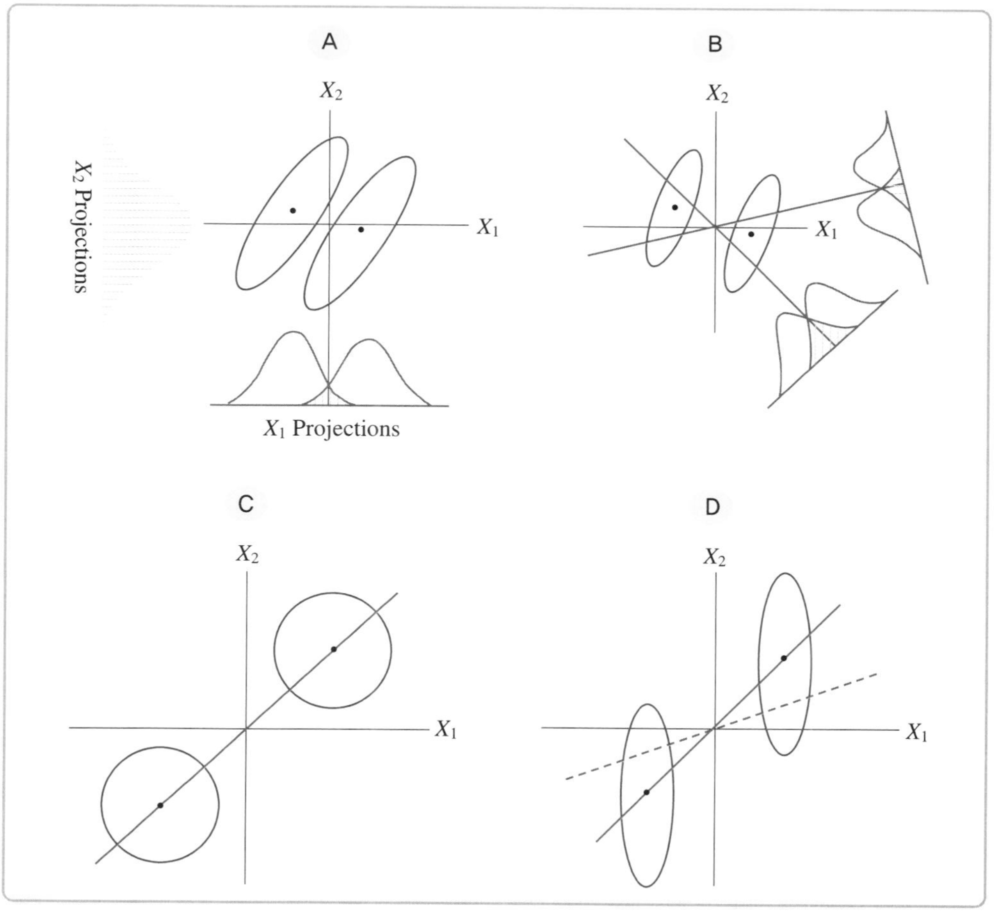

출처: Green, Paul E. (1978), *Analyzing Multivariate Data*, Dryden Press.

1.1 판별분석의 목적

우리가 판별분석을 사용하는 주요한 목적은 다음과 같이 정리할 수 있다.

첫째, 우리가 분석의 대상이 되는 데이터 안에 있는 몇 개(일반적으로 k개)의 집단을 구분(판별)할 수 있는 독립변수의 조합을 구성하는 일이다. 이러한 독립변수의 조합을 판별함수(discriminant function)라고 부른다. 일반적으로 데이터 안에 있는 독립변수의 수가 p개일 때 판별함수는 다음과 같다.

$$Z = k_1X_1 + k_2X_2 + \dots\dots + k_{p-1}X_{p-1} + k_pX_p$$

여기에서 k는 판별계수(discriminant coefficient)라고 부르는데 그 의미는 회귀분석에서 살펴본 회귀계수와 유사하다. 즉, 판별계수는 p개의 독립변수 중에서 어느 독립변수가 집단을 구분하는데 영향력(공헌)이 큰가를 나타낸다.

둘째, 우리가 구성한 판별함수를 이용하여 새로운 개체(관측치)를 어느 집단에 배정할 것인가에 대한 절차(assignment rule)를 결정하는 일이다.

셋째, 집단을 판별하는 데 가장 공헌이 많은 변수를 찾아내는 일이다. 그러나 위에서 언급한 바와 같이 판별분석에는 판별계수의 유의성을 검증할 수 있는 모수(parameter)의 분포가 존재하지 않기 때문에 통계적인 검증은 불가능하다. 따라서 각각의 독립변수의 판별능력(discriminating power)을 알아보기 위하여 일반적으로 판별적재치(discriminant loading)를 사용한다. 판별적재치에 관해서는 아래에서 상세히 다루기로 한다.

1.2 판별분석의 응용

판별분석을 활용하는 예를 몇 가지 보면 다음과 같다.

예 1

우리 브랜드에 높은 충성도를 가지고 있는 고객들은 그렇지 않은 고객들과 인구통계학적 특성에서 어떤 차이가 있는가?

여기에서는 두 집단의 판별분석을 다루고 있으며 종속변수는 고객충성도의 정도를 나타내는 범주형 변수(1, 2)이다. 그리고 독립변수는 고객들의 인구통계학적 특성이다.

예 2

청량음료와 과일주스 그리고 생수를 마시는 소비자 집단 사이에는 라이프스타일 측면에서 어떤 중요한 차이가 있는가?

이는 세 집단 판별분석의 예이다. 종속변수는 응답자가 주로 마시는 음료의 종류를 나타내는 범주형 변수이다. 각각의 음료를 마시는 응답자 집단은 분석 이전에 이미 존재하는 집단임을 알 수 있다. 독립변수는 응답자의 라이프스타일 특성이다.

예 3

의사와 변호사 그리고 회계사들은 6가지 종류의 수입 자동차에 대한 선호도에서 유의미한 차이를 보이는가?(〈표 5-2〉 참조)

여기에서는 세 가지의 전문 직종을 나타내는 변수가 종속변수이다. 그리고 독립변수는 6가지 수입 자동차에 대한 응답자의 선호도이다.

표 5-2 전문직의 수입차 선호도

	벤츠	BMW	재규어	캐딜락	볼보	렉서스
(1) 의사						
(2) 변호사						
(3) 회계사						

2. 판별함수의 추정

판별분석에서 가장 중요한 작업 가운데 하나는 기존에 이미 존재하고 있는 집단을 구분(판별)할 수 있는 판별함수(discriminant function)를 구성하는 일이다. 이는 독립변수들의 선형조합(linear combination)을 구성하는 일인데 이 작업은 회귀분석에서 회귀함수를 구성하는 일과 동일하다. 단, 판별분석에서는 회귀함수의 경우와 달리 판별함수에 사용되는 종속변수(Z)가 원래 데이터에 주어진 종속변수(Y; 집단소속을 나타내는 변수)가 아니라는 점이다.

판별분석에서는 군집분석에서와 마찬가지로 집단간 분산과 집단내 분산의 비율을 최대화함으로써 판별함수를 추정한다. 즉, 집단간 분산은 최대화하고 집단내 분산은 최소화하는 것이다. 여기에서 집단간 분산과 집단내 분산이란 원래의 종속변수(Y; 집단소속 변수)의 분산이 아니라(Y는 범주형 변수이므로 당연히 분산을 계산할 수 없다) 판별함수 값(판별점수; discriminant score)인 Z의 분산이다. 우리는 각 응답자의 프로파일 값을 판별함수에 대입함으로써 n명의 응답자의 판별점수($Z_1, Z_2, \ldots, Z_n$)를 구할 수 있다.

$$Z = k_1X_1 + k_2X_2 + \ldots\ldots + k_pX_p$$

표 5-3 판별점수의 계산

응답자	종속변수	독립변수			판별점수
	응답자 소속	X_1	· · ·	X_p	Z
1	1	X_{11}	· · ·	X_{1p}	Z_1
2	1	X_{21}			Z_2
·	·				·
·	·				·
·	·				·
n	2				Z_n

$$Z_1 = k_1X_{11} + k_2X_{12} + \ldots\ldots + k_pX_{1p}$$

$$Z_2 = k_1X_{21} + k_2X_{22} + \ldots\ldots + k_pX_{2p}$$

$$\vdots$$

$$Z_n = k_1X_{n1} + k_2X_{n2} + \ldots\ldots + k_pX_{np}$$

그러나 판별함수의 값(판별점수; Z_i)을 알기 위해서는 판별계수(k)의 값을 알아야만 한다. 판별분석에서는 우리가 이미 판별계수(k)의 값을 알고 있다고 가정하고 판별함수의 값(Z)을 추정한다. 즉, 판별분석에서는 판별계수의 값(k)과 판별함수의 값(Z)을 동시에 추정하는 방법(simultaneous estimation)을 사용한다. 그리고 모든 응답자의 판별점수($Z_1, Z_2, \ldots, Z_n$)를 구한 뒤 판별점수의 집단 간 분산과 집단 내 분산의 비율(Ω)을 최대화함으로써 판별계수의 값을 추정한다. 즉, 판별분석의 추정문제는 아래와 같다.

$$\max \Omega = \frac{SSB(Z)}{SSW(Z)}$$

3. 변수의 입력방법

판별분석에서 변수의 입력방법은 두 가지가 있는데 첫 번째 방법은 우리가 가지고 있는 모든 독립변수를 한 번에 판별함수에 넣는 방법이다. 두 번째 방법은 단계별로 독립변수를 하나씩 판별함수에 입력하는 방법(stepwise method)이다. 여기에서 첫 번째로 판별함수에 들어가는 변수는 가장 큰 단변량 *F*값(univariate *F* value)을 지니고 있는 변수이다. 다음으로 판별함수에 들어가는(혹은 제거되는) 변수는 부분 *F*값(partial *F* value)이 가장 높은(혹은 가장 낮은) 변수가 된다. 이는 우리가 회귀분석에서 살펴본 바와 유사하다.

예: 커피 데이터를 이용한 판별분석

(1) 입력방법을 이용한 두 집단 판별분석

여기에서는 커피 데이터를 이용하여 두 집단의 판별분석의 예를 살펴보고자 한다. 종속변수는 폴져스 커피를 자주 마시는 집단(1)과 그렇지 않은 집단(2)을 구분하는 범주형 변수(X9)이다. 독립변수는 커피의 속성평가 자료(X30-X50)이다. 따라서 이 분석에서는 커피의 어느 속성이 폴저스 커피를 자주 마시는지 아닌지를 판별하는가를 알아보는 것이 목적이다.

우선 아래의 〈표 5-4〉에 나타난 것은 우리가 구성하는 판별함수의 판별계수이다. 따라서 판별함수는 다음과 같다.

$$Z = -.228(X30) - .012(X31) + \ldots + .537(X50)$$

표 5-4 표준화 판별계수

표준화 정준 판별함수 계수

	함수
	1
X30_RICH_TASTE	-.228
X31_ALWAYS_FRESH	-.012
X32_GOOD_START	-.428
X33_FULL_BODIED_TASTE	-.146
X34_RICH_AROMA_CUP	-.320
X35_GOOD_VALUE	-.165
X36_BEST_COFFEE_MORNING	.063
X37_RICH_AROMA_TIN	-.038
X38_SMOOTH_TASTE	-.177
X39_HIGHEST_QUALITY	.183
X40_PREMIUM_BRAND	.710
X41_NOT_BITTER	.089
X42_BRIGHTENS_DAY	.754

	함수
	1
X43_COST_MORE	-.139
X44_STRONG_TASTE	-.244
X45_NO_AFTERTASTE	-.142
X46_ECONOMY_BRAND	-.358
X47_RICH_AROMA_BREWING	.244
X48_BEST_GROUND_COFFEE	-.183
X49_ENJOY_WITH_MEALS	.096
X50_COST_LESS	.537

다음으로 아래의 〈표 5-5〉는 판별적재치를 보여준다. 우리는 이 판별적재치를 이용하여 어떤 독립변수가 두 집단(소속)을 잘 판별하는지 알 수 있다. X40이 가장 값이 큰 판별적재치(.653)를 지니고 있으므로 두 집단을 구분하는데 가장 판별능력이 뛰어난 것을 알 수 있다.

표 5-5 판별적재치

구조행렬

	함수
	1
X40_PREMIUM_BRAND	.653
X42_BRIGHTENS_DAY	.295
X44_STRONG_TASTE	-.255
X48_BEST_GROUND_COFFEE	.255
X30_RICH_TASTE	-.227
X33_FULL_BODIED_TASTE	-.221
X39_HIGHEST_QUALITY	.201
X49_ENJOY_WITH_MEALS	.188
X47_RICH_AROMA_BREWING	.176
X36_BEST_COFFEE_MORNING	.170
X50_COST_LESS	.167
X35_GOOD_VALUE	-.161
X34_RICH_AROMA_CUP	-.122
X41_NOT_BITTER	.081
X37_RICH_AROMA_TIN	.070
X32_GOOD_START	-.067
X43_COST_MORE	.067

	함수
	1
X45_NO_AFTERTASTE	.063
X46_ECONOMY_BRAND	-.050
X38_SMOOTH_TASTE	-.042
X31_ALWAYS_FRESH	-.027

다음의 표는 각 집단의 평균(centroid)을 보이고 있는데 이 두 집단의 경계는 0이다. 따라서 새로운 개체를 배정할 때 그 개체의 판별점수가 0과 같거나 0보다 크면 첫 번째 집단으로 배정하고 그렇지 않으면 두 번째 집단으로 배정한다.

표 5-6 집단의 평균(centroid)

함수의 집단중심점

V9 Brand Preferred	함수
	1
1	.372
2	-.202

표준화하지 않은 정준 판별함수가 집단 평균에 대해 계산되었습니다.

다음의 표는 판별함수에 의한 응답자의 분류를 보이고 있다. 여기에서 적중률은 59.5%이지만 이 수치를 사용하는 것은 옳지 않다. 왜냐하면 299명의 자료를 사용하여 판별함수를 만들고 다시 같은 판별함수를 이용하여 동일한 응답자 299명을 분류하였기 때문이다.

표 5-7 응답자의 분류

분류결과[a]

V9 Brand Preferred			예측 소속집단		전체
			1	2	
원래값	빈도	1	68	37	105
		2	84	110	194
	%	1	64.8	35.2	100.0
		2	43.3	56.7	100.0

a. 원래의 집단 케이스 중 59.5%이(가) 올바로 분류되었습니다.

(2) 단계별 방법을 이용한 두 집단 판별분석

여기에서는 단계별 방법을 이용한 두 집단 판별분석을 살펴본다. 아래의 표는 X40만이 판별함수에 포함되었음을 보여준다. 그리고 이 변수의 *F*값은 9.566이고 유의확률은 0.002이므로 제거되지 않는다.

표 5-8 단계별 방법에 의한 판별분석

진입된/제거된 변수

단계	진입된	Wilks 람다							
		통계량	자유도 1	자유도 2	자유도 3	정확한 F			
						통계량	자유도1	자유도2	유의확률
1	X40_PREMIUM_BRAND	.969	1	1	297.000	9.566	1	297.000	.002

분석할 변수 없음

단계		공차한계	최소 공차한계	입력할 F	Wilks 람다
	X30_RICH_TASTE	1.000	1.000	1.152	.996
	X31_ALWAYS_FRESH	1.000	1.000	.017	1.000
	X32_GOOD_START	1.000	1.000	.102	1.000
	X33_FULL_BODIED_TASTE	1.000	1.000	1.098	.996
	X34_RICH_AROMA_CUP	1.000	1.000	.333	.999
	X35_GOOD_VALUE	1.000	1.000	.579	.998
	X36_BEST_COFFEE_MORNING	1.000	1.000	.651	.998
	X37_RICH_AROMA_TIN	1.000	1.000	.109	1.000
	X38_SMOOTH_TASTE	1.000	1.000	.040	1.000
	X39_HIGHEST_QUALITY	1.000	1.000	.907	.997
0	X40_PREMIUM_BRAND	1.000	1.000	9.566	.969
	X41_NOT_BITTER	1.000	1.000	.146	1.000
	X42_BRIGHTENS_DAY	1.000	1.000	1.949	.993
	X43_COST_MORE	1.000	1.000	.101	1.000
	X44_STRONG_TASTE	1.000	1.000	1.458	.995
	X45_NO_AFTERTASTE	1.000	1.000	.090	1.000
	X46_ECONOMY_BRAND	1.000	1.000	.057	1.000
	X47_RICH_AROMA_BREWING	1.000	1.000	.694	.998
	X48_BEST_GROUND_COFFEE	1.000	1.000	1.454	.995
	X49_ENJOY_WITH_MEALS	1.000	1.000	.793	.997
	X50_COST_LESS	1.000	1.000	.626	.998

단계		공차한계	최소 공차한계	입력할 F	Wilks 람다
	X30_RICH_TASTE	.981	.981	2.230	.962
	X31_ALWAYS_FRESH	.972	.972	.149	.968
	X32_GOOD_START	.978	.978	.597	.967
	X33_FULL_BODIED_TASTE	.983	.983	2.077	.962
	X34_RICH_AROMA_CUP	.963	.963	1.380	.964
	X35_GOOD_VALUE	.959	.959	.018	.969
	X36_BEST_COFFEE_MORNING	.934	.934	.000	.969
	X37_RICH_AROMA_TIN	.913	.913	.360	.968
	X38_SMOOTH_TASTE	.962	.962	.648	.967
	X39_HIGHEST_QUALITY	.859	.859	.050	.969
1	X41_NOT_BITTER	.974	.974	.013	.969
	X42_BRIGHTENS_DAY	.947	.947	.477	.967
	X43_COST_MORE	.951	.951	.139	.968
	X44_STRONG_TASTE	.991	.991	2.177	.962
	X45_NO_AFTERTASTE	.950	.950	.153	.968
	X46_ECONOMY_BRAND	.999	.999	.021	.969
	X47_RICH_AROMA_BREWING	.930	.930	.000	.969
	X48_BEST_GROUND_COFFEE	.942	.942	.001	.969
	X49_ENJOY_WITH_MEALS	.969	.969	.117	.968
	X50_COST_LESS	.999	.999	.488	.967

다음 표는 판별계수를 보이고 있는데 판별함수는 다음과 같다.

$$Z = 1.00(X40)$$

표 5-9 판별계수

표준화 정준 판별함수 계수

	함수
	1
X40_PREMIUM_BRAND	1.000

다음은 요인적재치 행렬을 보이고 있는 X40만이 0.5보다 큰 판별적재치(1.000)를 보이고 있다. 여기에서는 X40이 판별함수에 포함된 유일한 변수이기 때문에 판별점수와 변수는 동일하고 따라서 판별적재치는 이들의 상관계수인 1이다.

판별점수: $Z = 1.00(X40)$

변수: X40

판별적재치: $corr(Z, X40) = 1$

폴져스 커피를 자주 마시는 소비자와 그렇지 않은 소비자를 구분하는 변수는 오직 X40임을 알 수 있다.

표 5-10 판별적재치

구조행렬

	함수
	1
X40_PREMIUM_BRAND	1.000
X48_BEST_GROUND_COFFEE[a]	.398
X39_HIGHEST_QUALITY[a]	.376
X37_RICH_AROMA_TIN[a]	.295
X47_RICH_AROMA_BREWING[a]	.265
X36_BEST_COFFEE_MORNING[a]	.256
X42_BRIGHTENS_DAY[a]	.230
X45_NO_AFTERTASTE[a]	.223
X43_COST_MORE[a]	.222
X35_GOOD_VALUE[a]	.203
X38_SMOOTH_TASTE[a]	.195
X34_RICH_AROMA_CUP[a]	.193
X49_ENJOY_WITH_MEALS[a]	.177
X31_ALWAYS_FRESH[a]	.167
X41_NOT_BITTER[a]	.161
X32_GOOD_START[a]	.148
X30_RICH_TASTE[a]	.140
X33_FULL_BODIED_TASTE[a]	.131
X44_STRONG_TASTE[a]	.093
X46_ECONOMY_BRAND[a]	.029
X50_COST_LESS[a]	.026

판별수와 표준화 정준 판별함수 간의 집단-내 통합 상관행렬. 변수는 함수내 상관행렬의 절대값 크기순으로 정렬되어 있습니다.

a. 이 변수는 분석에 사용되지 않습니다.

표 5-11 분류표

분류결과[a]

		V9 Brand Preferred	예측 소속집단		전체
			1	2	
원래값	빈도	1	59	46	105
		2	79	115	194
	%	1	56.2	43.8	100.0
		2	40.7	59.3	100.0

a. 원래의 집단 케이스 중 58.2%이(가) 올바로 분류되었습니다.

(3) 여섯 집단 판별분석

다음으로는 여섯 집단의 판별분석을 살펴본다. 여기에서의 종속변수는 소비자가 가장 자주 마시는 커피의 브랜드(X9)로 폴져스를 비롯하여 여섯 개의 브랜드가 존재한다. 독립변수는 두 집단 판별분석의 경우와 마찬가지로 커피의 속성 평가 데이터(X30–X50)이다.

우선 〈표 5-12〉는 판별함수를 구성하는 판별계수를 보이고 있는데 모두 5개의 판별함수가 존재한다. 판별분석에서는 집단의 수보다 하나 적은 판별함수가 존재하기 때문이다.

표 5-12 여섯 집단의 판별계수

표준화 정준 판별함수 계수

	함수				
	1	2	3	4	5
X30_RICH_TASTE	-.170	-.344	-.575	-.615	-.321
X31_ALWAYS_FRESH	-.043	.029	.632	-.116	.079
X32_GOOD_START	-.249	.167	-.191	-.027	.663
X33_FULL_BODIED_TASTE	-.066	.034	.248	.955	-.366
X34_RICH_AROMA_CUP	-.168	-.873	-.213	.323	-.465
X35_GOOD_VALUE	-.047	-.219	-.177	.140	.015
X36_BEST_COFFEE_MORNING	.427	-.159	.160	.266	.257
X37_RICH_AROMA_TIN	-.134	.415	.428	-.579	.571
X38_SMOOTH_TASTE	-.601	-.005	-.043	-.318	-.378
X39_HIGHEST_QUALITY	.193	-.011	-.325	-.057	-.071
X40_PREMIUM_BRAND	.672	.069	-.194	-.266	-.223
X41_NOT_BITTER	.247	-.007	-.214	.063	.147
X42_BRIGHTENS_DAY	.207	.266	-.285	-.423	-.834

	함수				
	1	2	3	4	5
X43_COST_MORE	.267	−.609	.368	.094	.208
X44_STRONG_TASTE	−.195	.056	.048	−.158	.359
X45_NO_AFTERTASTE	.022	.262	.196	.597	.167
X46_ECONOMY_BRAND	−.037	.209	−.772	.388	.582
X47_RICH_AROMA_BREWING	.132	.166	.173	.016	−.193
X48_BEST_GROUND_COFFEE	−.132	−.009	−.077	.325	−.032
X49_ENJOY_WITH_MEALS	.045	.165	.262	−.101	.064
X50_COST_LESS	−.104	.464	.622	−.468	−.633

표 5-13 판별적재치 행렬

표준화 정준 판별함수 계수

	함수				
	1	2	3	4	5
X40_PREMIUM_BRAND	.664	.009	−.115	−.191	−.194
X48_BEST_GROUND_COFFEE	.245*	.052	−.014	.108	−.169
X36_BEST_COFFEE_MORNING	.206*	−.070	.053	−.053	−.042
X46_ECONOMY_BRAND	−.059	.476*	−.256	.099	.096
X50_COST_LESS	−.099	.438*	.062	−.092	−.131
X34_RICH_AROMA_CUP	−.179	−.396*	−.021	−.017	−.351
X30_RICH_TASTE	−.238	−.361*	−.160	−.247	−.048
X43_COST_MORE	.338	−.344*	.300	.006	.169
X35_GOOD_VALUE	.079	.180*	−.145	−.082	−.027
X31_ALWAYS_FRESH	−.042	−.131	.259*	−.177	.118
X49_ENJOY_WITH_MEALS	.056	.124	.232*	−.097	−.150
X41_NOT_BITTER	.116	−.014	−.130*	.053	.028
X32_GOOD_START	−.075	−.063	−.129*	−.104	.029
X45_NO_AFTERTASTE	.103	.250	.105	.374*	.005
X37_RICH_AROMA_TIN	−.046	.038	.231	−.251*	.097
X42_BRIGHTENS_DAY	.137	−.005	−.129	−.133	−.345*
X33_FULL_BODIED_TASTE	−.262	−.292	.056	.200	−.327*
X38_SMOOTH_TASTE	−.288	−.004	.008	−.140	−.324*
X44_STRONG_TASTE	−.095	−.178	.059	−.054	.297*
X39_HIGHEST_QUALITY	.136	−.155	−.069	−.106	−.273*
X47_RICH_AROMA_BREWING	.045	.053	.214	−.068	−.219*

판별수와 표준화 정준 판별함수 간의 집단-내 통합 상관행렬. 변수는 함수내 상관행렬의 절대값 크기순으로 정렬되어 있습니다.

* 각 변수와 임의의 판별함수 간의 가장 큰 절대 상관행렬

표 5-14 여섯 집단의 평균 중심

함수의 집단 중심점

V9 Brand Preferred	함수				
	1	2	3	4	5
1	.291	.135	.007	.107	-.165
2	.180	-.066	.790	.398	.093
3	-.031	.432	-.275	.224	.188
4	-.014	-.148	.115	-.407	.323
5	.745	-1.093	-.472	.298	.076
6	-.603	-.190	-.028	.030	-.101

표준화하지 않은 정준 판별함수가 집단 평균에 대해 계산되었습니다.

표 5-15 여섯 집단의 분류표

분류결과[a]

V9 Brand Preferred		예측 소속집단						전체
		1	2	3	4	5	6	
원래값 빈도	1	26	14	19	16	15	15	105
	2	3	12	3	0	3	1	22
	3	6	5	19	8	6	6	50
	4	7	4	3	10	5	8	37
	5	1	1	0	2	9	1	14
	6	8	7	9	7	10	30	71
%	1	24.8	13.3	18.1	15.2	14.3	14.3	100.0
	2	13.6	54.5	13.6	.0	13.6	4.5	100.0
	3	12.0	10.0	38.0	16.0	12.0	12.0	100.0
	4	18.9	10.8	8.1	27.0	13.5	21.6	100.0
	5	7.1	7.1	.0	14.3	64.3	7.1	100.0
	6	11.3	9.9	12.7	9.9	14.1	42.3	100.0

a. 원래의 집단 케이스 중 35.5%이(가) 올바로 분류되었습니다.

4. 새로운 개체의 배정

판별분석의 주요한 목적 중의 하나는 우리가 구성한 판별함수를 이용하여 새로운 개체(응답자)를 이미 존재하는 집단 가운데 하나에 배정하는 일(assignment 혹은 classification)이다. 이는 새로운 개체의 판별점수를 계산하여 이미 존재하고 있는 집단의 판별점수 평균과 비교함으로써 이루어진다. 이 과정을 살펴보면 다음과 같다.

1. 우선 우리가 구성한 판별함수를 이용하여 모든 개체의 판별점수(Z_1, Z_2, ..., Z_n)를 계산한다.
2. 집단1과 집단2의 판별점수의 평균($\bar{Z}$)을 구한다. 이 평균이 집단1과 집단2의 경계(cutoff point)가 된다.
3. 만약 새로운 개체의 판별점수(Z_n)가 위의 평균과 같거나 크면 새로운 개체를 집단1에 배정한다. 그렇지 않으면 집단2에 배정한다. 즉,

   만약 $Z_n \geqq \bar{Z}$이면, 집단1에 배정한다.
   그렇지 않으면 집단2에 배정한다.

$$Z = k_1X_1 + k_2X_2 + \ldots\ldots + k_{p-1}X_{p-1} + k_pX_p$$

만일 두 집단이 가지고 있는 표본의 크기가 같다면($n_1 = n_2$) 우리는 위의 방법을 사용하여 새로운 개체를 분류할 수 있다. 그러나 두 집단이 다른 크기의 표본을 가지고 있다면($n_1 \fallingdotseq n_2$) 우리는 표본의 크기를 가중치로 사용한 평균을 분류의 경계점(cutoff point)으로 삼아야 한다. 〈그림 5-3〉은 두 집단의 표본이 같을 경우의 집단 경계점(평균)을 보이고 있다.

〈그림 5-4〉는 두 집단의 표본의 크기가 다른 경우를 보여주고 있다. 이러한 경우 우리는 표본의 크기를 고려한 경계점(평균; weighted cutoff point)을 사용하여 개체를 분류하여야 한다. 만약 표본의 크기를 고려하지 않은 단순평균(unweighted cutoff point)을 분류의 경계점으로 사용한다면 집단1에 있는

그림 5-3 집단의 표본크기가 같을 때($n_1 = n_2$)

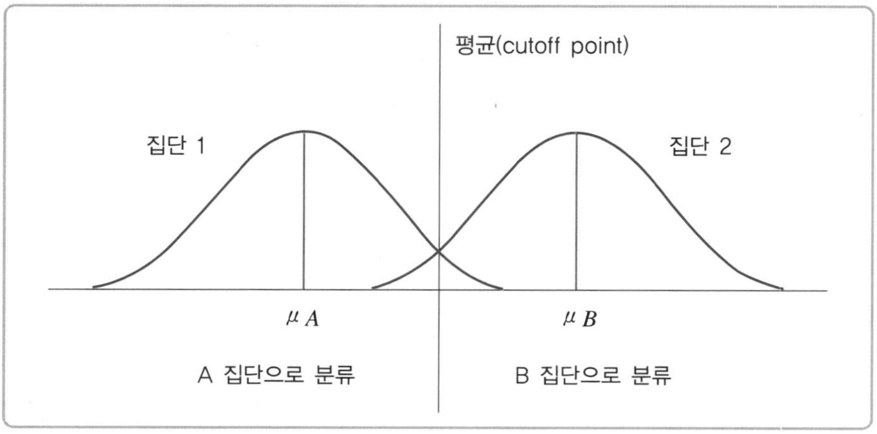

그림 5-4 집단의 표본크기가 다를 때 ($n_1 < n_2$)

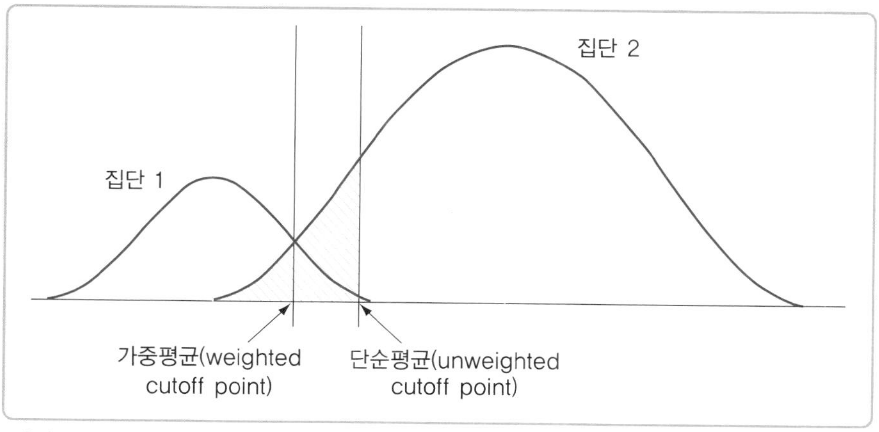

출처: Dillon, William R. and Matthew Goldstein (1984), *Multivariate Analysis: Methods and Applications*, Wiley.

모든 개체는 올바르게 분류되지만 집단2에 속한 개체의 일부는 집단1로 잘못 분류되기 때문이다(빗금친 부분). 〈그림 5-4〉의 빗금 친 부분은 이렇게 잘못 분류되는 개체들을 나타내고 있다.

만일 우리가 세 개의 집단 중의 하나에 새로운 개체를 배정하는 상황에 있다면 절차는 다음과 같다.

1. 집단 1과 2의 판별점수 평균을 구한다($\overline{Z}_{12}$).
2. 집단 2와 3의 판별점수 평균을 구한다($\overline{Z}_{23}$).
3. 새로운 개체의 판별점수를 구한다.
4. 새로운 개체의 판별점수가 $\overline{Z}_{12}$와 같거나 이보다 크면 새로운 개체를 집단1에 배정한다.
5. 새로운 개체의 판별점수가 $\overline{Z}_{12}$보다 작고 $\overline{Z}_{23}$와 같거나 그보다 크면 새로운 개체를 집단2에 배정한다.
6. 새로운 개체의 판별점수가 $\overline{Z}_{23}$보다 작으면 새로운 개체를 집단3에 배정한다.

분류표와 적중률

판별분석이 끝나면 우리는 우리가 구성한 판별함수를 평가하는데 여기에서는 판별함수가 얼마나 기존 집단소속이 알려져 있는 개체들을 올바르게 배정하는가의 정도를 평가한다.

표 5-16 판별의 경계(cutoff point)

	판별점수	판별점수 평균	
집단 1	Z_1		
	Z_2		
	:		
	Z_a		$\bar{Z}_{12}$
집단 2	Z_1		
	Z_1		
	:		
	Z_b		$\bar{Z}_{23}$
집단 3	Z_1		
	Z_2		
	:		
	Z_c		

이와 같은 판별함수의 평가를 위하여 빈번하게 사용되는 것이 바로 분류표(confusion matrix)인데 이는 기존에 알려진 집단 소속과 판별함수에 의하여 배정(분류)된 집단소속 사이의 교차빈도표이다. 두 집단 판별분석의 분류표는 아래의 표와 같다.

이 표에서 보는 바와 같이 집단1과 집단2에는 각각 80개와 90개의 개체가 있다(실제 집단소속). 판별함수는 집단1에 있는 80개의 개체 가운데 70개를 올바르게 집단1에 배정하였고(correct classification) 10개를 집단2에 잘못 배정하였다(misclassification). 마찬가지로 실제로 집단 2에 있는 90개의 개체 가운데 75개를 올바르게 집단 2에 배정하였고 나머지 15개를 집단1에 잘못 배정하였다.

표 5-17 분류표

		판별함수에 의하여 예측된 집단소속		
		집단 1	집단 2	합계
실제 집단소속	집단 1	70	10	80
	집단 2	15	75	90

우리가 판별함수의 정확도를 평가하기 위해서 일반적으로 사용하는 것이 적중률(hit ratio)인데 이는 전체 개체 중에서 정확하게 분류(예측)된 개체의 비율을 나타낸다. 위의 표에서 첫 번째 집단에서는 70개의 개체가 정확하게 분

류되었고 두 번째 집단에서는 75개의 개체가 정확히 분류되었음을 알 수 있다. 따라서 전체 170개의 개체 가운데 정확히 분류된 개체는 모두 145개이므로 적중률은 145/170이다.

흔히 하나의 자료를 사용하여 판별함수를 구성하고 다시 그 판별함수를 이용하여 같은 자료에 있는 개체들을 분류한 뒤 적중률을 계산하는데 이는 옳지 않다. 왜냐하면 판별함수를 구성하고 개체를 분류하는 데 같은 자료를 사용하였기 때문이다. 이러한 경우의 적중률은 당연히 높게 나타나기 마련이다. 만약 적중률이 높지 않다면 이는 판별함수가 제대로 추정되지 않은 것으로 간주하여야 한다. 따라서 적중률은 이미 판별분석 과정(calibration)에서 사용되지 않은 개체들에 대하여 계산하여야 한다.

5. 판별분석의 검증

판별분석에서 분석 결과의 검증(validation)은 다른 분석기법에서 살펴본 바와 마찬가지로 분할표본법(split sample method)을 이용하여 이루어진다. 판별분석의 검증은 다음과 같은 절차를 통하여 이루어진다.

1. 우선 분석의 대상이 되는 자료를 무작위로 두 개의 하위 분할표본(random subsample)으로 나눈다. 하나는 판별분석을 실행하는 데 사용하는 실행표본(calibration sample)이며 또 하나는 판별분석 결과를 검증하는데 사용되는 검증표본(validation sample)이다.
2. 실행표본을 사용하여 판별분석을 실행하여 판별함수를 구한다.
3. 다음으로는 실행표본에서 구한 판별함수를 사용하여 검증표본에 있는 개체들의 판별점수를 구한다. 개체들의 판별점수를 사용하여 이들 개체들을 각 집단에 배정한다. 이는 판별함수에 의한 집단소속이다.
4. 위에서 구한 예측된 집단소속과 검증표본의 실제 집단소속을 사용하여 적중률을 계산하여 평가의 기준으로 삼는다.

표 5-18 두 집단의 평균 벡터

	X_1	X_2	....	X_p
집단 1	$\overline{X_{11}}$	$\overline{X_{12}}$	....	$\overline{X_{1p}}$
집단 2	$\overline{X_{21}}$	$\overline{X_{22}}$	....	$\overline{X_{2p}}$

6. 유의성 검증

6.1 평균 벡터 테스트

우리가 판별분석을 실행한 뒤에 집단 평균이 같은지를 검증할 수 있다. 이 때 우리가 판별분석에 사용한 변수 하나 하나에 대하여 t-테스트를 실행한다면 우리는 변수의 수만큼 많은 t-테스트를 실행하여야 한다. 또한 독립변수들 사이에는 공분산이 존재할 수도 있기 때문에 각각의 t-테스트는 서로 독립적이지 않을 수 있다. 다시 말하면 어느 한 변수에 대하여 집단 사이에 평균의 차이가 있다면 다른 변수에 대하여도 역시 집단 간에 평균 차이가 있을 가능성이 높다는 것이다. 하나의 변수에 대한 단변량 테스트(univariate test)는 서로 독립적이지 않을 가능성이 높다.

이러한 이유로 판별분석에서는 호텔링의 T^2-테스트(Hotelling's T^2-test)를 사용하는데 이는 우리가 잘 알고 있는 t-테스트(단변량 테스트)를 다변량 테스트의 형태로 일반화시킨 테스트이다. 호텔링의 T^2-test는 마할라누비스 거리 D^2와 다음과 같은 관계를 가진다.

$$T^2 = \frac{n_1 n_2}{n_1 + n_2} D^2$$

$$D^2 = (\overline{x}_1 - \overline{x}_2)' S^{-1} (\overline{x}_1 - \overline{x}_2)$$

그리고 T^2는 $(p,\ n_1 + n_2 - p - 1)$의 자유도를 가지고 F 분포를 따른다. 우리는 F 통계의 유의성을 살펴봄으로써 집단 간 평균 벡터의 차이를 검증할 수 있다.

$$\frac{n_1 + n_2 - p - 1}{(n_1 + n_2 - 2)p} T^2 \approx F_{(p, n_1 + n_2 - p - 1)}$$

6.2 개별변수의 공헌도 테스트

만약 위에서 살펴본 집단 평균 벡터의 테스트에서 집단 평균 벡터가 다르다고 하면 다음으로는 어느 독립변수가 집단 사이의 차이를 설명하는지 테스트한다. 이는 마치 회귀분석과 분산분석에서 살펴본 전반적 모형 테스트(overall model test)와 모형 테스트가 기각되면 실행하는 개별 계수 테스트(individual parameter test)나 집단평균의 비교(multiple comparison)와 유사하다.

(1) 개별 변수의 평가

판별분석의 이용자들은 전통적으로 아래와 같은 두 가지 방법을 사용하여 개별 변수의 공헌도를 평가한다.

첫 번째 방법은 하나 하나의 변수에 대하여 집단평균을 비교하여 그 유의성을 검증하는 방법이다. 이 방법은 위에서 살펴본 바와 같이 변수 간에 존재할 수 있는 공분산이나 상호의존성(interdependence)을 무시하기 때문에 t통계값(혹은 F 통계값)이 정확하지 않다. 또 t 통계값이나 F 통계값의 유의수준도 정확하지 않다.

두 번째 방법은 표준화된 판별계수(standardized discriminant coefficients)의 크기를 살펴보는 일이다. 이 방법 역시 변수들이 서로 상관관계를 가지고 있는 경우에는 상당히 오도된 결과를 보일 수 있다는 단점을 지닌다.

예를 들면 판별계수가 각각의 변수가 가지고 있는 판별능력을 오도하는 경우가 있다. 두 변수가 서로 상관관계를 가지고 있을 때 한 변수의 판별계수는 비정상적으로 커지는가 하면(inflated) 다른 변수의 판별계수는 0에 가까워지는 수가 있다. 따라서 이들 판별계수는 각각의 변수가 지닌 판별능력을 제대로 반영하지 못한다.

(2) 판별적재치

위에서 살펴본 바와 같이 개별변수의 판별공헌도(판별능력)를 평가하는 보다 전통적인 방법은 변수 간의 상관관계에 따른 문제점을 지니고 있다. 또한 판별분석에서는 통계적으로 판별계수의 유의성을 테스트할 수 있는 방법이 존재하지 않는다. 따라서 독립변수의 판별능력(공헌도)을 알아보기 위하여 널리 사용하는 것이 판별적재치이다. 과거에는 판별계수의 값을 비교하여 비교적 큰 값(절대치)을 지니고 있는 변수를 판별능력이 높은 변수로 간주하였으나 요즈음은 판별적재치를 살펴봄으로써 변수의 판별능력을 평가한다.

판별적재치(discriminant loading)란 판별점수(discriminant score)와 각각의 변수와의 단순 상관계수(simple correlation)이다. 이는 우리가 주성분분석에서 다루었던 요인적재치와 동일한 개념이다. 주성분분석의 요인적재치는 요인점수와 각 변수 사이의 단순 상관계수이다.

판별적재치 행렬에서 각 판별함수 별로 높은 적재치를 지니고 있는 변수가 판별능력이 높은 변수임을 파악할 수 있다.

판별적재치는 독립변수 사이의 상관관계를 반영하기 때문에 덜 불안정하고 변수의 공헌도 평가에 있어서 표준화된 판별계수보다 더욱 유용성이 뛰어나다.

참고로 다음과 같은 방법으로도 판별적재치를 구할 수 있다.

1. 우선 판별계수 벡터 $b_j{}^*$가 Cb_j,가 되도록($b_j{}^* = Cb_j$,) 스케일링한다. 여기에서 C는 S, 행렬의 대각선에 나타난 수치의 제곱근이다. 그리고 S는 전체 표본의 공분산행렬이다.
2. 다음으로는 l_j를 $Rb_j{}^*$로부터 계산한다($l_j = Rb_j{}^*$). 여기에서 l_j는 j번째 판별함수의 판별적재치 벡터이고 R은 독립변수의 상관계수 행렬이다.

그림 5-5 판별점수와 판별적재치

응답자	Y	X_1	X_2	…	X_j	…	X_p
1		X_{11}					
2		X_{21}					
⋮							
i		X_{i1}			X_{ij}		
⋮							
n		X_{n1}					

3A 분석 대상 데이터

응답자	DF_1	DF_2	…	DF_j	…	$DF_{k\text{-}1}$
1	DS_{11}					
2	DS_{21}					
⋮						
i	DS_{i1}			DS_{ij}		
⋮						
n	DS_{n1}					

DF_j = j번째 판별함수
DS_{ij}= i번째 응답자의 j번째 판별함수의 점수

3B 판별점수

	DS_1	DS_2	…	$DS_{k\text{-}1}$
X_1	DL_{11}	DL_{12}	…	$DL_{1k\text{-}1}$
X_2	DL_{21}	DL_{22}	…	$DL_{2k\text{-}1}$
⋮	⋮	⋮		⋮
X_P	DL_{P1}	DL_{P2}	…	$DL_{pk\text{-}1}$

DS_j = j번째 판별함수의 판별함수
DL_{ij} = j번째 판별함수 점수와 i번째 변수의 상관관계 (판별적재치)

3C 판별적재치

$$\text{corr}(X_1, DS_1) = DL_{11}$$
$$\text{corr}(X_2, DS_1) = DL_{21}$$
$$\vdots$$
$$\text{corr}(X_p, DS_{k\text{-}1}) = DL_{pk\text{-}1}$$

(3) 부분 *F* 통계

우리가 위에서 살펴본 바와 같이 하나 하나의 변수에 대한 단변량 F 통계는 독립변수 사이에 존재할 수 있는 상관관계를 고려하지 않기 때문에 개별 변수의 판별능력을 나타내기에는 적절한 척도가 되지 못한다. 따라서 우리는 공분산을 통제한 부분 F 통계(covariance-controlled partial F value)를 사용할 수 있다. 이는 각각의 변수에 대하여 일원 공분산분석(one-way ANCOVA)을 통하여 계산할 수 있는데 여기에서의 공변수(covariate)는 우리가 분석하는 변수 이외의 $(p-1)$개의 나머지 변수들이다. 결국 부분 F 통계값이란 우리가 관

심을 갖고 있는 변수의 분산 중에서 이미 다른 변수들에 의해서 설명된 부분을 분할해내는 것이다.

(4) 모형 비교 방법

우리는 제3장 회귀분석에서 독립변수의 일부(variables subset)가 지닌 유의성을 알아보기 위하여 부분 *F* 테스트(partial F test)를 살펴보았는데 이는 판별분석에서도 동일하게 사용할 수 있다. 회귀분석의 경우와 마찬가지로 우리는 모형비교(model comparison)를 위하여 완전모형(full model)과 부분모형(reduced model)을 설정하고 이들을 비교함으로써 완전모형이 가지고 있는 추가적인 변수들의 유의성을 검증할 수 있다. 완전모형은 p개의 변수를 가지고 있고 부분모형은 그의 일부인 q개의 변수를 가지고 있다($p>q$).

여기에서는 Q 통계를 사용하는데 Q 통계를 구하는 방법은 다음과 같다.

$$Q=\frac{n-p-1}{p-q}\quad\frac{C(D_p^2-D_q^2)}{1+CD_q^2}$$

Q 통계는 귀무가설에서 ($p-q$, $n-p-1$)의 자유도를 가지고 f 분포를 따른다.

여기에서

$C = n_1n_2/n(n-2)$, $n = n_1+n_2$,

D_p^2 = 완전모형에서의 마할라노비스 거리

D_q^2 = 부분모형에서의 마할라노비스 거리

알아두어야 할 핵심 용어

가중평균(weighted cutoff point)
개체의 배정방법(assignment rule)
단순평균(unweighted cutoff point)
분류표(confusion matrix)
적중률(hit ratio)
판별계수(discriminant coefficient)
판별적재치(discriminant loading)
판별점수(discriminant score)
판별함수(discriminant function)

생각해 볼 문제

소영은 282명의 대학원생의 성적(중간값)을 사용하여 이들을 두 집단으로 나누었다(성적이 중간값 이상인 집단과 중간값 미만인 집단). 소영은 신입생들의 성적 예측을 위하여 판별모형을 구축하였다. 소영이 판별모형을 구축하는데 사용한 자료는 다음과 같다.

1. 다변량 과목의 기말고사 성적
2. 마케팅조사 과목의 기말고사 성적
3. 학부성적 평량평균
4. 학부전공(경영, 사회과학, 인문과학, 엔지니어링, 기타)
5. 토익 성적

다음은 소영이 구성한 판별모형을 이용하여 282명의 대학원생을 재분류한 분류표이다.

		판별함수에 의한 분류		합계
		상위 그룹	하위 그룹	
원자료	상위 그룹	81	60	141
	하위 그룹	46	95	141
합계		127	155	282

(1) 위의 분류표를 사용하여 분류의 적중률을 구하시오.

(2) 위에서 구한 적중률에 대하여 코멘트 하시오.

제6장

컨조인트 분석기법

1. 컨조인트 분석기법의 개요

컨조인트 분석기법(conjoint analysis)은 1970년대 초반에 수리심리학(mathematical psychology) 분야에서 마케팅 및 경영학 분야로 소개된 기법으로서 소비자들이 제품에 대하여 느끼는 선호도 및 효용을 분석하는 주요한 도구로 그 자리매김을 하여왔다. 컨조인트 분석기법은 제품에 대한 소비자의 선호도(제품 효용)를 그 제품을 구성하는 속성 수준들의 부분가치(part worth)로 쪼개는 기법이다. 예를 들면 어떤 소비자가 쏘나타에 대하여 100이라는 효용(가치)을 느낀다면 우리는 컨조인트 분석을 통하여 100이라는 제품 효용을 쏘나타라는 제품을 구성하고 있는 몇 개의 속성 수준들(예를 들면 2600만원이라는 가격 수준, 리터 당 14km라는 연비 수준, 부드러운 수준의 승차감, 그리고 우수한 안전도 수준 등)이 각각 제공하는 부분 가치로 나눌 수 있다.

컨조인트 분석에서의 제품이란 그 제품을 구성하고 있는 속성(정확히 말하자면 속성 수준)으로 이루어진다. 위에서 살펴본 바와 같이 쏘나타는 2600만원이라는 가격 수준, 리터 당 14km이라는 연비 수준, 부드러운 승차감, 우수한 안전도의 네 가지 속성 수준으로 이루어져 있다. 반면에 메르세데스는 5300만원의 가격 수준, 리터 당 8km의 연비 수준, 우수한 승차감과 매우 우수한 안전도의 네 가지 속성 수준으로 이루어져 있다고 할 수 있다.

컨조인트 분석에서는 제품에 대하여 소비자가 느끼는 가치를 제품 효용(overall product utility)이라고 부르며 각각의 속성 수준이 제공하는 가치를 부분 가치(part worth)라고 부른다. 컨조인트 분석은 결국 제품 효용을 몇 개의 부분 가치로 나누는 과정(decompositional approach)을 일컫는다.

컨조인트 분석기법은 종속변수와 독립변수의 구분이 존재하는 종속형 분석기법(dependence model)이다. 여기에서 종속변수는 컨조인트 분석의 유형에 따라 달라진다. 컨조인트 분석기법은 크게 메트릭 컨조인트(metric conjoint)와 비메트릭 컨조인트(nonmetric conjoint)로 나눌 수 있는데 메트릭 컨조인트에서의 종속변수는 대상제품(프로파일)에 대하여 응답자(소비자)가 느끼는 제품 효용을 등간척도 혹은 비율척도를 사용하여 측정한 평가(rating)이다. 그리고 독립변수는 제품을 구성하는 속성 수준을 나타내는 더미 변수(0, 1)이다.

비메트릭 컨조인트에서의 종속변수는 대상 제품들을 서열척도를 사용하여 측정한 순위(ranking)이다. 이 밖에도 명목척도를 사용하여 소비자의 선택을 종속변수로 이용하는 선택형 컨조인트 분석기법(choice based conjoint)도 있으나 일반적으로 컨조인트 분석기법은 이 책에서 다루는 분해형 컨조인트 분석기법(decompositional conjoint analysis)을 말한다. 또한 과거에는 비메트릭 컨조인트와 메트릭 컨조인트 가운데 어떤 것이 보다 정확한 부분가치를 추정하는가에 관한 비교가 많이 이루어졌으나 최근에는 일반적으로 메트릭 컨조인트를 많이 사용하고 있다.

컨조인트 분석의 기본 원리

컨조인트 분석(decompositional conjoint)의 기본 원리는 더미 회귀분석이다. 이를 상세히 살펴보면 다음과 같다. 우선 응답자들의 제품에 대하여 느끼는 제품효용(제품 선호도 혹은 제품 구매확률 등)을 측정한다. 다음으로는 응답자들이 평가하는 대상 제품(제품 프로파일)을 구성하는 속성 수준을 더미 변수(0, 1)로 전환한다. 우리가 더미 회귀분석에서 이야기한 바와 같이 속성 수준이 존재하면 더미 변수를 1로 처리하고 그렇지 않으면 0으로 처리한다. 부분 가치를 추정하기 위하여 제품 효용을 종속변수로 하고 제품을 구성하는 더미 변수(속성 수준)를 독립 변수로 사용하여 더미 회귀분석을 실행한다. 회귀분석의 결과로 나타나는 회귀 계수가 바로 각각의 속성 수준이 제공하는 부분 가치(part worth)이다. 즉, 컨조인트 분석의 기본모형은 다음과 같다.

$$U_l = \sum_{t=1}^{T} \alpha_{ts} X_{ts}$$

U_l = l번째 제품의 효용
α_{ts} = t번째 속성의 s번째 수준의 부분가치
t = 1, 2, ... T; s = 1, 2, ... S_t
X_{ts} = t번째 속성의 s번째 수준을 나타내는 더미변수(1, 0)
T = 제품을 구성하는 속성의 수
S_t = t번째 속성 내의 수준 수

2. 컨조인트 분석의 단계

컨조인트 분석은 일반적으로 다음과 같은 여섯 단계를 거친다. 각각의 단계를 살펴보면 다음과 같다.

(1) 제품 속성의 파악

컨조인트 분석에서 가장 먼저 해야 하는, 그리고 가장 중요한 작업은 컨조인트 분석의 대상이 되는 제품을 구성하는 주요한 속성들을 파악하는 일이다. 컨조인트 분석에 사용되는 속성들은 우선 소비자의 선택(의사결정)에 중요한 영향을 미치는 것이어야 하며 동시에 기업의 입장에서는 기술, 생산, 유통을 비롯한 여러 가지 자원의 측면에서 실행과 통제가 가능한(actionable) 속성들이어야 한다. 실제 컨조인트 분석에서는 경영진의 판단이나 FGI, 심층면접과 같은 탐색적 조사에 의하여 제품을 구성하는 속성이 결정되기도 한다. 컨조인트 분석에 사용되는 속성의 수는 제품의 특성이나 컨조인트 분석의 목적에 따라 달라질 수 있지만 평균적으로 6개에서 7개 정도를 사용한다.

(2) 속성 수준의 결정

컨조인트 분석에서 제품을 구성하는 속성들이 파악되면 다음으로는 속성들의 수준을 정하여야 한다. 컨조인트 분석에서 사용되는 속성의 수준은 현재 사용되고 있는 속성 수준의 범위를 모두 포함하여야 한다. 그리고 가능하면 현재는 사용되고 있지 않지만 가까운 미래에 사용될 것으로 예상되는 속성의 수준까지도 포함시키는 것이 바람직하다. 예를 들어 현재의 승용차들이 제공하는 연비의 수준이 최저 6km에서 최고 45km이지만 향후 연비를 50km까지 향상시킬 수 있다면 컨조인트 분석에 사용되는 연비의 수준은 6km에서 50km까지의 범위를 포함하는 것이 바람직하다. 실제의 컨조인트 분석에서는 전형적으로 2개에서 8개 사이의 속성 수준이 사용된다.

(3) 가상 제품의 구성

컨조인트 분석에서 제품을 구성하는 속성과 속성 수준이 결정되면 다음으로는 컨조인트 실험(자료수집)에 필요한 가상 제품의 프로파일(hypothetical product profiles)을 구성하여야 한다. 이들 가상 제품의 프로파일은 컨조인트 실험에서 응답자들이 선호도나 제품효용 혹은 구매의도 등을 제시하는 자극물로 사용된다.

원래 '컨조인트'라는 용어는 어떤 제품에 대한 응답자의 효용이나 가치는 그 대상 제품 하나만으로는 결정될 수 없으며 따라서 다른 제품과의 상대적 비교를 통하여만이 결정될 수 있다는 점에서 생겨난 용어이다. 그리하여 컨조인트(con-joint)라는 용어를 사용하는 것이다. 그리고 컨조인트 실험에서는 몇 개의 프로파일을 비교하여 상대적인 제품효용을 측정하는 것이다.

컨조인트 실험에서 자극물로 사용되는 제품 프로파일은 제품을 구성하는 속성 수준의 교차디자인(factorial design)을 통하여 구성한다. 즉, 이들은 속성 수준의 조합(combination)이다. 그런데 여기에서 한 가지 주요한 문제점은 제품을 구성하는 속성의 수와 각 속성 내의 수준의 수가 증가할수록 컨조인트 실험에서 응답자가 평가하여야 하는 제품 프로파일(가상 제품)의 수(Cartesian set)는 기하급수적으로(multiplicatively) 증가한다는 점이다. 예를 들어 속성의 수가 10개이고 각각의 속성이 4개씩의 수준을 지니고 있다면 가상 제품 프로파일의 수는 모두 1,048,576(10^4)이 된다.

이러한 문제를 해결하기 위하여 실제 컨조인트 실험에서는 부분교차 디자인(orthogonal fractional factorial design)을 사용하여 응답자들이 평가하는 제품 프로파일의 수를 줄이고 있다. 부분교차디자인을 이용하여 구성하는 제품 프로파일의 수는 제품 속성과 속성 수준의 수에 따라 다르지만 많은 경우에 8개에서 25개 정도로 줄일 수 있다. 그리고 부분교차디자인을 이용하여 구성한 제품 프로파일은 비록 그 수는 적지만 교차디자인을 사용하여 구성한 많은 수의 제품 프로파일과 동일한 통계적 효과를 지닌다.

(4) 선호도 모형의 결정

컨조인트 실험에서 응답자들이 평가하는 제품 프로파일(자극물)을 구성하고 나면 다음으로는 컨조인트 분석에 사용되는 선호도 모형(preference model)을 결정하여야 한다. 선호도 모형에는 세 가지가 있는데 이들을 살펴보면 다음과 같다.

벡터 모형

벡터 모형(vector model)은 계량적인 속성의 수준이 증가하거나 감소함에 따라 응답자가 느끼는 속성 수준의 효용이 한쪽 방향으로 증가하거나 감소함을 나타내는 모형이다. 즉, 벡터가 한쪽 방향으로 움직임에 따라 선호도 역시 한쪽 방향으로 움직이는 것(증가 혹은 감소)을 의미한다. 벡터 모형은 '많을수록 좋다(the more, the better)'라는 가정을 기반으로 하고 있다. 예를 들면 가격(낮을수록 선호도가 높은 경우)이나 내구성(높을수록 선호도가 높은 경우) 등의 계량적 속성(quantitative attribute)이 이 모형에 적합하다.

이상점 모형

이상점 모형(ideal point model)은 어떤 속성의 특정한 수준이 가장 높은 효용을 제공한다고 가정하는 모형이다. 즉, 속성에 따라서 가장 많은 효용을 제공하는 수준이 존재하며 또한 이 수준은 소비자에 따라 다르다고 가정한다. 예를 들면 커피에 넣는 설탕이 그 예가 될 수 있다. 어떤 소비자는 설탕을 전혀 넣지 않은 커피를 가장 좋아하는 반면에 어떤 소비자는 2순갈의 설탕을 넣은 커피를 가장 선호하기 때문이다. 이상점 모형은 '한 사람의 음식은 다른 사람에겐 독이다(one man's food is another man's poison)'라는 가정을 기반으로 하고 있다.

부분가치 모형

부분가치 모형(part worth model)은 각 속성 수준이 제공하는 효용 수준이 존재한다고 가정하는 모형으로 이는 컨조인트 분석에서 가장 많이 사용되는 선호도 모형이다. 부분가치 모형은 속성의 특징(벡터 모형이 적합한 계량적 속성 혹은 이상점 모형이 적절한 정성적 속성)에 관계없이 특정한 속성 수준이 제공하는 효용(부분가치)이 존재한다는 가정을 기반으로 하고 있다.

(5) 컨조인트 자료의 수집

컨조인트 프로파일과 선호도 모형을 결정하면 이들을 응답자에게 제시하

그림 6-1 컨조인트 프로파일 카드

미래 자동차 프로파일

- 연비 : 22mpg
- 가격 : 3,000달러
- 최대속력 : 80mph
- 차체길이 : 12피트
- 실내공간 : 6명
- 원산지 : 독일

1

미래 자동차 프로파일

- 연비 : 18mpg
- 가격 : 3,200달러
- 최대속력 : 60mph
- 차체길이 : 14피트
- 실내공간 : 5명
- 원산지 : 미국

2

여 응답자의 평가를 수집한다. 이 단계에서 많이 사용되는 컨조인트 자료수집 방법은 프로파일 카드를 이용하는 방법이다. 〈그림 6-1〉에서 보는 바와 같이 각각의 제품 프로파일을 기술한 프로파일 카드를 응답자들에게 제시하고 그들의 반응(구매의도 혹은 구매확률)을 측정한다. 프로파일 카드 방법에서는 일반적으로 가장 나쁜 카드(worst card)의 구매확률을 0이라고 제시하고 (reference point) 다른 카드들의 구매확률을 측정한다.

비메트릭 컨조인트에서는 프로파일 카드들의 효용에 따른 순위를 수집한다. 혹은 〈그림 6-2〉에서 보는 바와 같이 두 속성 수준의 조합을 제시하여 이들 조합의 순위를 수집하기도 한다(two factor at a time method).

또한 응답자들에게 컨조인트 프로파일을 제시하는 단계에서 응답자들의 이해를 돕기 위하여 〈그림 6-3〉과 같은 시각적 보조 자극물(visual aid)을 활용하기도 한다.

그림 6-2 두 속성의 비교

보증

연비	3년	2년	1년
35km/l	1		
18km/l			
10km/l			

보증

연비	3년	2년	1년
35km/l	1	2	
18km/l			
10km/l			

⋮

보증

연비	3년	2년	1년
35km/l	1	2	
18km/l			
10km/l			9

그림 6-3 시각적 보조 자극물

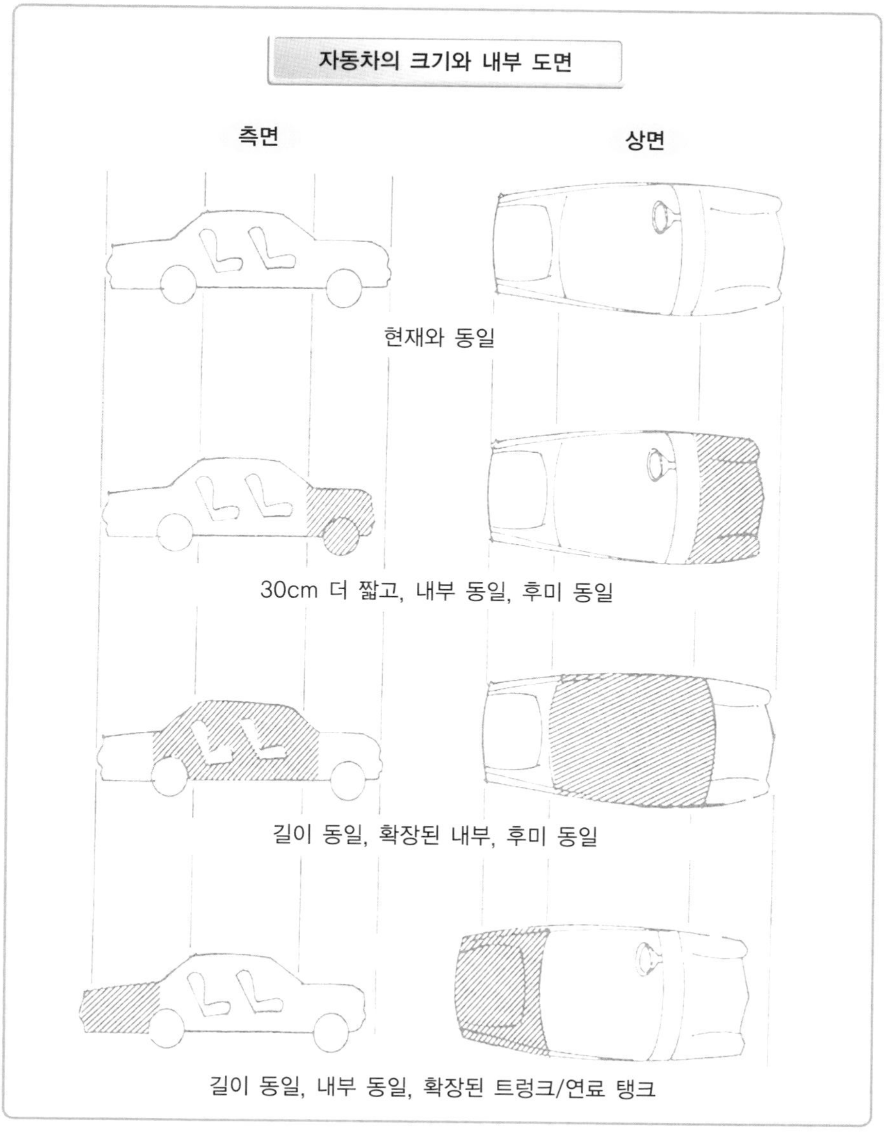

(계속)

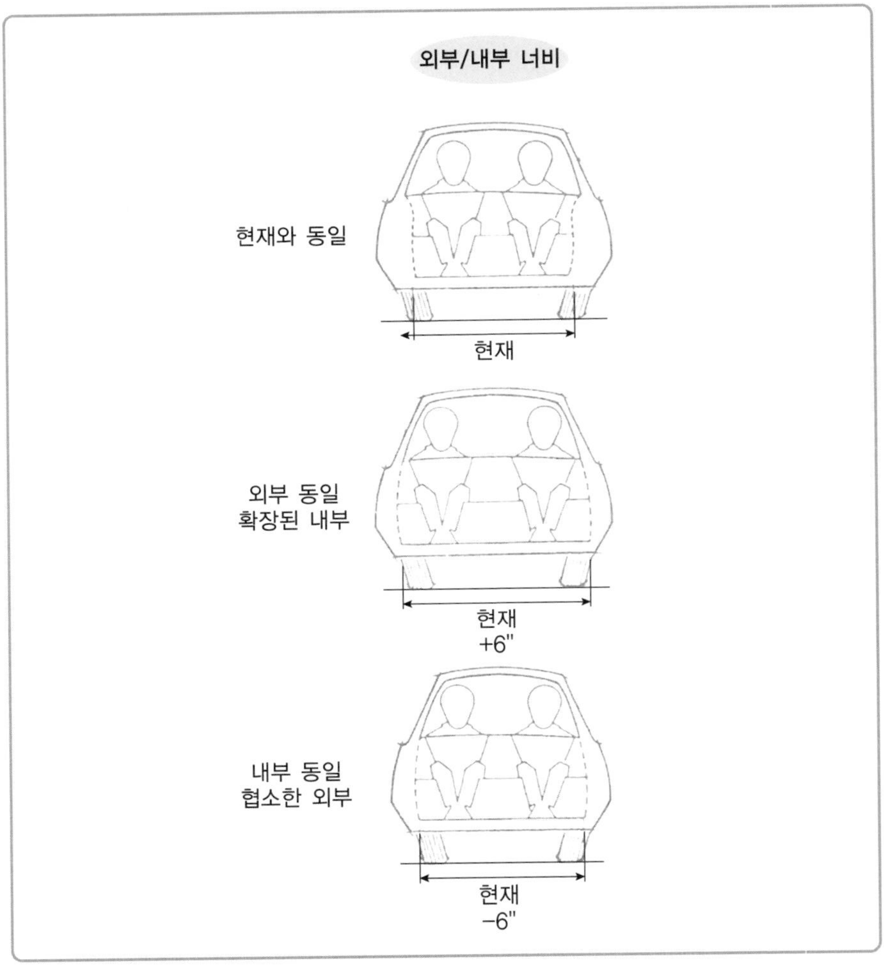

(6) 선호도의 분석

컨조인트 실험에서 수집한 자료의 분석은 메트릭 컨조인트의 경우 더미 변수를 이용한 OLS 회귀분석을 통하여 이루어진다. 비메트릭 컨조인트의 경우는 MONANOVA(MONotonic ANalysis Of VAriance)나 LINMAP 등의 프로그램을 이용하여 제품 프로파일의 순위를 분석한다.

컨조인트 분석의 예

여기에서는 컨조인트 분석의 원리를 간단한 예를 통하여 살펴보도록 한다. 아래의 〈표 6-1〉은 운동화를 구성하는 세 개의 속성과 속성 수준을 나타내고 있다. 표에서 보는 바와 같이 운동화를 구성하는 속성은 밑창, 재질, 가격의 세 가지이며 각각의 속성에 3개씩의 속성 수준이 있다. 우리가 구성할 수 있는 운동화(제품 프로파일)의 최대수(Cartersian set)는 모두 27(= 3 × 3 × 3)개이다. 이 27개의 운동화(제품 프로파일)는 응답자가 모두 평가하기에는 많은 수이기 때문에 우리는 부분교차디자인을 사용하여 제품 프로파일의 수를 9개로 줄였다.

표 6-1 운동화의 속성과 속성 수준

속성	속성 수준 1	속성 수준 2	속성 수준3
밑창	플라스틱	폴리우레탄	고무
재질	나일론	천	가죽
가격	45달러	30달러	15달러

아래의 〈표 6-2〉에서 왼쪽 3줄(속성)은 응답자가 컨조인트 실험에서 평가하는 9개의 제품 프로파일의 속성수준을 나타내는 범주형 변수이다. 예를 들면 첫 번째 제품은 플라스틱 밑창과 나일론 재질, 그리고 45달러의 가격(1, 1, 1)으로 구성된 제품임을 알 수 있다.

그 다음의 오른쪽의 6줄은 각 제품 프로파일의 속성수준을 더미변수로 전환한 것을 나타내고 있다. 각 속성의 수준이 3개이므로 컨조인트 분석(더미 회귀분석)에 필요한 더미변수의 수는 더미 변수 사이의 선형구조(linearity)를 방

표 6-2 프로파일과 더미변수

프로파일	속성			밑창		재질		가격		프로파일 평가
	밑창	재질	가격	X_{11}	X_{12}	X_{21}	X_{22}	X_{31}	X_{32}	
1	1	1	1	1	0	1	0	1	0	90
2	1	2	2	1	0	0	1	0	1	70
3	1	3	3	1	0	0	0	0	0	50
4	2	1	2	0	1	1	0	0	1	60
5	2	2	3	0	1	0	1	0	0	50
6	2	3	1	0	1	0	0	1	0	60
7	3	1	3	0	0	1	0	0	0	50
8	3	2	1	0	0	0	1	1	0	70
9	3	3	2	0	0	0	0	0	1	60

지하기 위하여 각각 2개씩이다. 마지막의 '평가'는 9개의 제품 프로파일에 대하여 응답자가 느끼는 제품 프로파일의 효용(product utility)을 나타내고 있다. 여기의 컨조인트 실험에서 응답자는 첫 번째 운동화에 대하여 90이라는 효용을 느끼고 두 번째 운동화에 대해서는 70이라는 효용을 느끼고 있는 것을 알 수 있다. 컨조인트 분석기법은 개인의 선호도 자료를 분석하는 기법(individual model)이며 〈표 6-2〉는 한 명의 응답자의 자료를 나타낸다.

앞에서 설명한 바와 같이 컨조인트 분석에서는 부분가치를 얻기 위하여 응답자가 느끼는 제품 효용을 종속변수로, 그리고 제품 프로파일(속성수준)을 나타내는 더미변수들을 독립변수로 하여 OLS 회귀분석을 실시한다. 더미 회귀분석의 식과 그 분석결과는 다음과 같다.

회귀식

$$\text{'평가'} = \beta_{11} X_{11} + \beta_{12} X_{12} + \ldots + \beta_{33} X_{33}$$

더미 변수 사이의 완벽한 선형구조를 피하기 위하여 각각의 속성에서 오직 두 개의 더미만을 사용하여 회귀분석을 실행한다.

$$\text{'평가'} = a_{11} X_{11} + a_{12} X_{12} + \ldots + a_{32} X_{32}$$

분석결과

$$a_{11} = 1.000 \qquad a_{12} = -0.333$$
$$a_{21} = 1.000 \qquad a_{22} = 0.667$$
$$a_{31} = 2.333 \qquad a_{32} = 1.333$$

컨조인트 분석에서 우리가 원하는 것은 각각의 속성 수준에 대한 회귀계수이다. 즉, 각각의 속성수준의 효용, 부분가치이다(β_{11}, β_{12}, ..., β_{33}). 우리가 제 4장의 더미 회귀분석에서 살펴본 바와 같이 아래의 식을 통하여 각 속성수준의 부분가치를 구할 수 있다. 첫 번째 속성의 부분가치를 구하기 위하여 다음의 식을 이용한다.

$$a_{11} = \beta_{11} - \beta_{13}$$
$$a_{12} = \beta_{12} - \beta_{13}$$
$$\beta_{11} + \beta_{12} + \beta_{13} = 0$$

마찬가지 방법으로 두 번째 속성과 세 번째 속성의 부분가치를 구할 수 있다. 우리가 구하는 9개의 부분가치는 아래의 〈표 6-3〉에 나타나 있다. 예를 들면 플라스틱 밑창이 제공하는 부분가치는 −0.222, 폴리우레탄 밑창이 제공하는 부분가치는 −0.556, 그리고 고무 밑창이 제공하는 부분가치는 0.778임을 알 수 있다.

또한 〈표 6-3〉은 부분가치로부터 도출된 속성중요도(derived attribute importance)를 보여주고 있는데 이 속성중요도는 컨조인트 부분가치로부터 사후적으로 도출한 속성중요도이다. 우리가 사용하는 다른 종류의 속성중요도로는 응답자들이 스스로 밝히는 속성중요도가 있다(self explicated attribute importance). 컨조인트 속성중요도는 부분가치와 더불어 응답자들을 유사한 집단으로 묶는 과정(예를 들면 시장세분화)에서 널리 사용된다. 컨조인트 속성중요도는 아래의 식을 통하여 구한다.

$$W_j = \frac{\max pw_j - \min pw_j}{\sum_{i=1}^{T} (\max pw_i - \min pw_i)}$$

max pw_j = j번째 속성의 부분가치 가운데 가장 큰 값
min pw_j = j번째 속성의 부분가치 가운데 가장 작은 값
T = 속성의 수

표 6-3 부분가치와 속성중요도

속성	속성 수준	부분가치	속성중요도
밑창	고무 폴리우레탄 플라스틱	0.778 −0.556 −0.222	0.286
재질	가죽 천 나일론	0.445 0.111 −0.556	0.214
가격	15달러 30달러 45달러	1.111 0.111 −1.222	0.500

〈그림 6-4〉는 각 속성의 부분가치를 그래프로 나타낸 효용함수(utility function)인데 이를 사용하여 우리가 컨조인트 실험에서 사용하지 않은 속성수준의 부분가치를 구할 수 있다. 즉, 계량적 속성(quantitative feature)의 중간 수준의 부분가치를 계산할 수 있다. 예를 들면 마지막 그래프(패널 C)를 이용하여 35달러라는 가격의 부분효용을 계산할 수 있다.

그림 6-4 컨조인트 부분가치의 효용함수

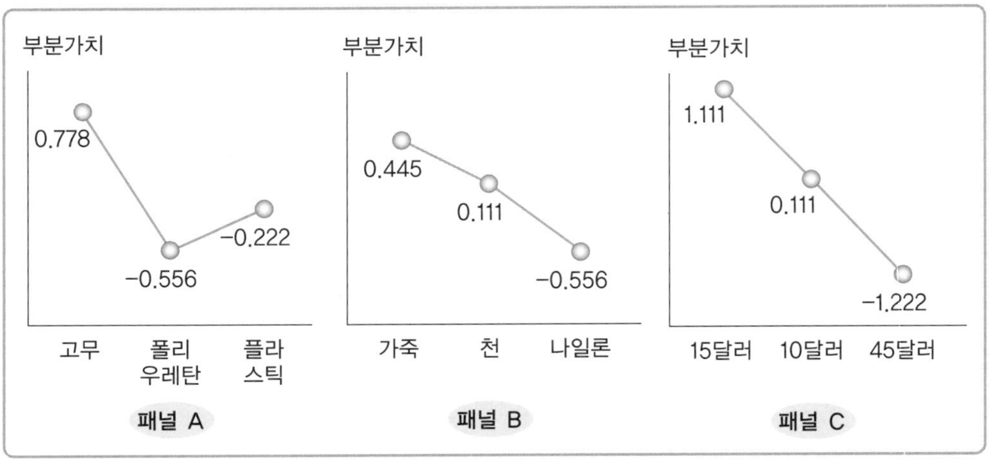

3. 컨조인트 분석결과의 검증

우리가 일단 컨조인트 분석을 마치면 그 결과가 얼마나 안정적인가를 검증해 볼 필요가 있다. 컨조인트 분석결과를 검증하는 절차는 다음과 같다.

1. 응답자들로부터 컨조인트 제품 프로파일에 대한 제품효용을 측정할 때 추가적으로 검증용 제품 프로파일(hold out profile 혹은 validation profile)에 대한 제품 효용을 아울러 측정한다(제품효용 1; self-revealed product utility).

2. 컨조인트 분석의 결과로 얻은 부분가치를 사용하여 검증용 프로파일의 제품 효용을 계산한다(제품효용 2; predicted utility). 이 과정은 다음의 소비자 선택 시뮬레이션(choice simulation)에서 살펴볼 절차와 동일하다.

3. 응답자가 직접 제시한 제품 효용(1)과 컨조인트 부분가치로부터 예측된 제품 효용(2) 간의 상관관계를 구한다. 두 가지 제품 효용 간의 상관관계가 강할수록 컨조인트 분석결과는 안정적이며 신뢰성(reliability)이 높은 것으로 평가할 수 있다.

4. 다만 이 검증절차에서는 적은 수의 검증용 제품 프로파일을 사용하기 때문에(전형적으로 4개에서 6개 사이) 두 가지 제품효용 사이의 상관관계를 계산하는 데 사용되는 표본의 수(4-6)가 작다는 단점을 지니고 있다.

4. 컨조인트 분석기법의 응용

컨조인트 분석기법은 현재 많은 분야에서 활용되고 있는데 그 예를 몇 가지 살펴보면 소비자의 효익세분화(benefit segmentation), 호텔 로비의 디자인, 약품의 개발, 신용카드의 부가서비스 디자인, 컴퓨터의 편익 설계 등을 들 수 있다. 여기에서는 시장세분화와 소비자 선택, 그리고 시장점유율의 시뮬레이션을 살펴보기로 한다.

4.1 시장세분화

컨조인트 분석의 결과는 흔히 시장을 세분화하는 과정에서 주요한 입력 자료로 이용된다. 시장세분화에 사용되는 두 가지의 주요한 컨조인트 분석의 결과는 컨조인트 부분가치 벡터(part worths vector)와 컨조인트 부분가치로부터 도출된 속성중요도(derived importance weights)이다. 이들은 전형적으로 효익세분화(benefit segmentation)를 위한 k-평균 분할방법(k-means partitioning method)의 입력 자료로 활용된다. 이를 통하여 우리는 유사한 선호도를 지니고 있는 소비자 집단을 찾아낼 수 있다. 예를 들면 소비자들이 추구하는 편익이 같은 소비자들의 집단이나 혹은 소비자가 느끼는 속성의 중요성이 유사한 소비자 집단을 발견할 수 있다.

컨조인트 분석결과를 이용한 세분화는 크게 두 가지 목적을 가진다. 하나는 각각의 세분시장에 적합한 최적의 제품(optimal product)을 개발하는 것이다. 여기에서 최적의 제품이란 시장점유율이나 수익을 극대화하는 동시에 자사 제품 간의 경쟁(cannibalization)을 최소화하는 제품을 말한다. 이는 신제품의 개발이나 기존제품의 개선을 포함하는 데 컴퓨터 최적화 프로그램을 이용하여 실행할 수 있다.

다른 하나는 표적 소비자 집단의 선호도 구조(preference structure)와 상관관계를 지니고 있는 행동적 변수들(behavioral correlates)을 찾아내는 일이다. 즉, 어떤 특정한 선호도를 지니고 있는 소비자들의 인구통계적 특성과 심리적 특성, 그리고 행동적 특성들을 찾아내는 일을 말한다. 즉, 외적으로 드러나는 이들 변수들을 사용하여 겉에서는 파악할 수 없는 소비자의 선호도를 대체하는 것이다.

4.2 소비자 선택의 시뮬레이션

컨조인트 분석기법의 커다란 장점 가운데 하나는 적은 수의 모수(부분효용)를 이용하여 많은 수의 사건을 예측할 수 있다는 점이다. 여기에서 이야기하는 많은 수의 사건이란 컨조인트 디자인에 포함되는 많은 수(Cartesian set)의 제품(프로파일)의 효용(product utility)을 말한다. 소비자 선택의 시뮬레이션(choice simulation)에서는 여러 가지의 제품 프로파일을 바꾸어 가면서 소비자의 선택이나 이에 따른 시장점유율의 변화를 파악할 수 있다.

소비자 선택의 시뮬레이션은 다음과 같은 단계를 거친다.

(1) 선택대안의 제품효용

컨조인트 분석을 통하여 소비자의 부분가치 벡터(part worth vector) 혹은 선호도 구조(preference structure)를 구하면 우리는 이를 이용하여 자사의 브랜드와 경쟁 브랜드의 제품효용(product utility)을 구할 수 있다. 이는 단순히 브랜드를 구성하는 각 속성 수준에 해당하는 부분가치를 합한 것이거나(simple additive model) 혹은 각각의 속성에 대하여 소비자가 부여하는 가중치를 곱한 부분가치의 합이다(weighted additive model).

구체적인 예를 들면 다음과 같다. 어떤 소비자가 가지고 있는 자동차의 부분가치 벡터가 아래와 같다고 하자. 그리고 가격이 800만원이며(1) 연비가 13km이며(2) 차종이 쿠페인(1) 자동차가 있다면 이 자동차는 이 특정한 소비자에게 5.6(2.3+1.2+2.1)의 제품효용을 제공할 것이다. 다른 속성수준으로 구성된 자동차에 대해서도 우리는 마찬가지 방법으로 제품효용을 구할 수 있다.

가격(만원)			연비(km/리터)			차종		
800	1500	2500	8km	13km	25km	쿠페	세단	웨건
2.3	1.8	0.8	0.6	1.2	1.5	2.1	1.2	1.0

(2) 선택확률의 계산

일단 브랜드들의 제품효용을 구하면 이들 제품효용을 선택확률(choice probability)로 전환하여야 한다. 여기에서 사용되는 선택확률을 구하는 방법은 다음의 세 가지가 있다.

① Maximum Utility Rule

제품효용을 소비자의 선택확률로 전환하는 첫 번째는 승자독식제(maximum utility rule)인데 여기에서는 가장 큰 제품효용을 가진 브랜드가 선택된다. 이 방법에서는 '승자가 모든 것을 독차지한다(winner takes all)'라는 가정을 기본으로 하고 있다. 따라서 가장 큰 효용을 가진 대안(브랜드)이 선택될 확률은 1이며 나머지 대안들이 선택될 확률은 0이 된다. 이와 같이 승자독식제에서는 선택확률이 1이거나 0뿐이기 때문에 이 방법은 결정적 선택모형(deterministic choice model)을 나타낸다. 즉,

$$\text{만약 } U_j = \max(U_1, U_2, \ldots, U_j),\ P(j) = 1$$
$$\text{그렇지 않으면 } P(j) = 0$$

여기에서

U_j = j번째 브랜드의 제품효용
$P(j)$ = j번째 브랜드의 선택확률

② BTL(Bradley-Terry-Luce) Rule

BTL(Bradley-Terry-Luce) Rule에서는 대안의 선택확률은 제품효용의 점유율에 따라 결정된다(share of utility rule). 여기에서는 모든 선택대안의 제품효용의 합에 대하여 각 대안의 효용이 차지하는 비율(효용점유율)이 곧 그 대안의 선택확률이 된다. 이러한 이유로 BTL 방법은 효용점유율 모형(share of utility model)이라고도 불린다. 이는 앞의 승자독식제(maximum utility rule)와는 달리 확률적 선택모형(probabilistic choice model)을 나타낸다.

$$P(j) = \frac{u_j}{\sum_{i=1}^{T} u_i}$$

$P(j)$ = j번째 대안의 선택확률
u_j = j번째 대안의 제품효용
T = 총 대안의 수

③ Logit Rule

로짓 방식(logit rule)은 BTL 방식과 유사하지만 제품효용의 지수함수 값을 취한다는 점에서 BTL 방법과 차이가 있다. 로짓 방식도 역시 BTL 방식과 마찬가지로 확률적 선택모형을 나타낸다. 로짓 방식에서는 선택 대안의 효용 사이에 많은 차이가 날수록 승자독식제에 가까워진다. 반대로 선택대안의 제품

효용이 비슷할수록 로짓 방식은 BTL 방식에 가까워진다. 로짓 방식에 의한 선택확률은 다음과 같다. 예를 들면 선택대안에 대한 소비자 1의 선택 확률은 다음 〈표 6-4〉와 같다.

$$P(j) = \frac{e^{u_j}}{\sum_{i=1}^{T} e^{u_j}}$$

$P(j)$ = j 번째 대안의 선택확률
u_j = j 번째 대안의 제품효용
T = 총 대안의 수

표 6-4 제품효용과 선택확률

	알파	베타	감마	델타
제품효용(prod. util)	2.1	1.3	1.3	1.3
선택확률(Max. Util. Rule)	1.0	0.0	0.0	0.0
선택확률(BTL Rule)	0.35	0.22	0.22	0.22
선택확률(Logit Rule)	0.42	0.19	0.19	0.19

4.3 시장점유율의 시뮬레이션

각각의 브랜드에 대하여 데이터 안에 있는 모든 소비자의 선택확률을 합하면 해당 브랜드의 예상 구매량(매출기대치)을 구할 수가 있다. 다시 해당 브랜드의 매출기대치를 데이터 안에 있는 소비자의 수로 나누면 해당 브랜드의 시장점유율을 구할 수 있다. 그리고 우리가 관심을 가지고 있는 브랜드(자사 브랜드 혹은 경쟁사 브랜드)의 제품 프로파일을 바꾸어 가면서 시장점유율의 변화를 살펴볼 수 있다.

예를 들면 아래의 표에 나타난 바와 같이 4개의 브랜드가 경쟁을 벌이고 있다고 하자. 이 시장에서 소비자 1은 알파를 선택하고 소비자 2는 델타를 선택한다고 하자. 이렇게 하여 N명의 소비자들이 선택하는 브랜드를 파악한다. 다음으로는 각 브랜드별로 해당 브랜드를 선택하는 소비자의 수를 합산하면 해당 브랜드의 예상 구매자 수(구매 수량)를 구할 수 있다. 다시 해당 브랜드의 예상 구매자 수를 전체 소비자의 수(N)으로 나누면 해당 브랜드의 시장점유율을 구할 수 있다.

또 우리가 관심을 갖는 브랜드인 알파의 제품 프로파일을 바꾸어(뉴 알파) 시장점유율의 변화를 분석할 수 있다. 알파가 그 프로파일을 변경하면 각 소비자들의 선택이 달라질 것이고 각 브랜드의 시장점유율 역시 바뀔 것이다. 또한 알파와 뉴알파의 시장점유율의 변화($N_{알파}/N-N_{뉴알파}/N$)에 따라 시장점유율의 변화가 가장 큰 브랜드가 알파의 주된 경쟁 브랜드임을 알 수 있다. 예를 들어 알파가 제품 프로파일을 바꿈에 따라 베타의 점유율이 크게 변화했다면 ($N'_{베타}/N-N_{베타}/N$) 베타가 알파의 가장 심각한 경쟁 브랜드임을 알 수 있다.

이 표에서는 maximum utility rule의 예를 보여주고 있지만 다른 선택확률에 의한 시장점유율도 마찬가지 방법으로 계산할 수 있다.

표 6-5 시장점유율 시뮬레이션 I

소비자	알파	베타	감마	델타
1	1	0	0	0
2	0	0	0	1
.	.			
.	.			
.				
N	0	0	1	0
합계(예상 구매자 수)	$N_{알파}$	$N_{베타}$	$N_{감마}$	$N_{델타}$
시장점유율 I	$N_{알파}$ / N	$N_{베타}$ / N	$N_{감마}$ / N	$N_{델타}$ / N

표 6-6 시장점유율 시뮬레이션 II

소비자	베타	감마	델타	뉴 알파
1	1	0	0	**0**
2	0	0	1	**1**
.				.
.		0		.
.				
N	0	1	0	**1**
합계(예상 구매자 수)	$N'_{베타}$	$N'_{감마}$	$N'_{델타}$	$\mathbf{N}_{뉴알파}$
시장점유율 II	$N'_{베타}$ / N	$N'_{감마}$ / N	$N'_{델타}$ / N	$N_{뉴알파}$ / N

4.4 최적 제품의 개발

최적의 제품이란 앞서 설명한 것처럼 제품의 시장점유율이나 기업의 수익을 극대화하는 제품을 말한다. 만약 기업이 개발을 염두에 두고 있는 몇 개의 대안이 있는 경우라면 우리는 각각의 제품에 대하여 몇 번의 시장점유율 시뮬레이션을 시도함으로써 비교적 쉽게 최적의 제품을 찾아낼 수 있다. 그러나 기업이 개발을 고려하는 특정한 대안이 없는 상황에서 최적의 제품을 찾는다는 것은 시간과 비용이 많이 소모되는 작업이다. 이러한 경우에는 시뮬레이션 방식이 아닌 최적화 모형(optimization model)을 사용하여 시장점유율 혹은 수익을 극대화할 수 있는 속성 수준의 조합(제품 프로파일)을 찾아야 한다.

예: SPSS를 이용한 컨조인트 분석

여기에서는 SPSS를 이용한 컨조인트 분석의 예를 살펴보기로 한다. 컨조인트 분석의 대상이 되는 제품은 랩탑 컴퓨터이다. 랩탑은 다음과 같은 다섯 가지 속성과 속성수준으로 이루어져 있다.

표 6-7 랩탑 컴퓨터의 속성과 수준

속성	속성 수준			
브랜드(4)	애플	삼성	도시바	HP
가격(3)	1600달러	1200달러	800달러	
화면 크기(3)	15인치	13인치	11인치	
프로세서(3)	인텔 코어 i7	인텔 코어 i5	인텔 코어 i3	
무게(3)	3.3kg	2.3kg	1.3kg	

위의 속성수준을 사용하여 우리가 디자인할 수 있는 랩탑의 수는 모두 324개(Cartesian set)이다. 이들을 부분교차디자인(fractional factorial design)을 사용하여 16개의 제품 프로파일로 줄인다. 이들 제품 프로파일은 아래의 <표 6-8>에 나타나 있다.

표 6-8 랩탑 컴퓨터의 제품 프로파일

프로파일 번호 1

카드 ID	브랜드	가격	화면크기	프로세서	무게
1	삼성	$1200	13인치	인텔 i5	3.3kg

프로파일 번호 2

카드 ID	브랜드	가격	화면크기	프로세서	무게
2	삼성	$1600	11인치	인텔 i7	1.3kg

프로파일 번호 3

카드 ID	브랜드	가격	화면크기	프로세서	무게
3	애플	$1200	11인치	인텔 i7	2.3kg

⋮

프로파일 번호 16

카드 ID	브랜드	가격	화면크기	프로세서	무게
16	HP	$1200	15인치	인텔 i3	1.3kg

다음으로는 16개의 랩탑 프로파일에 대한 응답자들의 평가를 수집한다. 그리고 수집된 자료를 컨조인트 프로그램으로 분석한다. 다음의 〈표 6-9〉는 SPSS 컨조인트 분석 프로그램의결과를 보여주고 있다.

표 6-9 컨조인트 분석결과

응답자 1

유틸리티

		부분가치	표준 오차
브랜드	애플	6.250	1.083
	삼성	-3.750	1.083
	도시바	6.250	1.083
	HP	-8.750	1.083
가격	$1600	-11.667	.833
	$1200	.833	.977
	$800	10.833	.977
화면크기	15인치	.000	.833
	13인치	8.750	.977
	11인치	-8.750	.977
프로세서	인텔 i7	10.000	.833
	인텔 i5	1.250	.977
	인텔 i3	-11.250	.977
무게	3.3kg	-11.667	.833
	2.3kg	.833	.977
	1.3kg	10.833	.977
(상수)		54.583	.751

중요도 값

브랜드	15.190
가격	22.785
화면 크기	17.722
프로세서	21.519
무게	22.785

응답자 2

유틸리티

		부분가치	표준 오차
브랜드	애플	-3.438	2.061
	삼성	-.977	2.061
	도서바	4.063	2.061
	HP	.313	2.061
가격	$1600	-4.583	1.587
	$1200	-4.583	1.860
	$800	9.167	1.860
화면크기	15인치	-1.250	1.587
	13인치	1.250	1.860
	11인치	1.040E-013	1.860
프로세서	인텔 i7	12.917	1.587
	인텔 i5	-5.208	1.860
	인텔 i3	-7.708	1.860
무게	3.3kg	-16.250	1.587
	2.3kg	.000	1.860
	1.3kg	16.250	1.860
(상수)		63.229	1.430

중요도 값

브랜드	9.756
가격	17.886
화면 크기	3.252
프로세서	26.829
무게	42.276

⋮

마지막 응답자

유틸리티

		유틸리티 추정	표준 오차
브랜드	애플	26.432	3.317
	삼성	-4.813	3.317
	도서바	-16.063	3.317
	HP	-5.563	3.317
가격	$1600	-11.917	2.554
	$1200	.958	2.994
	$800	10.958	2.994
화면크기	15인치	-3.917	2.554
	13인치	9.208	2.994
	11인치	-5.292	2.994
프로세서	인텔 i7	10.250	2.554
	인텔 i5	-3.000	2.994
	인텔 i3	-7.250	2.994
무게	3.3kg	-6.083	2.554
	2.3kg	1.167	2.994
	1.3kg	4.917	2.994
(상수)		52.729	2.302

중요도 값

브랜드	39.216
가격	21.107
화면 크기	13.379
프로세서	16.148
무게	10.150

마지막으로 〈표 6-10〉은 전체 응답자의 평균 부분가치와 속성중요도를 보여주고 있다.

표 6-10 전체 통계량

유틸리티

		유틸리티 추정	표준 오차
브랜드	애플	10.450	.631
	삼성	−1.488	.631
	도시바	−4.650	.631
	HP	−4.313	.631
가격	$1600	−3.617	.486
	$1200	.721	.570
	$800	2.896	.570
화면크기	15인치	.742	.486
	13인치	1.423	.570
	11인치	−2.165	.570
프로세서	인텔 i7	5.667	.486
	인텔 i5	.196	.570
	인텔 i3	−5.471	.570
무게	3.3kg	−8.925	.486
	2.3kg	.469	.570
	1.3kg	8.456	.570
(상수)		60.158	.438

중요도 값

브랜드	29.290
가격	15.449
화면 크기	11.144
프로세서	19.211
무게	24.907

평균 중요도 점수

알아두어야 할 핵심 용어

벡터 모형(vector model)
부분가치 모형(part worth model)
선택확률(choice probability)
속성 수준(attribute level)
이상점 모형(ideal point model)
제품 프로파일(product profile)
제품 효용(product utility)
컨조인트 부분가치(conjoint part worth)
컨조인트 부분가치 벡터(conjoint part worth vector)
컨조인트 속성중요도(conjoint attribute importance, derived attribute importance)
확률적 선택모형(probabilistic choice model)
BTL model
logit model
maximum utility model
share of utility model

생각해 볼 문제

1. 소영은 자선단체의 기부운동을 위하여 사람들이 기부를 할 때 어떤 점을 중요하게 생각하는지를 파악하기로 하였다. 이를 위하여 소영은 컨조인트 분석을 하기로 하였고 다음과 같은 네 가지의 속성과 속성수준을 찾아내었다.

속성과 속성수준
• 자선단체의 명성(잘 알려져 있음, 별로 알려지지 않음) • 자선단체의 활동내용(사람 대상 , 동식물 대상 활동, 환경 대상 활동) • 기부자에 대한 혜택(세금 감면, 사회적 인정, 특별 행사의 초대) • 자선단체의 투명성(높음, 낮음)

소영은 속성수준을 이용하여 총 18개의 기부단체의 프로파일을 구성하였다. 그러나 18개의 프로파일은 응답자가 모두 평가하기에는 다소 많은 수라고 생각하였으나 다른 방법을 생각할 수 없었다. 당신은 어떤 방법을 소영에게 제안하겠는가?

2. 선구는 소영을 도와서 컨조인트 부분 가치를 계산하였다. 선구가 계산한 부분 가치는 다음과 같다.

단체의 명성		활동내용			기부자 혜택			투명도	
잘 알려짐	별로알려지지 않음	사람 대상	동식물 대상	환경 대상	세금 감면	사회적 인정	특별 행사 초대	높음	낮음
4.48	−4.48	7.26	−5.33	−1.93	2.99	0.19	−3.17	13.69	−13.69

(1) 위의 표를 사용하여 기부단체의 속성 중요도를 계산하시오.

(2) 위의 결과로부터 얻을 수 있는 시사점은 무엇인가? 대중의 기부를 촉진하기 위하여 힘써야 할 부분은 무엇인가?

3. 유나는 속성수준이 (1,3,2,1)로 구성된 기부단체 '나눔'과 속성수준이 (2,1,1,2)로 구성된 기부단체 '베품'에 대한 일반 대중의 기부의사는 각각 얼마인지 궁금해 하고 있다. 당신은 유나에게 어떤 조언을 해주겠는가?

제 3부

상호의존형 분석기법

제 7 장

주성분분석

1. 주성분분석의 개요

주성분분석(principal component analysis)은 다변량 분석에서 흔히 사용되는 분석기법 중의 하나이다. 우리가 다변량 자료를 다루다 보면 가끔 많은 수의 변수(variables)를 다루어야 하는 경우가 있는데 주성분분석은 이러한 경우에 많은 수의 변수들을 비교적 적은 수의 새로운 변인(variate)으로 줄이는 역할을 수행하는 다변량 분석기법이다. 그리고 새로운 변인들을 주성분(principal component)이라고 부른다. 즉, 주성분분석은 많은 수의 변수를 차후 분석에서 손쉽게 다룰 수 있도록 비교적 적은 수의 주성분으로 줄이는 기법이다. 따라서 주성분분석은 변수(columns)의 수를 줄이는 데이터 축소기법(data reduction technique)의 하나이다. 다른 종류의 데이터 축소기법으로는 군집분석을 들 수 있는데 여기에서는 변수의 수를 줄이는 것이 아니라 많은 수의 응답자들(rows)을 몇 개의 군집으로 줄인다.

또한 주성분분석은 데이터의 구조를 변화시킬 때에도 사용할 수 있다. 예를 들면 회귀분석에서 독립변수들 사이에 높은 상관관계(다중공선성)가 있을 때 이들 간의 상관관계를 제거하기 위하여 주성분분석을 사용할 수 있다. 즉, 높은 상관관계를 지니고 있는 독립변수들을 몇 개의 주성분으로 변환함으로써 이들 간에 존재하는 높은 수준의 상관관계를 제거할 수 있다. 그러나 이러한 변환은 원래 데이터의 구조를 바꾸어 놓기 때문에 데이터에 존재하는 군집구조를 파악하는 분석기법인 군집분석의 경우에는 적절하지 않을 수 있다.

또한 주성분분석은 자료의 축소나 변환 이외에 다음과 같은 목적으로도 사용될 수 있다.

- 데이터에 깔려 있는 잠재적 특성(latent characteristic)의 파악
- 변수들의 실증적 유형(empirical typologies)의 개발
- 특정 변수들 간의 관계를 검증
- 소비자의 인식(perception)이나 선호도의 공간적 표현(spatial representation)

주성분분석은 회귀분석이나 분산분석, 판별분석과는 달리 종속변수와 독립변수의 구분이 없는 상호의존형 모형(interdependence model)이다. 주성분분석에 사용되는 변수는 단지 일련의 변수들(a set of variables)일 뿐 그들 간에

종속변수와 독립변수의 구분이 존재하지 않는다. 그리고 주성분분석에 사용되는 변수들은 반드시 등간척도 혹은 비율척도에 의하여 측정된 메트릭 변수(metric variables)이어야 한다.

주성분분석은 흔히 요인분석(factor analysis)으로 불리기도 하는데 이는 때때로 주성분분석이나 요인분석의 사용자들 사이에 혼란을 불러오는 경우가 있는 것이 사실이다. 주성분분석과 요인분석을 간단히 정리하면 주성분분석은 요인분석이라고 하는, 더 커다란 범위의 분석기법의 한 종류이다. 요인분석은 요인(혹은 주성분)을 추출하는 방식에 따라서 요인분석과 주성분분석으로 분류되어진다. 이 장에서는 주성분분석에 초점을 맞추어 요인분석을 다루고자 한다. 주성분분석과 요인분석의 비교는 이 장의 마지막 부분에서 소개한다.

2. 주성분의 추출

만약 주성분분석의 대상이 되는 데이터에 모두 p개의 변수가 있다면 주성분분석을 통하여 추출(extract)할 수 있는 주성분은 최대 p개이다. 즉, 우리가 추출할 수 있는 주성분의 최대수는 분석 대상 자료에 있는 변수의 수와 같다.

분석의 대상이 되는 데이터로부터 최대 p개의 주성분을 추출할 때 첫 번째로 추출되는 주성분은 분석 대상 데이터의 분산을 최대한 많이 설명할 수 있도록 추출된다. 아래의 〈그림 7-1C〉에서 보는 바와 같이 분석대상 데이터가 3차원의 시가 모양을 띠고 있을 때, 첫 번째로 추출되는 주성분은 데이터의 가장 넓은 범위를 가로지르도록, 다시 말하면 주성분에 의하여 설명되는 분산의 정도가 가능한 한 많도록 추출된다(Z_1).

이어서 두 번째로 추출되는 주성분은 첫 번째 주성분이 설명하고 남은 분산 즉, 첫 번째 주성분에 의하여 설명되지 않은 분산을 최대한 많이 설명하는 방향으로 추출된다(Z_2). 여기에서 중요한 점은 첫 번째 주성분과 두 번째 주성분의 추출방향은 서로 직각(90도)을 이룬다는 것이다(orthogonality). 마찬가지로 세 번째 주성분은 첫 번째 주성분과 두 번째 주성분에 의하여 설명되지 않은 나머지 분산을 가장 많이 설명하는 방향으로 추출된다(Z_3). 그리고 세 번째 주성분 역시 첫 번째 주성분과 두 번째 주성분의 방향과 서로 직각을 이루는 방향으로 추출된다. 따라서 주성분분석에서는 모든 주성분은 다른 모든 주성분과 서로 직각을 이룬다.

주성분분석은 분석대상 자료에 포함되어 있는 변수간의 상관관계를 전제로 한다. 아래의 〈그림 7-1A〉에서는 두 개의 변수가 완벽한 상관관계를 지니고 있기 때문에 주성분의 추출은 불가능하다. 〈그림 7-1B〉는 두 변수 간에 상관관계가 존재하는 경우 두 개의 주성분을 추출할 수 있음을 보여준다. 또 〈그림 7-1D〉는 변수간의 상관관계가 존재하지 않기 때문에 주성분의 추출이 불가능한 것을 보여주고 있다. 다시 말하면 분석대상 데이터에 있는 변수들 간의 상관관계는 주성분분석의 기본 요건이다.

그림 7-1 주성분의 추출방향

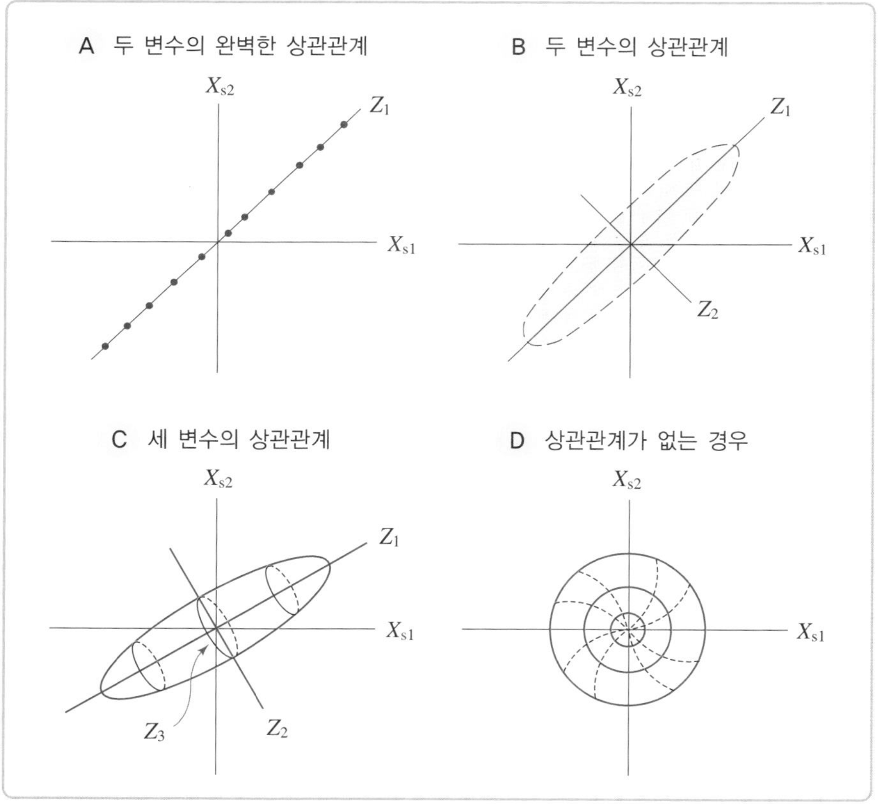

출처: *Green, P. E. (1978), Analyzing Multivariate Data, Dryden Press, p. 347.*

이러한 주성분의 추출방식 때문에 첫 번째 주성분이 설명하는 분산은 반드시 두 번째 주성분이 설명하는 분산보다 크며 두 번째 주성분이 설명하는 분산은 세 번째 주성분이 설명하는 분산보다 크다. 즉, 주성분의 설명력(설명된 분산)은 주성분의 수의 내림차순(non-increasing function)으로 나타난다.

주성분분석에서는 모든 주성분의 다른 모든 주성분과의 공분산(covariance) 혹은 상관관계는 0이 된다. 왜냐하면 상관관계란 두 변수(보다 정확히 말하자면 두 개의 벡터)가 이루는 각(角)의 코사인 값이기 때문이다. 코사인 90도의 값은 0이다. 즉,

모든 i와 j에 대하여 $\text{corr}(PC_i, PC_j) = 0$

$$i, j = 1, 2, 3, \ldots p$$

이에 관하여 간단한 예를 들면 다음과 같다. 아래와 같은 두 개의 벡터가 있다고 하자.

$$X_1 = (1, 0)$$
$$X_2 = (0, 1)$$

이 두 벡터가 이루는 각은 아래의 〈그림 7–2〉에서 볼 수 있는 바와 같이 90도이며 이들의 상관관계는 직관적으로 알 수 있듯이 0이 된다.

따라서 여러 주성분들에 의하여 설명되는 누적분산(cumulative variance explained)은 단순히 각각의 주성분이 설명하는 분산의 합이다. 왜냐하면 주성분들 간에는 공유되는 설명력(공분산)이 존재하지 않기 때문이다.

그림 7-2 직각을 이루는 두 벡터의 상관관계

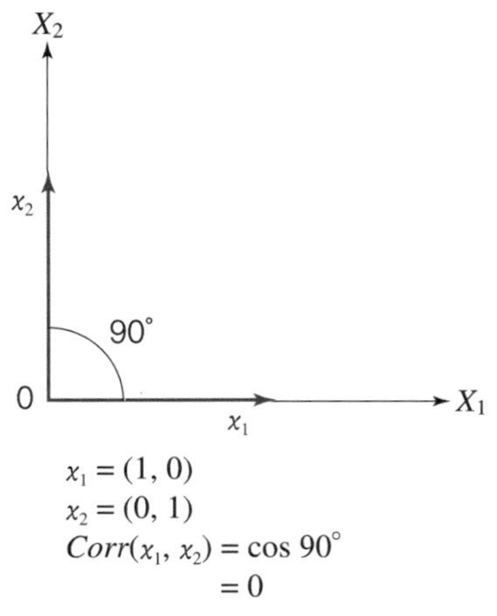

3. 요인점수와 요인적재치

주성분분석에서 각각의 주성분은 다음과 같은 함수에 의하여 추출된다. 즉, 각각의 주성분은 분석대상 데이터에 존재하는 변수들의 선형조합(linear combination)으로 나타난다.

주성분분석의 모형

$$PC_1 = w_{11} X_1 + w_{12} X_2 + \ .... \ + w_{1p} X_p$$
$$PC_2 = w_{21} X_1 + w_{22} X_2 + \ .... \ + w_{2p} X_p$$
$$\vdots$$
$$PC_p = w_{p1} X_1 + w_{p2} X_2 + \ .... \ + w_{pp} X_p$$

PC_i = i번째 주성분
w_{ij} = i번째 주성분을 추출하는 데 사용되는 j번째 변수의 가중치

일단 가중치 w가 결정되면 데이터에 있는 응답자들의 자료(X_1, X_2, ..., X_p)를 위의 식에 대입하여 요인점수(factor score)를 구할 수 있다. 위의 첫 번째 식에 첫 번째 응답자의 자료를 대입하면 첫 번째 응답자의 첫 번째 주성분에 대한 요인점수(F_{11})을 구할 수 있다. 마찬가지로 두 번째 응답자의 자료를 첫 번째 식에 대입함으로써 두 번째 응답자의 첫 번째 주성분에 대한 요인점수(F_{21})를 구할 수 있다. 이렇게 하여 마지막 응답자의 마지막 주성분에 대한 요인점수(F_{np})를 구할 수 있다(〈그림 7-3〉 참조).

위의 식에서 보는 바와 같이 각각의 응답자가 가질 수 있는 요인점수는 우리가 추출할 수 있는 주성분의 수와 마찬가지로 모두 p개가 가능하다. 물론 우리는 모든 p개의 요인점수를 향후 분석에 사용하지는 않는다. 모든 p개의 요인점수를 향후 분석에 사용한다면 자료 축소기법으로서의 주성분분석은 의미가 없기 때문이다.

예를 들면 회귀분석을 위하여 우리 앞에 주어진 변수의 수가 매우 많을 때, 이 많은 변수를 독립변수로 사용하여 회귀분석을 실행하는 것은 매우 번거로운 작업이다. 이러한 경우 우선 주성분분석을 통하여 많은 수의 변수를 몇 개의 주성분으로 줄이고, 적은 수의 주성분으로부터 요인 점수를 계산하여 이를 회귀분석의 독립변수로 이용하여 회귀분석을 실행할 수 있다.

또한 p개의 요인점수와 분석대상 데이터에 존재하는 p개의 변수와의 단순상관계수(simple correlation coefficient)를 요인적재치(혹은 요인적재량; factor loading)라고 부른다. 아래의 그림에서 변수 X_1과 요인점수 FS_1과의 상관계수가 요인적재치 FL_{11}가 된다. 마찬가지로 변수 X_2와 요인점수 FS_1과의 상관계수가 요인적재치 F_{21}이 된다. 이렇게 하여 요인적재치 행렬에 있는 모든 요인적재치를 구할 수 있다(〈그림 7-3〉 참조).

요인적재량은 우리가 추출한 주성분의 의미를 해석하는 데 매우 중요한 역할을 담당한다. 따라서 요인적재치 행렬(factor loadings matrix)의 최대 디멘젼은 $(p \times p)$가 된다.

그림 7-3 요인점수와 요인적재치

X	X_1	X_2	…	X_j	…	X_p
1	X_{11}		…	·	·	X_{1p}
2	X_{21}		…			
⋮			…	⋮		
i	X_{i1}		…	X_{ij}		
⋮			…			
n	X_{n1}		…		…	X_{np}

3A 분석 대상 데이터

X		…	FS_j	…	FS_p
1	F_{11}	…	·	·	
2	F_{21}	…			
⋮		…	⋮		
i	F_{i1}	…	F_{ij}		
⋮		…			
n	F_{n1}	…		…	F_{np}

3B 요인점수

…	F_1	F_2	…	F_P
X_1	FL_{11}	FL_{12}	…	FL_{1P}
X_2	FL_{21}	FL_{22}	…	FL_{2P}
⋮	⋮	⋮		⋮
X_P	FL_{P1}	FL_{P2}	…	FL_{PP}

3C 요인적재치

$$\mathrm{corr}(X_1, FS_1) = FL_{11}$$
$$\mathrm{corr}(X_2, FS_1) = FL_{21}$$
$$\vdots$$
$$\mathrm{corr}(X_p, FS_p) = FL_{pp}$$

다음의 〈표 7-1〉은 3개의 변수를 사용하여 3개의 주성분을 추출한 매우 간단한 분석 결과의 예이다. 이 행렬에 나타난 수치는 요인적재치이다. 우선 왼쪽 상단의 −0.980의 요인적재량은 첫 번째 주성분의 요인점수와 X_1과의 단순상관계수이다. 그 오른쪽의 0.165는 두 번째 주성분의 요인점수와 X_1과의 단순상관계수이다. 나머지 요인적재량도 같은 방식으로 이해할 수 있다. 아래의 표에 나타난 바와 같이 각 변수의 요인적재량의 제곱 합(sum of squared loadings)은 항상 1이 된다.

X_1의 요인적재치의 제곱 합: $(-0.980)^2 + (0.165)^2 + (0.115)^2 = 1.000$

X_2의 요인적재치의 제곱 합: $(-0.967)^2+(0.232)^2+(-0.107)^2=1.000$

마찬가지로 X_3의 요인적재치의 제곱 합: 1.000

다음으로 살펴 볼 것은 추출된 주성분의 고유값(eigenvalue)이다. 고유값은 어떤 특정한 주성분의 요인적재량의 제곱합(sum of squared loadings)이다.

PC_1의 고유값: $(-0.98)^2+(-0.967)^2+(0.427)^2=2.077$

PC_2의 고유값: $(0.165)^2+(0.232)^2+(0.904)^2=0.899$

마찬가지로 PC_3의 고유값: 0.024

그리고 모든 주성분의 고유값의 합은 분석대상 데이터에 있는 변수의 수(p)와 같다.

$$2.077+0.899+0.024=3$$

또한 어떤 특정한 주성분의 고유값을 p로 나누면 그 주성분이 설명하는 분산의 비율을 구할 수 있다. 아래의 〈표 7-1〉에서 첫 번째 주성분의 고유값인 2.077을 변수의 수(p)인 3으로 나누면 첫 번째 주성분이 설명하는 분산의 비율 0.692가 됨을 알 수 있다.

표 7-1 요인적재치 행렬

변 수	PC_1	PC_2	PC_3	요인적재량 제곱 합
X_1	-0.980	0.165	0.115	1.000
X_2	-0.967	0.232	-0.107	1.000
X_3	0.427	0.904	0.008	1.00
고유값 (요인적 재량 제곱 합)	2.077	0.899	0.024	3.00
설명된 분산의 비율	0.692	0.300	0.008	
설명분산의 누적 비율	0.692	0.992	1.000	

예: 커피 데이터

다음의 〈표 7-2〉는 커피 데이터를 분석한 SPSS 프로그램의 결과물을 보이고 있다. 여기에서는 커피의 속성평가(X_{30} _ X_{50})를 이용하여 주성분분석을 실행하였다. 분석결과물은 고유값(회전 제곱합 적재값)이 1보다 큰 7개의 주성분이 설명하는 분산의 비율을 보여주고 있다. 첫 번째 주성분은 2.807의 고유값을 지니고 있으며 데이터 총분산의 13.4%를 설명하고 있다. 주성분분석에 사용된 변수는 모두 21개이므로 모든 주성분의 고유값의 합계는 역시 21이다. 따라서 첫 번째 주성분의 고유값 2.807을 21로 나누면 첫 번째 주성분이 설명하는 분산의 비율인 13.365를 얻을 수 있다. 마찬가지로 두 번째 주성분은 고유값 2.522를 지니고 있으며 총분산의 12.0%를 설명하는 것을 알 수 있다.

이들 일곱 개의 주성분들은 총분산의 약 70.2%에 해당하는 설명력을 지니고 있음을 알 수 있다. 즉, 21개의 변수를 사용하는 번거로움 대신에 7개의 주성분을 사용하는 댓가는 전체 데이터에 존재하는 정보의 약 30%를 포기하는 것임을 알 수 있다.

표 7-2 커피 데이터의 주성분분석 결과

설명된 총분산

성분	초기 고유값			추출 제곱합 적재값			회전 제곱합 적재값		
	합계	% 분산	% 누적	합계	% 분산	% 누적	합계	% 분산	% 누적
1	6.328	30.135	30.135	6.328	30.135	30.135	2.807	13.365	13.365
2	2.273	10.824	40.959	2.273	10.824	40.959	2.522	12.008	25.372
3	1.543	7.348	48.307	1543	7.348	48.307	2.314	11.021	36.393
4	1.355	6.454	54.761	1.355	6.454	54.961	2.168	10.326	46.719
5	1.219	5.804	60.565	1.219	5.804	80.565	1.929	9.184	55.903
6	1.014	4.830	65.395	1.014	4.830	65.395	1.701	8.101	64.004
7	1.002	4.773	70.168	1.002	4.773	70.168	1.294	6.1364	70.168
8	.850	4.049	74.217						
9	.756	3.602	77.819						
10	.699	3.327	81.146						
11	.579	2.755	83.901						
12	.547	2.605	86.507						
13	.466	2.220	88.727						
14	.429	2.043	90.771						
15	.414	1.972	92.742						
16	.332	1.581	94.323						
17	.302	1.436	95.759						
18	.272	1.293	97.052						
19	.245	1.167	98.219						
20	.190	.903	99.122						
21	.184	.878	100.000						

아래의 〈표 7-3〉은 〈표 7-2〉에 나타난 7개의 주성분을 직각회전하는 데 사용한 회전행렬(rotation matrix)이다.

표 7-3 회전행렬

성분 변환 행렬

성분	1	2	3	4	5	6	7
1	.570	.491	.444	.085	.354	.309	.097
2	.038	-.141	-.307	.911	.139	.187	-.004
3	.099	-.307	-.455	-.344	.608	.238	.379
4	-.304	.578	-.170	.124	.193	-.517	.474
5	.389	-.438	.270	.117	-.286	-.311	.626
6	-.454	-.329	.611	.212	.525	-.133	-.061
7	-.463	.102	.162	.003	-.304	.656	.476

4. 주성분의 회전

주성분분석을 통하여 일단 요인적재량을 구하면 다음으로는 요인적재량 행렬(factor loadings matrix 혹은 factor pattern matrix)을 회전(rotation)하여야 한다. 요인적재량 행렬을 회전하는 목적은 추출된 주성분의 해석을 용이하게 하기 위해서이다. 주성분분석을 통해서 추출된 주성분의 의미를 해석하기 위하여 각각의 주성분이 소수의 변수에만 높은 적재치를 가지고 있어야 한다. 다시 말하자면 각각의 주성분은 높은 적재치를 지니고 있는 변수들을 통해서 그 의미를 해석할 수 있다. 마찬가지로 각각의 변수는 단 하나의 주성분에 대해서만 높은 적재치를 가지고 있어야 한다. 하지만 회전되지 않은 요인적재량 행렬에서는 때때로 하나의 주성분이 많은 수의 변수들과 높은 상관관계(적재치)를 지니고 있는 경우도 포함하고 있는데 이는 추출된 주성분의 해석을 어렵게 만든다.

요인적재량 행렬의 회전은 요인적재량 간의 상대적 위치(relative position) 즉, 요인적재량 사이의 거리를 바꾸지 않고 단지 주성분의 해석만을 용이하고 명확하게 하는 역할을 한다. 그러나 요인적재량 행렬을 회전하는 것은 각각의 주성분이 설명하는 데이터의 분산 비율을 변화시키는 효과가 있다.

4.1 직각회전

요인적재량 행렬의 회전방법으로서 일반적으로 직각회전(혹은 직교회전; orthogonal rotation)이 많이 사용한다. 직각회전이란 요인적재량 행렬을 회전할 때 회전축이 직각을 유지하면서 회전하는 것을 이른다. 직각회전을 하는 방법에는 다음과 같은 세 가지 방법이 있다.

(1) 쿼티맥스

쿼티맥스(quartimax)회전의 목적은 요인적재치 행렬의 가로줄(변수)을 단순화시키는 데 있다. 즉, 쿼티맥스는 최초로 추출된 주성분을 회전시켜서 이 주성분에 대해 특정 변수의 적재치를 가능한 한 크게 만들고 다른 모든 주성분들에 대해서는 요인적재치를 가능한 한 적게 만든다. 이와 같이 회전시키면 하나의 주성분에 대하여 많은 변수들이 높은 요인적재치를 가지게 되는데 그 이유는 이 방법이 요인적재치 행렬의 가로줄(변수)을 단순화시키는 데 초점을 두기 때문이다. 따라서 쿼티맥스 방법은 데이터의 보다 단순한 구조를 추출하는데 그다지 적합하지 않다는 단점이 있다. 쿼티맥스 방법이 지니고 있는 또 다른 단점은 대부분의 변수들이 첫 번째로 추출된 주성분에 대하여 높은 적재치를 지니고 있기 때문에 많은 수의 변수들을 몇 개의 주성분으로 줄이기보다는 하나의 일반적인 주성분만을 추출하게 된다는 것이다.

(2) 배리맥스

배리맥스(varimax)방법은 쿼티맥스와는 달리 요인적재치 행렬의 세로줄(주성분)을 단순화시키는 데 초점을 두고 있다. 쿼티맥스 방법은 가로줄(변수)을 단순화시키는 데 초점을 두고 있기 때문에 하나의 주성분에 대하여 많은 변수들이 높은 적재치를 지닐 수 있다. 반면에 배리맥스 회전방법에서는 요인적재치 행렬의 가로줄(변수)을 살펴볼 때, 어떤 변수들은 하나의 주성분에 대하여 높은 적재치(절대값)를 갖고 있고 어떤 변수들은 낮은 적재치를 갖고 있는 경향이 있다. 따라서 하나의 주성분에 대하여 높은 요인적재치를 지니고 있는 변수들을 중심으로 주성분의 의미를 해석할 수 있다는 장점이 있다,

쿼티맥스 방법은 배리맥스 방법에 비하여 분석적인 면에서 더 단순하지만 배리맥스는 요인들을 보다 분명하게 분리한다. 배리맥스 방법을 이용하여 추출한 데이터의 구조는 쿼티맥스를 이용하여 추출한 구조보다 안정적인 경향

이 있다. 배리맥스 방법은 직각회전의 방법 가운데 가장 널리 사용하는 방법이다.

(3) 이퀴맥스

이퀴맥스(equimax)방법은 쿼티맥스와 배리맥스를 절충한 방법이다. 이 방법에서는 요인적재치 행렬의 가로줄(변수)이나 세로줄(주성분)을 단순화시키는데 초점을 두기 보다는 양자를 각기 부분적으로 단순화시킨다. 이퀴맥스 방법은 널리 이용되지 않는 회전방법이다.

요인행렬의 회전 가운데 직각회전의 예를 살펴보면 다음과 같다. 아래의 〈표 7-4〉는 두 개의 주성분의 직각회전 전과 직각회전 후의 요인적재량을 나타내고 있다. 〈그림 7-4〉는 〈표 7-4〉에 나타난 이들 주성분의 요인적재량을 2차원의 공간에 보여주고 있다.

주성분의 해석을 위해서는 하나의 변수의 요인적재량은 오직 하나의 주성분에만 높이 실려야(loaded)한다. 그러나 주성분을 회전하기 전에는 〈표 7-4〉과 〈그림 7-4〉에서 보는 바와 같이 두 개의 변수(V_2와 V_5)의 요인적재량은 주성분1과 주성분2에 비슷한 정도로 실려 있음을 볼 수 있다. 따라서 주성분1과 주성분2는 각각 V_2와 V_5 가운데 어떤 변수에 의하여 해석되어야 하는지 분명치 않다.

표 7-4 직각회전 전후의 요인적재치

	회전되지 않은 요인적재치		회전된 요인적재치	
변수	주성분 I	주성분 II	주성분 I	주성분 II
V_1 타이어 반경	.50	.80	.03	.94
V_2 배기량	.60	.70	.16	.90
V_3 가격	.90	−.25	.95	.24
V_4 연비	.80	−.30	.84	.15
V_5 자동차세	.60	−.50	.76	−.13

이러한 문제를 해결하기 위해서 필요한 것이 요인적재량의 회전이다. 〈표 7-4〉에서는 주성분1과 주성분2를 시계반대 방향으로 직각회전하여 얻은 요인적재량을 보여주고 있으며 이는 〈그림 7-4〉에 나타나 있다. 이러한 직각회

그림 7-4 직교회전의 예

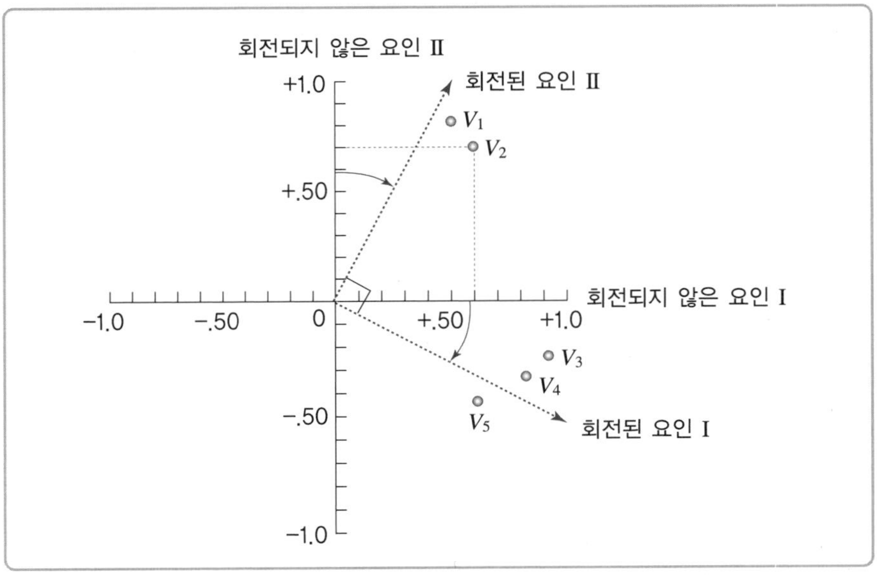

출처: Hair, Jr., Joseph F., William C. Black, Barry J. Babin, and Rolph E. Anderson (2010), *Multivariate Data Analysis*, seventh edition, Pearson.

그림 7-5 빗각회전의 예

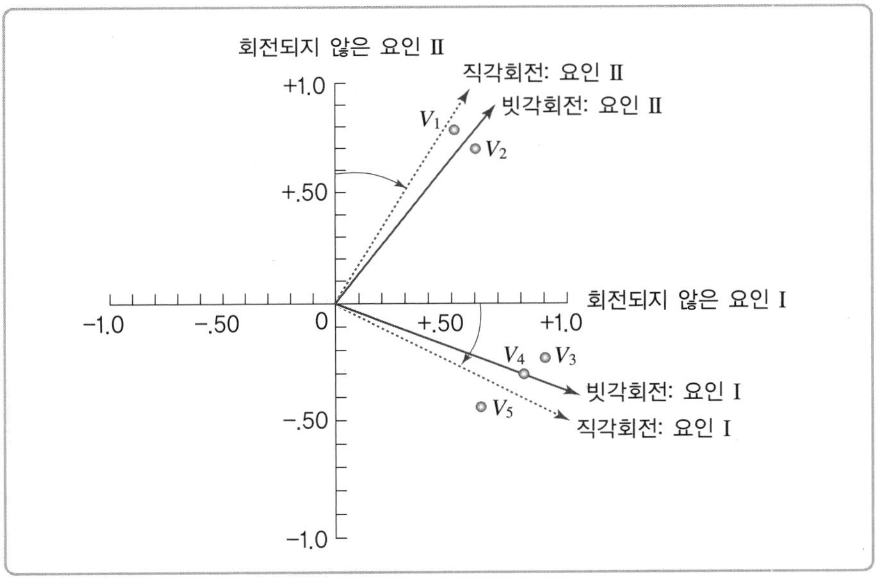

출처: Hair, Jr., Joseph F., William C. Black, Barry J. Babin, and Rolph E. Anderson (2010), *Multivariate Data Analysis*, seventh edition, Pearson.

전의 결과로 V_2의 요인적재량은 주성분2에 주로 실려 있으며 V_5의 요인적재량은 주성분1에 주로 실려 있음을 알 수 있다. 따라서 주성분1은 V_3, V_4, V_5에 의하여 해석될 수 있으며 그 의미는 '경제성'이다. 그리고 주성분2는 V_1과 V_2에 의하여 가속성으로 해석될 수 있다.

4.2 빗각회전

요인행렬의 회전에서 회전축이 직각을 이루지 않고, 따라서 추출된 주성분들 사이에 상관관계가 존재할 때 이를 빗각회전(oblique rotation)이라고 한다. 빗각회전은 추출된 주성분들이 서로 독립성을 유지하되 주성분 간에 상관관계가 존재한다는 점을 제외하고는 직각회전과 유사하다. 빗각회전방법은 모집단에 있는 주성분들이 높은 상관관계를 지니고 있을 때 사용한다. 앞의 〈그림 7-5〉는 빗각회전의 예를 보여주고 있다.

5. 주성분 수의 결정

주성분분석의 결과를 얻으면 향후의 분석을 위하여 사용할 주성분의 수를 결정하여야 한다. 주성분분석으로 우리가 추출할 수 있는 주성분의 수는 모두 p개이다. 그러나 이 p개의 주성분을 모두 향후 분석에 사용한다는 것은 자료축소기법으로서의 주성분분석의 기능을 무력화시키는 일이다. 따라서 우리는 p보다 작은 수의 주성분을 고르는(retain) 작업을 수행하여야 한다.

향후 분석을 위하여 선택하여야 할 주성분의 수를 결정하는 방법으로는 다음과 같은 다섯 가지 방법이 있다. 이들을 각각 살펴보면 다음과 같다.

(1) 사전결정방법

사전결정방법(a priori determination)은 주성분분석의 사용자가 이미 추출할 수 있는 주성분의 수에 대하여 사전 지식이 있는 경우에 사용한다. 주성분분석의 사용자가 기대하고 있는 수의 주성분이 추출되면 더 이상의 주성분을 추출하지 않고 분석이 종료된다.

(2) 고유값

주성분의 수를 결정하는 가장 손쉬운 방법으로서 고유값(eigenvalue)을 확인하는 방법이 있다. 일반적으로 1과 같거나 1보다 큰 고유값을 지니고 있는 주성분을 고르는 방법이다. 앞에서 설명한 바와 같이 고유값의 합은 항상 입력 자료에 있는 변수의 수와 같은 p이다. 따라서 모든 추출 가능한 p개의 주성분이 똑같은 설명력을 지니고 있다면 각각의 주성분의 고유값은 1이 될 것이다(p/p). 고유값이 1과 같거나 1보다 큰 주성분을 고르는 이유가 바로 여기에 있다. 즉, 최소한 자기 몫(설명력)을 갖춘 주성분을 선택하는 것이다.

(3) 설명된 분산

주성분을 선택하는 또 다른 기준은 각각의 주성분이 설명하는 분산의 비율(percentage of variance explained)을 살펴보는 일이다. 우리가 추출한 p개의 주성분을 모두 선택하여 사용한다면 분산의 설명력은 주성분분석 이전에 변수들(데이터)이 지니고 있던 설명력(100%)과 같을 것이다. 몇 개의 주성분을 선택하느냐의 문제는 결국 어느 정도의 설명력을 지니기를 원하는가 혹은 포기하는가와 같은 문제이다. 이는 곧 추출된 주성분들의 누적된 설명력(분산)이 만족스러운 수준에 도달하면 이 시점에서 주성분의 수를 결정하는 방법이다.

만족스러운 수준이 얼마인가에 대한 정답은 없다. 그러나 우리가 사용할 수 있는 방법 중의 하나는 주성분들의 누적된 설명력(분산)이 또 하나의 주성분을 추가해도 더 이상 증가하지 않는다면 그 주성분은 필요치 않다. 따라서 그 추가적인 설명력이 없는 주성분 이전까지의 주성분들을 선택하면 된다. 또한 이 문제에 관하여 주성분들의 누적된 설명비율이 최소한 60%는 되어야 한다는 의견도 있다.

(4) 스크리 도표

주성분의 수를 결정하는 또 다른 방법은 스크리 도표(scree plot)를 이용하는 것이다. 스크리 도표란 추출한 주성분의 수에 대하여 점차로 감소하는 고유치(혹은 설명된 분산)를 그래프로 나타낸 것이다. 이 스크리 도표에서 주성분의 수에 따라 감소하는 고유치의 그래프가 평탄해지는 점(elbow point)을 찾는 일이다. 바로 이 점에서 주성분의 수를 결정한다. 다음 〈그림 7-6〉에서는 주성분의 수를 4개로 결정한다.

○ 그림 7-6 스크리 도표

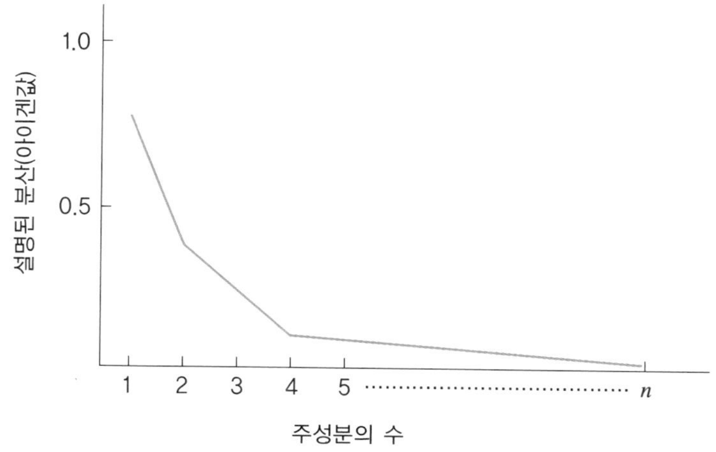

출처: Green, Paul E. (1978),, *Anmalyzing Multivariate Data*, Dryden Press.

(5) 분할표본의 반분신뢰성

분석 대상 데이터를 둘로 나누어 각각의 반분(半分)된 데이터(split half samples)에 대하여 주성분분석을 실행한다. 두 개의 분석 결과를 비교하여 요인적재치가 일관성 있는 주성분만을 남겨 사용한다.

6. 주성분의 해석

주성분의 해석은 각각의 주성분에 대하여 높은 적재치를 지니고 있는 변수들을 통하여 이루어진다. 즉, 하나의 주성분에 대하여 높은 요인적재치를 지니고 있는 변수들의 통합적 의미를 도출하는 방법이다.

예: 커피 데이터

우리는 커피 데이터의 21개 커피 속성평가를 이용하여 7개의 주성분을 추출한 바 있다(〈표 7-2〉 참조). 여기에서는 이들 7개 주성분의 의미를 살펴보기로 한다.

다음의 〈표 7-5〉는 7개 주성분의 요인적재치를 보이고 있다. 우선 첫 번째 주성분의 의미를 파악하기 위해서 첫 번째 주성분의 요인적재치가 어느 변수에 많이 실려 있는지를 살펴보아야 한다. 첫 번째 주성분은 V_{34}, V_{37} 그리고

V_{47}에 많이 실려 있는데 이들 세 변수는 모두 향에 관한 것이므로 첫 번째 주성분의 의미는 '향'이라고 해석할 수 있다.

마찬가지 방법으로 두 번째 주성분은 V_{32}, V_{36} 그리고 V_{42}의 세 변수에 높은 적재치를 가지고 있으며 이들 세 변수는 모두 아침에 관련된 것이므로 우리는 두 번째 주성분의 의미를 '아침 사용'이라고 해석할 수 있다. 이러한 방법으로 우리는 일곱 개의 주성분의 의미를 파악할 수 있다.

주성분의 의미를 해석하는 또 하나의 방법은 변수들의 요인적재치를 각각의 주성분에 도식화하여 살펴보는 것이다. 다음의 〈그림 7-7〉에서는 다섯 개의 변수의 요인적재치를 두 개의 주성분으로 구성된 공간에 나타내고 있다. 첫 번째 주성분의 해석은 첫 번째 주성분과 높은 상관관계(요인적재치)를 지니

표 7-5 커피 데이터의 주성분 해석

회전된 성분 행렬[a]

	성분						
	1	2	3	4	5	6	7
X_{37}_RICH_AROMA_TIN	.833	.216	.108	.067	.165	.203	.040
X_{34}_RICH_AROMA_CUP	.791	.255	.321	−.012	.011	.034	.091
X_{47}_RICH_AROMA_BREWING	.766	.089	.042	.089	.273	.222	.050
X_{32}_GOOD_START	.200	.847	.176	.031	.003	.015	.098
X_{42}_BRIGHTENS_DAY	.215	.800	.133	−.013	.205	.139	.133
X_{36}_BEST_COFFEE_MORNING	.160	.778	.212	.040	.250	.084	−.058
X_{30}_RICH_TASTE	.148	.091	.867	−.017	.063	.136	.071
X_{33}_FULL_BODIED_TASTE	.382	.263	.720	−.044	−.015	.063	.163
X_{31}_ALWAYS_FRESH	.094	.299	.660	−.003	.261	.109	−.159
X_{50}_COST_LESS	.051	−.075	.037	.920	.015	−.007	.052
X_{46}_ECONOMY_BRAND	.006	−.076	−.103	.878	.000	.035	.072
X_{35}_GOOD_VALUE	.080	.252	.029	.684	.080	.122	−.144
X_{48}_BEST_GROUND_COFFEE	.118	.139	.079	−.037	.787	.111	.102
X_{40}_PREMUM_BRAND	.095	.100	−.004	.060	.735	.125	.093
X_{39}_HIGHEST_QUALITY	.485	.161	.329	−.031	.506	.171	.024
X_{49}_ENJOY_WITH_MEALS	.307	.100	.180	.143	.369	−.074	−.033
X_{41}_NOT_BITTER	.112	.160	.220	.068	.057	.770	−.045
X_{45}_NO_AFTERTASTE	.169	−.026	−.021	.045	.165	.767	.088
X_{38}_SMOOTH_TASTE	.447	.312	.315	.064	.070	.490	−.076
X_{44}_STRONG_TASTE	.091	.073	.232	−.114	−.008	−.127	.791
X_{43}_COST_MORE	.022	.063	−.189	.131	.236	.182	.710

고 있는 변수(V_1과 V_4)와 낮은 상관관계를 지니고 있는 변수(V_3)와의 주된 차이점이 무엇인가를 살펴봄으로써 이루어질 수 있다. 마찬가지로 두 번째 주성분의 해석은 V_2와 V_5의 두드러진 차이점을 파악함으로써 이루어질 수 있다.

이 방법은 주성분의 의미를 요인적재치가 차지하는 위치를 시각적으로 비교함으로써 파악하는 방법인데 이는 뒤에서 다룰 다차원척도법에서 다차원공간(multidimensional space)을 구성하는 축(axis 혹은 dimension)을 해석할 때 사용하는 방법과 같은 방법이다.

그림 7-7 요인적재치 도표

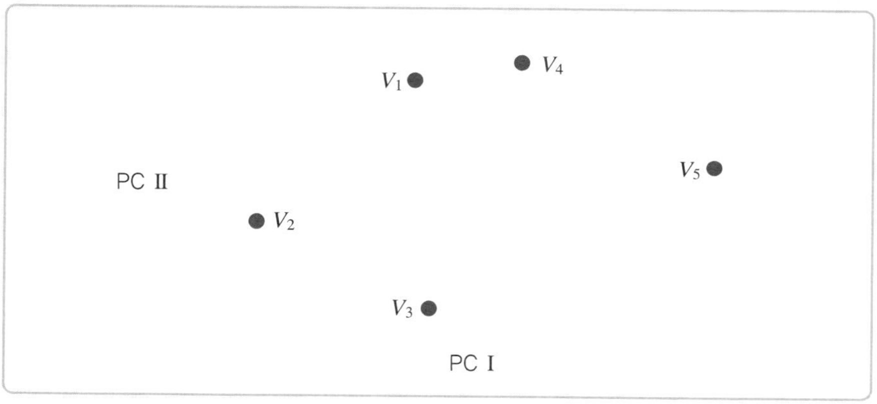

7. 주성분분석 결과의 검증

주성분분석의 결과를 검증하는 방법은 널리 알려진 바가 없지만 회귀분석이나 군집분석에서 행해지는 반분표본기법(split half sample method)을 생각해 볼 수 있다. 반분표본기법에서는 분석의 대상이 되는 자료를 우선 무작위로 두 개의 분할표본(subsample)으로 나눈다. 각각의 분할표본에 대하여 독립적으로 주성분분석을 실행한 후 두 표본의 분석 결과를 비교한다. 비교 기준은 다음과 같은 사항을 포함한다.

- 두 분할표본은 동일한 수의 주성분을 추출하는가?
- 두 분할표본의 요인적재치 패턴은 서로 유사한가?
- 두 분할표본의 고유값 및 주성분이 설명하는 분산비율은 서로 비슷한가?

8. 주성분분석 결과의 추가적 활용

우리는 때때로 주성분분석의 결과를 향후의 추가 분석에 이용할 경우가 있다. 예를 들면 많은 수의 변수들을 주성분분석을 통하여 몇 개의 새로운 변인(variate)인 주성분으로 줄이고 이들 주성분(요인점수)을 독립변수로 사용하여 회귀분석을 실행할 수 있다. 혹은 이들 주성분의 요인점수를 사용하여 군집분석을 실행할 수도 있다. 이러한 경우에 추가 분석을 위하여 사용할 수 있는 변인의 선택은 다음과 같은 세 가지가 있다.

8.1 대리변수의 선정

대리변수의 선정이란 요인적재치 행렬을 검토하여 각 주성분에 대하여 요인적재치가 가장 큰 변수를 해당 주성분을 대표하는 대리변수(surrogate variable)로 선정하는 방법이다. 이것은 한 변수가 다른 변수들의 요인적재치에 비하여 훨씬 큰 요인적재치를 갖고 있을 경우에만 직접적으로 이용할 수 있는 방법이다. 변수들이 서로 비슷한 크기의 요인적재치를 보이는 경우에는 이들 변수들을 신중하게 검토하여 하나의 대리변수를 선정하여야 한다.

하나의 변수를 특정된 주성분을 대표하는 대리변수로 선정하는 이러한 방법은 간단하면서도 원래의 변수를 그대로 유지한다는 점에서 장점이 있다. 하지만 이 방법은 몇 가지 단점을 내포하고 있다. 첫째, 이 방법은 하나의 변수만을 대리변수로 사용함으로써 그 변수가 지니고 있는 측정오차의 문제를 해결하지 못한다는 단점이 있다. 둘째, 여러 개의 변수가 큰 요인적재치를 가지고 있을 경우에는 단일의 변수를 선정하기 위해서 다시 총합척도나 요인점수를 계산하는 절차를 거쳐야 한다는 점이다.

8.2 총합척도의 창출

총합척도(summated scale)란 여러 개의 개별 변수들을 하나의 합성측정치로 전환하는 것이다. 즉, 하나의 주성분에 대하여 높은 적재치를 가지고 있는 변수들의 합계나 평균을 이용하는 것이다. 각 성분에 대하여 높은 적재치를 지니고 있는 변수의 수가 같다면 이들의 합계를 사용하여도 좋지만 변수들의 수가 같지 않다면 평균을 사용하여야 한다.

총합척도는 구체적으로 두 가지 이점이 있다. 첫째, 총합척도는 측정된 모든 변수들에 내재하고 있는 측정오차를 어느 정도 극복할 수 있다. 측정오차(measurement error)란 우리가 측정한 값(관찰치)과 실제 값과의 차이이다. 측정오차는 변수 간에 존재하는 어떤 관계(예를 들면 상관관계)를 부분적으로 은폐시킴으로써 다변량 모델의 추정을 어렵게 만드는데 총합척도는 단일 측정치에 의존하는 것을 탈피하고 다수의 지표(indicators; 변수)를 이용함으로써 측정오차를 줄인다.

총합척도의 두 번째 이점은 단일의 측정치(변수)에서 하나의 개념이 지니고 있는 여러 측면들을 나타낼 수 있다는 점에 있다. 매우 복잡한 것으로 알려져 있는 하나의 개념이 지니고 있는 여러 가지 측면들을 나타내기 위하여 다변량 분석에서는 보다 많은 수의 변수들을 이용하는 경우가 많다. 따라서 연구자는 다수의 변수들을 이용하여 개념을 보다 풍부하게 기술할 뿐만 아니라 다변량 분석에서 변수들의 수를 가능한 한 줄여서 간결성(parsimony)을 높여야 한다.

8.3 요인점수의 계산

주성분을 대표하는 새로운 변인을 선정하는 또 다른 방법은 요인점수(factor score)를 계산하여 사용하는 것이다. 우리는 주성분의 모형에 각 응답자의 데이터(프로파일)를 대입하여 각 응답자들의 요인점수를 산출할 수 있으며 이를 향후 분석의 입력 자료로 활용할 수 있다.

9. 주성분분석과 요인분석의 비교

주성분분석(component analysis 혹은 principal component analysis)과 요인분석 혹은 공통요인분석(common factor analysis)은 때때로 같은 의미로 사용되기도 하지만 이들 분석기법 간에는 다음과 같은 차이가 있다. 우선 주성분분석은 분석의 대상이 되는 데이터에 있는 변수들의 총 분산을 고려하여 주성분을 추출하며 이 과정에서 특정한 변수에만 존재하는 고유 분산(unique variance)과 오차(error variance)가 차지하는 부분은 매우 적다.

반면에 공통요인분석은 모든 변수에 공통적으로 존재하는 공통분산(common variance)만을 고려하여 요인(factor)을 추출한다. 또한 이들 요인추출방법은 그 목적에 있어서도 차이가 있다.

주성분분석은 관찰이 가능하고 측정이 가능한 구체적인 변수로부터 직접적인 관찰과 측정이 어려운 주성분을 추출한다. 주성분은 이들 구체적인 변수들의 선형조합(linear composite)이다. 예를 들면 자동차의 가격이나 연비 혹은 배기량과 같은 구체적인 변수들로부터 경제성이라고 하는 추상적인 주성분을 추출하는 것이다.

반면에 요인분석은 무엇을 측정하는 것인지 알 수 없는 모호한 문항들로부터 어떤 구체적인 요인을 추출한다. 예를 들면 '나는 가끔 배가 아프다', '나는 아버지를 존경한다', 혹은 '나는 때때로 천둥소리가 피아노 소리로 들린다'. 와 같은 추상적인 문항들로부터 정신분열증이나 조울증과 같은 구체적인 증상을 추출하는 것이다.

알아두어야 할 핵심 용어

배리맥스(varimax)
아이겐 값(eigenvalue)
요인적재치(factor loading)
요인점수(factor score)
주성분(principal component)
주성분의 추출(extraction of principal component)
직각회전(orthogonal rotation)
주성분의 회전(rotation of principal component)
orthogonality
scree plot

생각해 볼 문제

1. 유나는 자동차의 속성에 관한 14개의 변수를 사용하여 주성분분석을 실행하였다. 유나는 주성분분석의 결과로 4개의 주성분을 추출하였다. 다음의 표는 유나가 추출한 4개의 주성분의 요인적재치를 보여주고 있다. 표에는 0.5보다 큰 요인적재치만을 보이고 있다.

변수	주성분 1	주성분 2	주성분 3	주성분 4
x1_가격		−.788		
x2_연비		.792		
x3_보험료		−.699		
x4_유지비용		−.501		
x5_스타일	.928			
x6_인테리어 디자인	.872			
x7_색상	.788			
x8_가속능력			.657	
x9_배기량			.761	
x10_타이어 크기			.621	
x11_충전시간				.789
x12_동력				−.674
x13_주행 가능거리				−.502
x14_최대 속력				−.586
아이겐 값	5.01	3.21	3.11	2.33

(1) 첫 번째 주성분이 설명하는 분산의 비율을 구하시오.

(2) 네 번째 주성분의 의미를 해석하시오.

2. 선구는 중소 규모의 스키장을 운영하고 있다. 선구는 내년도의 스키장의 매출을 예측하기 위하여 그에게 주어진 57개의 변수를 사용하여 회귀분석을 시도하고자 한다. 그러나 57개의 변수를 모두 회귀분석에 사용하는 것은 번거로운 작업이기 때문에 선구는 주성분분석을 실행하여 변수의 수를 줄이고 주성분의 요인점수를 이용하여 회귀분석을 실행하기로 하였다.
주성분분석의 결과 선구는 8개의 주성분을 추출하고 그 주성분들의 요인점수를 사용하여 스키장의 내년 매출액을 예측하기로 하였다. 그러나 선구의 친구인 나연은 선구가 추출한 8개의 주성분 사이에 다중공선성이 존재할 수 있기 때문에 회귀분석을 실행하기 전에 이들 간의 상관관계를 우선 점검해 보아야 한다고 조언하였다. 당신은 나연의 조언에 대하여 어떻게 생각하는가?

제 8 장

군집분석

1. 군집분석의 개요
2. 계층적 군집분석
3. k-평균 분할방법

1. 군집분석의 개요

군집분석(cluster analysis)은 여러 개의 개체(objects)들을 일정한 거리척도(distance measure) 혹은 근접척도(proximity measure)에 따라 몇 개의 유사한 집단(군집, cluster)으로 묶는 다변량 분석기법이다. 여기에서 개체란 응답자, 소비자, 제품 혹은 브랜드 등을 나타낸다. 또한 군집분석에 사용되는 거리척도는 유클리디안 거리(Euclidean distance), 마할라노비스 거리(Mahalanobis distance), 상관계수, 유사성 혹은 비유사성 등을 포함하며 이들을 통틀어 근접척도(proximity measure)라고 부른다. 즉, 군집분석은 유사한 개체들로 구성된 군집을 형성하는 과정을 말한다. 이 과정은 같은 군집 안에 소속된 개체 간의 거리가 다른 군집에 소속된 개체 간의 거리보다 가깝도록 이루어진다. 즉, 군집분석에서는 군집 내의 거리(within cluster distance)는 최소화하고 군집 사이의 거리(between cluster distance)는 최대화하는 방법으로 군집을 형성한다. 이는 집단 간의 거리와 집단 내의 거리 사이의 비율을 극대화하는 판별분석의 논리와 같다. 아래의 〈그림 8-1〉은 이러한 군집분석의 원리를 보여준다.

○ 그림 8-1 군집분석의 원리

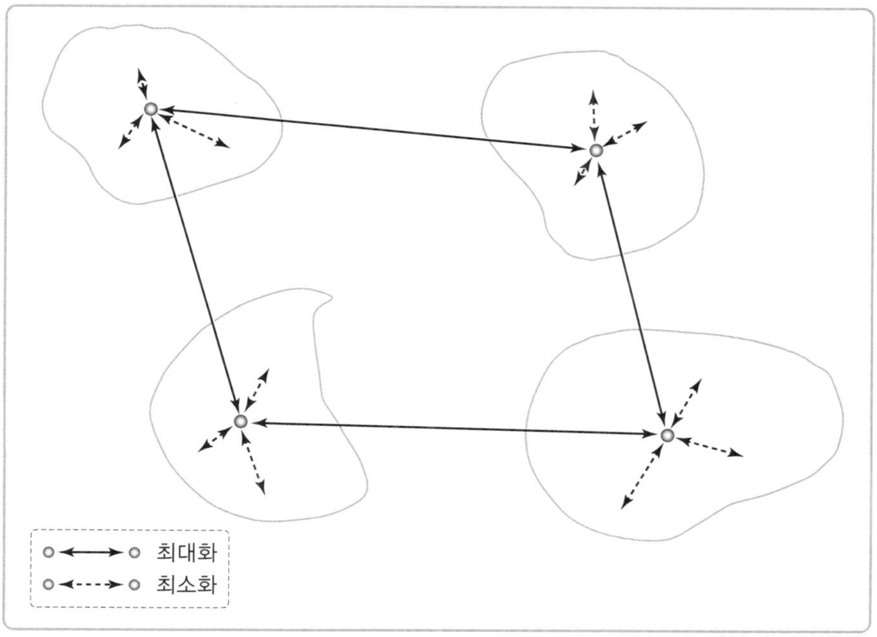

출처: Dillom, William R. and Goldstein, Matthew (1984), Multivariate Analysis: *Methods and Applications*,Wiley.

군집분석은 주성분분석과 마찬가지로 종속변수와 독립변수의 구분이 없는 상호의존형 분석기법(interdependence model)이다. 군집분석에 사용되는 변수는 반드시 메트릭 변수이어야 한다. 즉 이들은 반드시 등간척도나 비율척도에 의하여 측정된 변수이어야 한다. 명목척도에 의하여 측정된 범주형 자료(categorical data)를 이용하여 군집분석을 실행할 경우에는 다중상응분석(multiple correspondence analysis)을 이용하여 군집분석의 대상이 되는 개체들의 좌표값(메트릭 변수)을 구한 뒤 이들 좌표값을 이용하여 군집분석을 실행하여야 한다. 명목척도로 측정된 범주형 변수를 이용한 군집분석은 제10장 다중상응분석에서 상세히 다루기로 한다.

군집분석은 주성분분석과 마찬가지로 자료축소 기법(data reduction technique) 중의 하나이다. 주성분분석이 주어진 자료의 변수(column)의 수를 줄이는 기법인 데 반하여 군집분석은 자료에 포함된 개체(row)의 수를 줄이는 기법이다.

군집분석의 유형은 크게 계층적 군집분석(hierarchical clustering)과 *k*-평균 분할방법(*k*-means partitioning procedure)으로 나눌 수 있다. 계층적 군집분석은 개별적인 개체들을 가까운 것부터 묶어 나가는 방식이다. 이에 반하여 *k*-평균 분할방법은 전체 데이터를 가까운 개체끼리의 집단(군집)으로 나누는 기법이다. 계층적 군집분석은 제품 포지셔닝에 많이 사용되며 *k*-평균 분할방법은 시장세분화에 많이 사용된다.

1.1 거리 척도

군집분석은 개체 사이의 거리(inter-object distance)에 따라 가까운 개체들의 군집을 형성하거나(계층적 군집분석) 가까운 개체들의 집단으로 나누는(*k*-평균 분할방법) 기법이다. 여기에서는 군집분석에 사용되는 거리척도를 살펴보기로 한다.

군집분석에서 사용되는 거리척도의 가장 일반적인 형태는 민카우스키 거리척도(Minkowski distance)이다. 민카우스키 거리척도는 다음과 같다.

$$d_{ij} = \left[\sum_{i=1}^{T} (X - X_{jt})^2 \right]^{\frac{1}{r}}$$

여기에서

d_{ij} = 개체 i와 개체 j 사이의 거리
X_{it} = i번째 개체의 t번째 속성점수
X_{jt} = j번째 개체의 t번째 속성점수
T = 속성의 수

민카우스키 거리척도에서 r이 1인 경우를 시내 블록 거리(city block distance)라고 부른다. 시내 블록 거리는 맨해튼과 같은 시내에서 어느 한 지점에서 다른 지점으로 가는 거리를 모형으로 만든 거리척도이다.

그리고 r이 2인 경우가 유명한 유클리디안 거리척도(Euclidean distance)인데 이는 거리모형(distance model)에 기반을 둔 많은 분석기법에서 널리 사용되는 거리척도이다. r이 3인 경우의 거리척도는 거의 사용되지 않으며 r이 4인 경우의 거리척도는 가끔 쓰이지만 그 성과는 좋지 않은 것으로 알려져 있다.

다음으로 살펴볼 거리척도는 마할라노비스 거리척도(Mahalanobis distance)인데 이 거리척도는 개체 i와 개체 j 사이의 거리를 각 개체의 프로파일 벡터를 사용하여 계산한다. 마할라노비스 거리척도는 다음과 같다.

$$d_{ij} = [(\widetilde{X}_i - \widetilde{X}_j)' \widetilde{\sum}^{-1} (\widetilde{X}_i - \widetilde{X}_j)]^{\frac{1}{2}}$$

여기에서

d_{ij} = 개체 i와 개체 j 사이의 거리
X_i = i번째 개체의 프로파일 벡터
X_j = j번째 개체의 프로파일 벡터
Σ = 분산–공분산 매트릭스

마할라노비스 거리척도는 두 개체의 프로파일 벡터의 차이의 곱을 구하여 이를 다시 분산-공분산 매트릭스로 나누기 때문에 극단치(outlier)의 영향을 (유클리디언 거리척도에 비하여) 줄일 수 있다. 유클리디안 거리척도와 마할라노비스 거리척도 이외에 군집분석에 사용되는 근접척도(proximity measure)는 유사성이나 비유사성, 상관관계 등을 포함한다.

1.2 응답자 표준화

군집분석은 개체 간 거리(inter-object distance)를 고려하여 군집을 형성하거나 군집으로 나누는데 이 때 중요한 역할을 하는 것이 바로 응답자(개체) 표준화(row centering)이다. 개체 간 거리를 계산하는 데 있어서 한 가지 문제점은 각 개체 사이의 점수를 비교할 수 없다는 점이다. 예를 들면 응답자 1의 점

수와 응답자 2의 점수는 직접적으로 비교할 수 없다는 점이다. 다섯 개의 대상을 평가하는데 응답자 1은 (1, 2, 3, 2, 2)의 점수를 부여하는 반면 응답자 2는 (4, 7, 8, 6, 5)의 점수를 부여할 수 있기 때문이다. 따라서 응답자들의 점수를 비교하기 위하여 취하는 조치가 바로 응답자 표준화(row centering)이다. 응답자 표준화에서는 각 응답자의 점수에서 그 응답자의 평균을 뺀 점수를 이용하여 개체 사이의 거리를 계산한다. 즉, 응답자 1의 점수는 평균(2)를 각각의 점수에서 뺀 (−1, 0, 1, 0, 0)이 된다. 마찬가지로 응답자 2의 표준화 점수는 (−2, 1, 2, 0, −1)이 될 것이다. 즉, 응답자 표준화는 각 응답자의 평균에 대하여 조정한 점수로서 각각의 대상에 대한 평가(점수)가 그 응답자의 중심(평균)에서 얼마나 벗어났는가를 보여주는 점수이다. 이러한 이유로 응답자 표준화 점수는 평균조정 점수(mean corrected score)라고도 불린다. 응답자 표준화는 군집분석에서 반드시 거쳐야 하는 선처리 작업 가운데 하나이다.

2. 계층적 군집분석

계층적 군집분석(hierarchical clustering)은 우리가 분석하려는 자료에 자연스러운 계층구조(natural hierarchical structure)가 있을 때 사용하는 군집분석이다. 자연스러운 계층구조의 예로서는 생물학에서 사용하는 생물의 분류체계를 들 수 있다. 〈그림 8-2〉는 우리 몸의 각 부위를 계층적 군집분석으로 분석

그림 8-2 신체부위의 계층적 군집분석

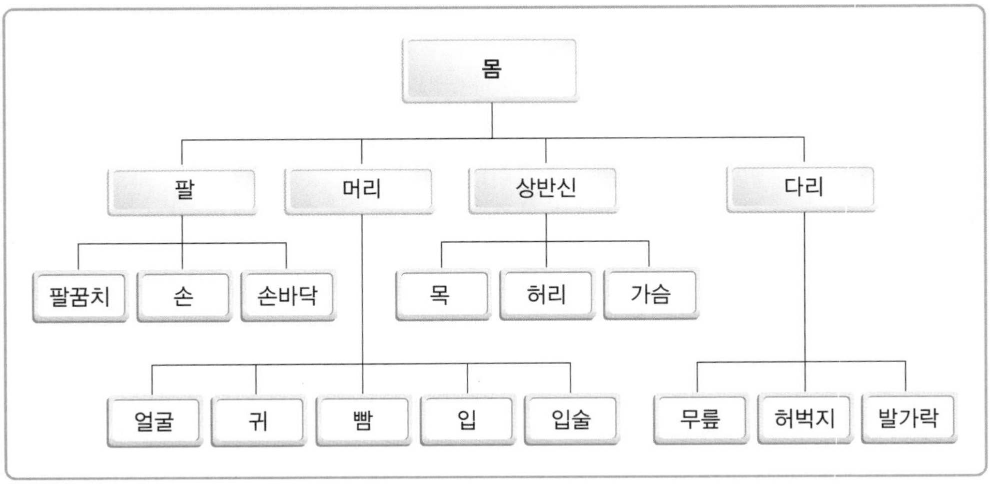

한 결과를 보여준다.

계층적 군집분석에서는 모든 개체 간의 거리(inter-object distance)를 계산하여 가장 가까운 거리에 있는 두 개체가 우선 첫 번째 군집을 형성한다. 그 다음으로 가까운 거리에 있는 두 개체(혹은 개체와 군집)가 두 번째 군집을 형성한다. 계층적 군집분석에서는 이러한 과정을 반복하여 모든 개체가 하나의 군집에 포함되면 군집분석 과정은 끝을 맺는다. 결국 계층적 군집분석이란 각각의 개체로 시작하여 전체를 포함하는 하나의 군집으로 묶어 나가는 과정을 말한다(agglomerate method).

계층적 군집분석은 다음과 같은 특징을 지니고 있다. 첫째, 두 개의 개체가 일단 하나의 군집을 형성하면 이들은 계층적 군집분석 과정이 종료할 때까지 다시는 분리되지 않는다. 즉, 군집이 형성되는 과정에서 개체가 다른 군집으로 재배정되는 경우는 결코 없다.

둘째, 데이터에 모두 n개의 개체가 있을 때 계층적 군집분석을 사용하여 얻을 수 있는 군집의 수는 최소 1개(모든 개체를 포함하는 군집)에서 최대 n개(각각의 개체가 하나의 군집을 형성하는 경우)이다.

셋째, 군집이 형성되는 연속적인 과정을 나무 모양의 다이어그램(tree structure)으로 나타낼 수 있다. 군집형성과정의 이러한 시각적 표현을 덴드로그램(dendrogram)이라고 부르기도 한다. 〈그림 8-3〉은 계층적 군집분석의 결

그림 8-3 덴드로그램

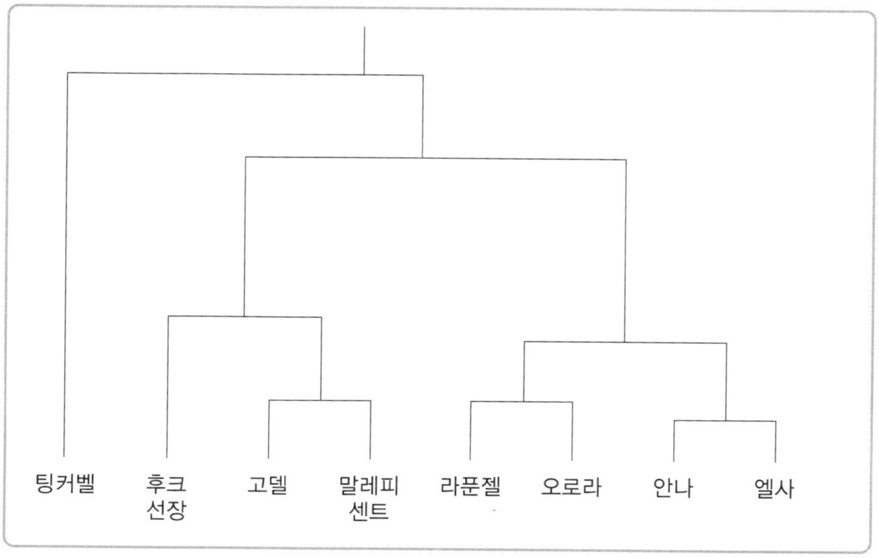

과를 나타내는 덴드로그램의 예이다.

2.1 계층적 군집분석의 방법

계층적 군집분석에서 개체들을 가까운 것부터 묶어 나가는 방법에는 다음과 같은 네 가지의 방법이 있는데 이들은 단일결합방법(single linkage), 완전결합방법(complete linkage), 평균결합방법(average linkage), 그리고 워드의 최소분산법(Ward's minimum variance method)이다. 이들을 차례로 살펴보면 다음과 같다.

(1) 단일결합방법

단일결합방법(single linkage)은 어떤 개체와 군집 혹은 군집과 군집 사이의 거리를 계산할 때 가장 가까운 거리를 택하는 방법이다. 이 방법은 가장 좋지 않은 결과를 나타내는 것으로 알려져 있다. 단일결합방법의 예를 살펴보면 다음과 같다.

우선 아래의 표와 같이 다섯 개의 개체 사이의 거리가 주어졌다고 하자. 여기에서 A와 B가 가장 가까운 거리에 있으므로 이들이 첫 번째 군집을 형성한다.

표 8-1 개체 간 거리 1

	A	*B*	*C*	*D*	*E*
A	0.0	1.0	5.0	6.0	8.0
B	1.0	0.0	3.0	8.0	7.0
C	5.0	3.0	0.0	4.0	6.0
D	6.0	8.0	4.0	0.0	2.0
E	8.0	7.0	6.0	2.0	0.0

다음으로는 군집(A, B)와 개체 C, D, E 네 개의 개체(군집) 간의 거리를 산출한다. 이 때 군집(A, B)와 개체 C 사이의 거리는 A와 C, B와 C 사이의 거리 중에서 짧은 거리로 결정한다. D와 E에 대하여도 마찬가지로 짧은 거리를 택한다. 즉,

$$d_{(AB)C} = \min\{d_{AC},\ d_{BC}\} = d_{BC} = 3.0$$

$$d_{(AB)D} = \min\{d_{AD},\ d_{BD}\} = d_{AD} = 6.0$$

$$d_{(AB)E} = \min\{d_{AE},\ d_{BE}\} = d_{BE} = 7.0$$

표 8-2 개체 간 거리 2

	AB	*C*	*D*	*E*
AB	0.0	3.0	6.0	7.0
C	3.0	0.0	4.0	6.0
D	6.0	4.0	0.0	2.0
E	7.0	6.0	2.0	0.0

따라서 이들 네 개의 개체 사이의 거리는 위의 〈표 8-2〉와 같다.

위의 표에서 볼 수 있는 바와 같이 *D*와 *E*가 가장 가까운 거리에 있으므로 이들이 두 번째 군집을 형성한다. 그리고 위에서와 같은 방법으로 세 개의 개체(군집(*A*, *B*), 개체 *C*, 그리고 군집(*D*, *E*)) 간의 거리를 계산하면 다음과 같다.

$$d_{(AB)(DE)} = \min\{d_{AD}, d_{AE}, d_{BD}, d_{BE}\} = d_{AD} = 6.0$$

$$d_{(DE)C} = \min\{d_{DC}, d_{EC}\} = d_{DC} = 4.0$$

$$d_{(AB)C} = 3.0$$

따라서 이들 셋 사이의 거리는 다음의 〈표 8-3〉과 같다. 여기에서 가장 가까운 거리에 있는 군집(*A*, *B*)와 *C*가 세 번째 군집을 형성한다. 이 과정을 덴드로그램으로 나타내면 다음의 〈그림 8-4〉와 같다.

표 8-3 개체 간 거리 3

	AB	*C*	*DE*
AB	0.0	3.0	6.0
C	3.0	0.0	4.0
DE	6.0	4.0	0.0

(2) 완전결합방법

완전결합방법(complete linkage)은 단일결합방법과는 반대로 개체와 군집 사이의 거리를 결정할 때 군집 안에 있는 개체들과 군집 밖에 있는 개체 사이의 거리 중에서 가장 먼 거리를 선택하는 방법이다. 완전결합방법은 단일결합방법에 비하여 비교적 좋은 결과를 내는 것으로 알려져 있다.

위에서 살펴본 단일결합방법과 마찬가지로 *A*와 *B*가 첫 번째 군집을 형성한다.

○ 그림 8-4 단일결합방법의 덴드로그램

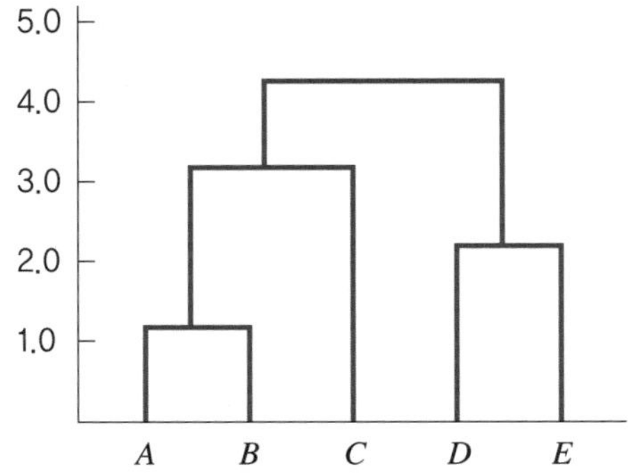

다음으로 군집(*A*, *B*)와 개체 *C*, *D*, *E* 사이의 거리를 계산하면 아래와 같다.

$$d_{(AB)C} = \max\{d_{AC}, d_{BC}\} = d_{AC} = 5.0$$
$$d_{(AB)D} = \max\{d_{DC}, d_{BD}\} = d_{BD} = 8.0$$
$$d_{(AB)E} = \max\{d_{AE}, d_{BE}\} = d_{AE} = 8.0$$

따라서 네 개의 개체 사이의 거리는 아래의 〈표 8-4〉와 같다. 다시 가장 가까운 거리에 있는 *D*와 *E*가 두 번째 군집을 형성한다.

표 8-4 개체 간 거리 4

	AB	*C*	*D*	*E*
AB	0.0	5.0	8.0	8.0
C	5.0	0.0	4.0	6.0
D	8.0	4.0	0.0	2.0
E	8.0	6.0	2.0	0.0

개체 사이의 거리 가운데 가장 먼 거리를 채택하면 세 개체 간의 거리는 다음의 〈표 8-5〉와 같다. 그리고 여기에서 군집(*A*, *B*)와 *C*가 새로운 군집을 형성한다. 완전결합방법의 덴드로그램은 다음의 〈그림 8-5〉와 같다.

$$d_{(AB)C} = \max(d_{(AC)}, d_{(BC)}) = 5.0$$
$$d_{(DE)C} = \max(d_{(CD)}, d_{(CE)}) = 6.0$$
$$d_{(AB)(DE)} = \max(d_{(AD)}, d_{(AE)}, d_{(BD)}, d_{(BE)}) = 8.0$$

표 8-5 개체 간 거리 5

	AB	*C*	*DE*
AB	0.0	5.0	8.0
C	5.0	0.0	6.0
DE	8.0	6.0	0.0

그림 8-5 완전결합방법의 덴드로그램

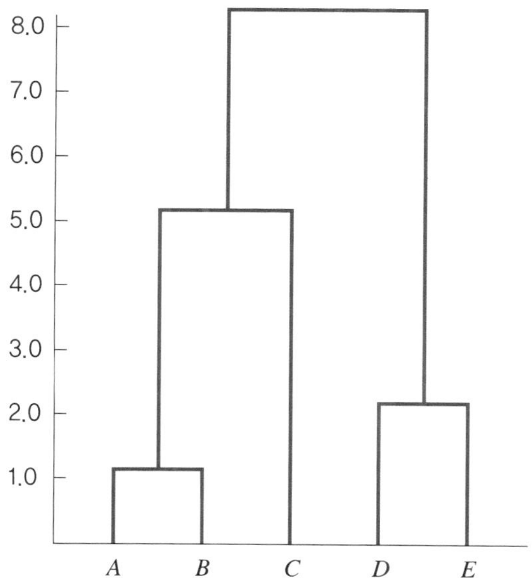

(3) 평균결합방법

이 방법에서는 군집과 개체 사이의 거리를 결정할 때 군집 안에 있는 개체들과 군집 밖에 있는 개체 간의 거리의 평균을 사용한다. 평균결합방법(average linkage)은 중심결합방법이라고도 불린다. 위에서 살펴본 바와 마찬가지로 A와 B가 처음으로 묶인다. 그리고 군집(A, B)와 나머지 개체 사이의 거리는 다음과 같이 계산한다.

$$d_{(AB)C} = \text{avg}(d_{(AC)},\ d_{(BC)}) = 4.0$$
$$d_{(AB)D} = \text{avg}(d_{(AD)},\ d_{(BD)}) = 7.0$$
$$d_{(AB)E} = \text{avg}(d_{(AE)},\ d_{(BE)}) = 7.5$$

따라서 이들 네 개의 개체 사이의 거리는 다음의 〈표 8-6〉과 같다.

표 8-6 개체 간 거리 6

	AB	*C*	*D*	*E*
AB	0	4	7	7.5
C	4	0	4	6
D	7	4	0	2
E	7.5	6	2	0

위의 표에서 보는 바와 같이 가장 가까운 거리에 있는 *D*와 *E*가 두 번째 군집을 형성한다.

다음으로는 군집(*A*, *B*)와 *C*가 묶인다. 그리고 군집(*A*, *B*)와 군집(*D*, *E*) 사이의 거리는 다음과 같이 계산한다.

$$d_{(AB)(DE)} = \text{avg}(d_{(AD)}, d_{(AE)}, d_{(BD)}, d_{(BE)}) = 29/4$$

따라서 이들 셋 간의 거리는 아래의 〈표 8-7〉과 같다.

표 8-7 개체 간 거리 7

	AB	*C*	*DE*
AB	0	4	7.25
C	4	0	5
DE	7.25	5	0

(4) Ward의 최소분산법

워드의 최소분산법(Ward's minimum variance method)에서는 군집 내의 분산을 최소화하는 방법으로 계층적 군집분석을 실행한다. 이 방법은 계층적 군집분석을 위한 방법 가운데 가장 우수한 결과를 내는 방법이다. 군집 내의 분산(error sum of squares; E.S.S.)을 구하는 방법은 아래의 식과 같다.

$$E.S.S. = \sum_{j=1}^{k}\left(\sum_{i=1}^{n_j} X_{ij}^2 - \frac{1}{n_j}\left(\sum_{i=1}^{n_j} X_{jt}\right)^2\right)$$

여기에서

X_{ij} = j번째 군집에 속한 i번째 개체의 점수

k = 군집의 수

n_j = j번째 군집에 속한 개체의 수

계층적 군집분석에서의 첫 단계는 각각의 개체가 하나의 군집을 형성하기 때문에 *E.S.S.*는 0으로 시작한다. 다음으로는 군집의 크기가 2인 모든 개체들의 조합에 대하여 *E.S.S.*를 계산한다. 아래의 〈표 8-8〉에 나타난 다섯 개의 개체를 둘 씩 묶었을 때의 *E.S.S.*는 표의 두 번째 단계에 나타나 있다. 그리고 가장 작은 *E.S.S.*를 지니고 있는 개체 *C*와 *D*가 첫 번째 군집을 형성한다.

다음으로 세 번째 단계에서는 군집(CD)와 나머지 개체와의 *E.S.S.*와 나머지 개체 사이의 조합의 *E.S.S.*를 계산한다. 그 결과 개체 *A*와 *B*의 조합이 가장 작은 수를 가지고 있으므로 이들이 두 번째 군집을 형성한다.

다음으로는 군집(*CD*), 군집(*AB*) 그리고 개체 *E* 사이의 *E.S.S.*를 계산하고 그 결과 개체 *E*가 군집(*CD*)와 새로운 군집을 형성한다. 이 과정을 덴드로그램으로 나타내면 〈그림 8-6〉과 같다.

표 8-8 최소분산법을 이용한 계층적 군집분석

첫 번째 단계				
A=2	*B*=5	*C*=9	*D*=10	*E*=15
두 번째 단계				
AB=4.	*BC*=8.0	***CD*=0.5**	*DE*=18.0	
AC=24.5	*BD*=12.5	*CE*=94.5		
AD=32.0	*BE*=60.5			
AE=98.0				
세 번째 단계				
(*CD*)*A*=28.0	(*CD*)B=14	(*CD*)*E*=28.66		
***AB*=4.5**	*AE*=98.0	*BE*=60.5		
네 번째 단계				
(*AB*)(*CD*)=41.0	(*AB*)*E*=108.66	**(*CD*)*E*=28.66**		
마지막 단계				
(*AB*)(*CD*)*E*)=113.2				

○ 그림 8-6 최소분산법의 덴드로그램

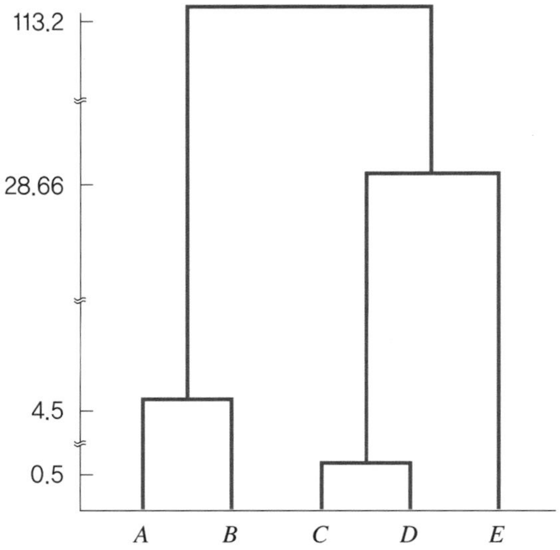

출처: Dillom, William R. and Goldstein, Matthew (1984), *Multivariate Analysis: Methods and Applications*, Wiley.

다음의 〈그림 8-7〉과 〈그림 8-8〉은 계층적 군집분석의 다른 예를 보여주고 있다. 우선 〈그림 8-7〉은 사람들이 자극물(S)에 대하여 응답자들이 연상하는 단어들을 계층적 군집분석으로 분석한 결과를 보여준다. 〈그림 8-8〉은 스포츠카와 그 소유주의 이미지 사이의 관계를 이용하여 실행한 계층적 군집분석의 결과이다. 특히 여기에서는 같은 종류의 개체(스포츠카 혹은 소유주)뿐만이 아니라 서로 다른 종류의 개체(스포츠카와 소유주)들도 함께 계층적 군집분석의 대상이 될 수 있다는 점을 보여주고 있다.

○ 그림 8-7 단어연상의 계층적 군집분석

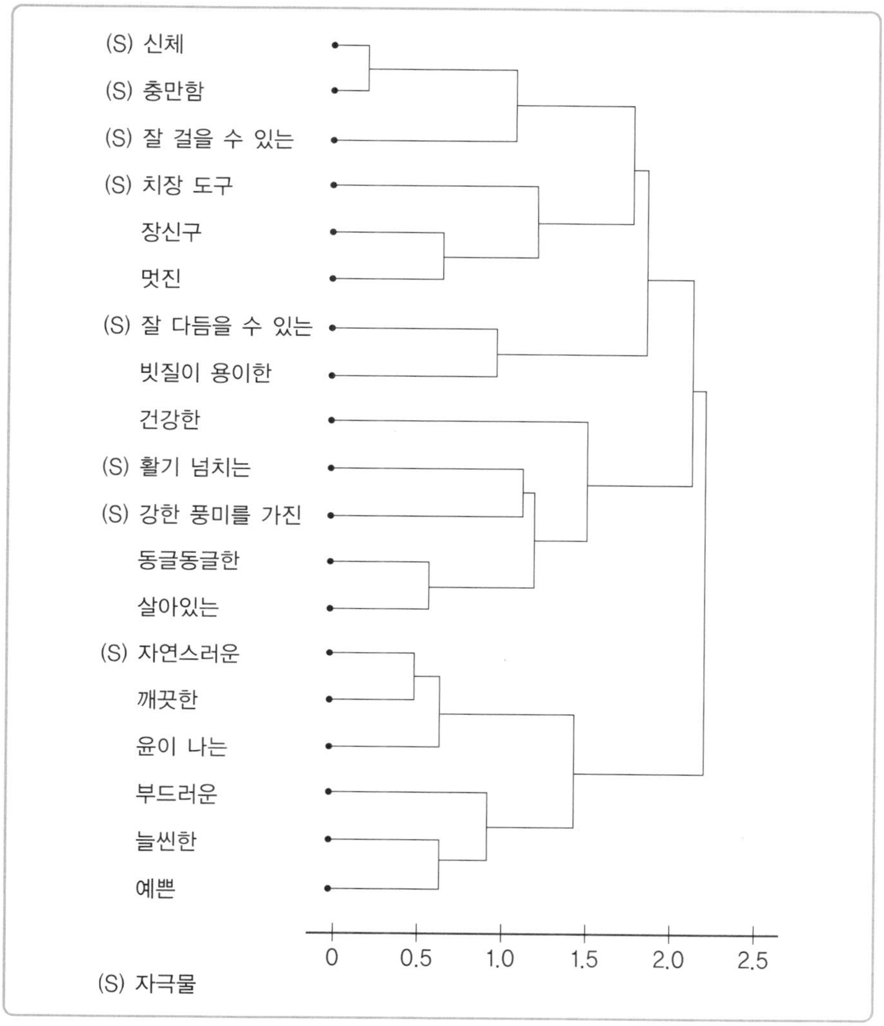

출처: Green, Paul E. (1978), Analyzing *Multivariate Data*, The Dryden Press.

그림 8-8 스포츠카 속성과 소유주 이미지의 계층적 군집분석

출처: Green, Paul E. (1978), Analyzing *Multivariate Data*, The Dryden Press.

2.2 군집의 수와 의미의 결정

위에서 이야기한 바와 같이 계층적 군집분석에서 최대의 군집의 수는 n(군집분석의 대상이 되는 개체의 수)이며 최소의 군집의 수는 하나이다. 따라서 우리는 n과 1 사이의 수로 군집의 수를 결정하여야 한다. 계층적 군집분석에서 군집의 수를 결정하는 방법은 비교적 군집의 다리(leg)가 긴 부분을 자르는 것

(cut the tree)이다. 여기에서 다리란 하나의 개체나 군집이 다른 개체 혹은 군집과 새로운 군집을 형성하는 거리를 말한다. 예를 들면 아래의 그림(패널 A)에서 군집 (*A*, *B*)가 *C*와 만나는 거리보다는 군집 (*E*, *F*, *G*)가 군집 (*A*, *B*, *C*, *D*)와 만나는 거리가 더 긴 것을 알 수 있다. 따라서 아래의 그림에서 패널 A는 군집의 수가 4개이고 패널 B는 군집의 수가 2개인 것을 알 수 있다.

그림 8-9 군집 수의 결정

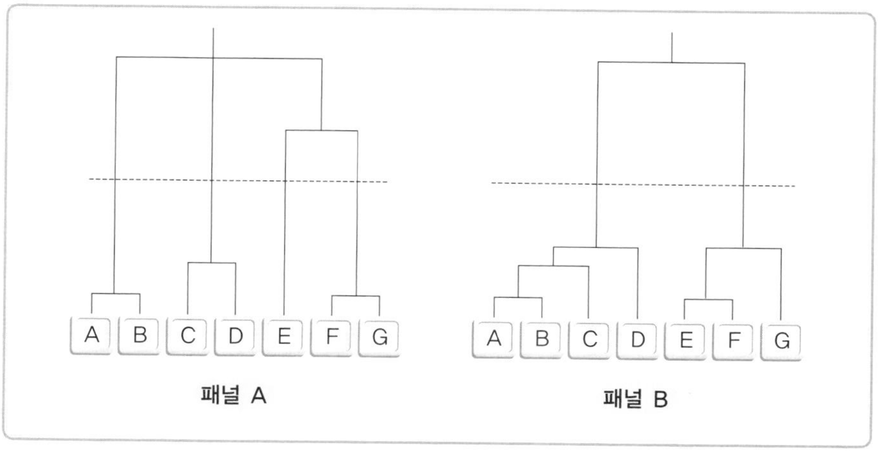

계층적 군집분석에서 군집의 수가 결정되면 다음으로는 군집의 의미를 해석하여야 하는데 여기에서는 같은 군집에 소속된 개체들의 공통점을 살펴봄으로써 군집의 의미를 파악할 수 있다. 예를 들어 다음의 그림에서는 3개의 군집을 찾을 수 있는데 이들의 의미는 각각 부모의 형제, 한 세대 위나 아래의 가족, 그리고 가족임을 알 수 있다.

○ 그림 8-10 가족의 계층적 군집분석 1

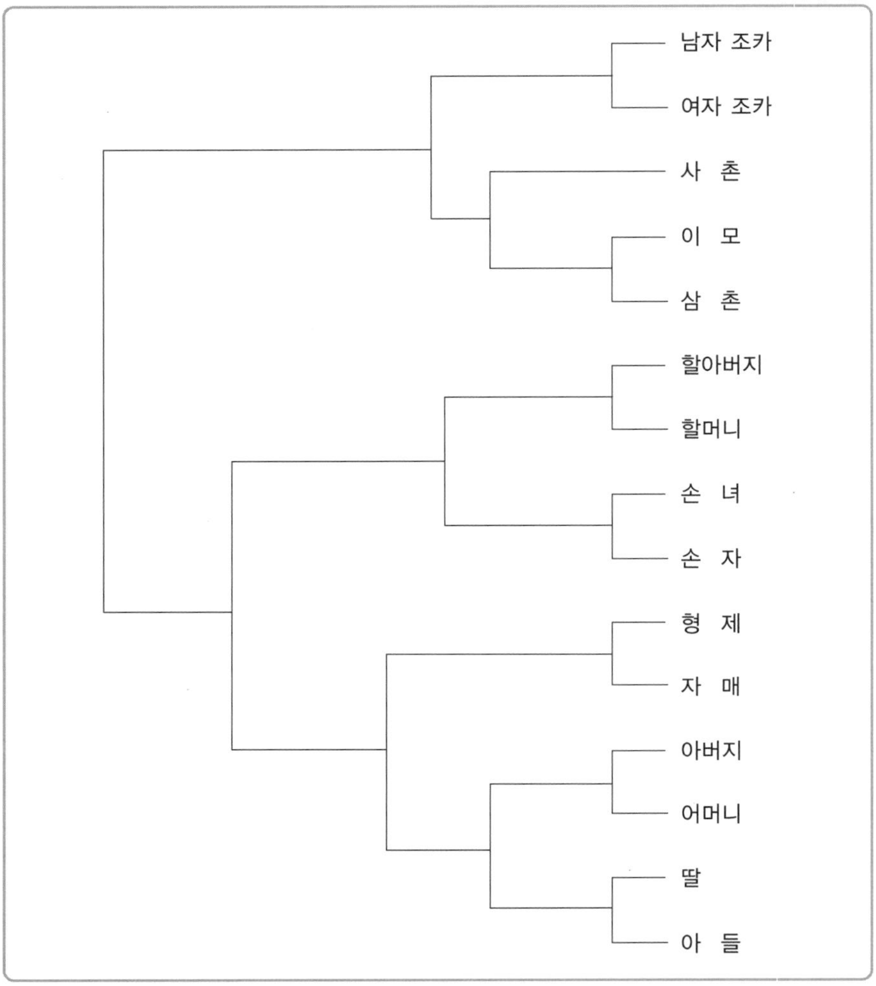

〈그림 8-11〉에서도 역시 3개의 군집을 찾을 수 있는데 여기에서 각 군집의 의미는 여성, 남성 그리고 중성임을 알 수 있다.

○ 그림 8-11 가족의 계층적 군집분석 2

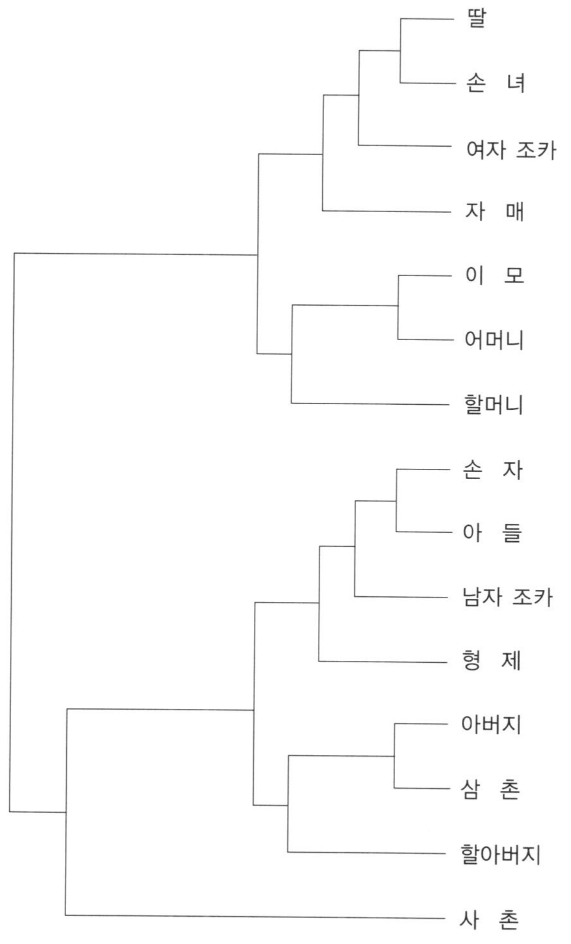

3. *k*-평균 분할방법

k-평균 분할방법에서는 계층적 군집분석과는 달리 전체 표본에 있는 개체를 몇 개의 분할된 집단(partition)으로 나누는 방법을 채택한다. *k*-평균 분할방법에서는 일반적으로 어느 목적함수(objective function)를 채택하여 그 함수의 값이 더 이상 줄어들지 않을 때까지 분할과정을 반복한다(iteration). 그리고 더 이상 함수의 값이 작아지지 않을 때 분할과정은 완료된다(convergence).

k-평균 분할방법에서는 우리가 원하는 집단의 수(*k*)를 우리가 스스로 정하여야 한다. 다음에서 살펴볼 집단의 수와 의미의 결정은 *k*-평균 분할방법

에서 가장 어려운 문제 중의 하나이다. 따라서 k-평균 분할방법을 사용하는 사람들은 여러 가지 수의 집단을 시도하여 보는 것이 필요하다. 그리고 가장 좋은 결과를 나타내는 집단의 수를 결정하는 것이 바람직하다.

왜냐하면 k-평균 분할방법을 사용할 때 우리는 주어진 자료 안에 몇 개의 집단이 존재하는지 알 수 없으며 심지어는 집단구조가 존재하는지조차 알 수 없는 경우가 대부분이기 때문이다.

k-평균 분할방법은 시장세분화(post hoc segmentation)에 가장 많이 이용되고 있다.

다음의 〈그림 8-12〉는 사람의 얼굴에서 눈, 코, 입 등의 특징과 도시의 경제적 상황 등을 사용하여 13개 도시의 시민들을 다섯 개의 집단으로 나눈 k-평균 분할방법의 결과를 보여주고 있다.

반복적 분할방법

k-평균 분할방법은 그 실행이 빠르고 한꺼번에 많은 수의 응답자(개체)와 변수들을 다룰 수 있다는 장점이 있으나 동시에 분석의 초기치(initial configuration 혹은 initial seed)에 민감하다는 단점을 지니고 있다. 예를 들어 우리가 전체 데이터를 두 개의 집단으로 나눈다고 할 때 양쪽 집단을 대표하는 개체가 어느 것인가에 따라 분석의 결과가 달라질 수 있다는 것이다. 그리고 초기치(개체)는 흔히 무작위적으로 선정되기 때문이다.

k-평균 분할방법의 이러한 단점을 보완하기 위하여 나타난 것이 반복적 분할방법(replicated k-means partitioning)이다. 반복적 분할방법에서는 같은 분석을 m회 되풀이하여 각각의 분석결과가 나머지 $(m-1)$회의 분석결과와 얼마나 일치하는지를 평가하여 평균 일치도(agreement index)가 가장 높은 결과를 최종적인 분석결과로 채택하는 방법이다. 반복적 분할방법은 무작위로 선정된 초기치에 기반한 단 한 번의 실행(one shot calibration)보다 더 안정된 분석결과를 나타낼 수 있다.

3.1 군집의 수와 의미의 결정

k-평균 분할방법에서 우리가 나누어야 할 집단의 수를 결정하는 일과 또 나누어진 집단의 의미를 해석하는 일은 가장 곤혹스러운 일 가운데 하나이다. 여기에서는 집단의 수의 결정과 집단의 의미를 해석하는 두 가지 방법을 살펴

○ 그림 8-12 미국 시민의 얼굴 세분화

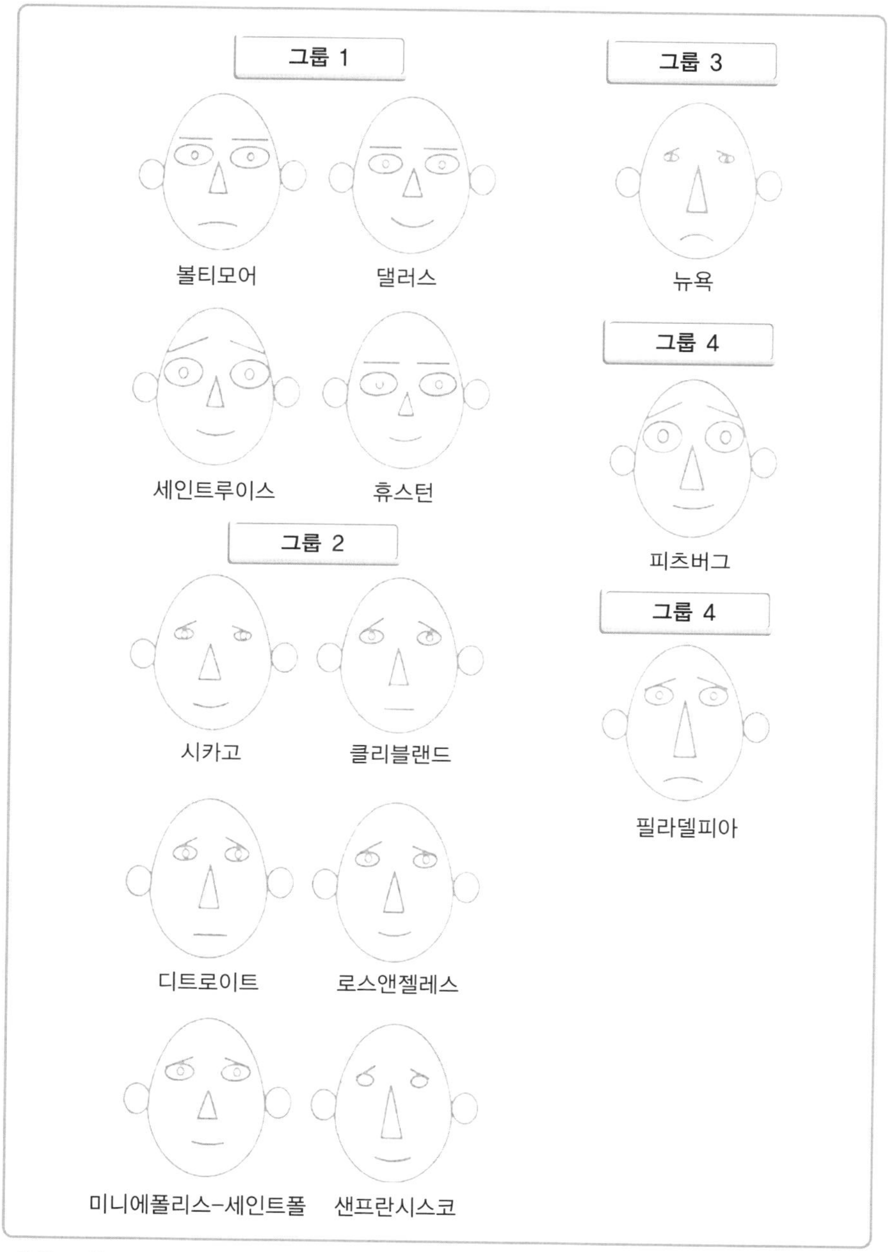

출처: Dillom, William R. and Goldstein, Matthew (1984), *Multivariate Analysis: Methods and Applications*, Wiley.

보기로 한다.

(1) 집단평균의 비교

첫 번째 방법은 정량적 방법과 정성적 방법을 함께 사용하는 방법이다. 우선 주어진 데이터를 몇 개의 집단으로 나누어 본다. 우선 두 집단으로 나누어 보고 다음으로는 세 집단으로 나누어본다. 이렇게 하여 6개에서 8개 정도의 집단으로 나누어보고, 나누어진 각 집단의 의미가 분명한지 혹은 해석이 가능한지 서로 구분이 되는 의미를 지니고 있는지를 살펴본다.

예를 들어 우리가 주어진 데이터를 k개의 집단으로 나누었다고 하자. 이때 우리는 k개의 집단의 평균 벡터(mean vector 혹은 centroid)를 살펴볼 수 있다.

	X_1	X_2	.	.	.	X_p
집단 1	$\overline{X}_{11}$	$\overline{X}_{12}$	.	.	.	$\overline{X}_{1p}$
집단 2	$\overline{X}_{21}$	$\overline{X}_{22}$	.	.	.	$\overline{X}_{2p}$
.	.	.	.	.	.	.
.	.	.	.	.	.	.
.	.	.	.	.	.	.
집단 k	$\overline{X}_{k1}$	$\overline{X}_{k2}$				$\overline{X}_{kp}$

분석에 사용된 p개의 변수 가운데 어느 변수가 집단 간 차이를 나타내는지 파악하여 그 변수들을 중심으로 집단 사이의 차이와 의미를 찾아본다. 이 때 변수의 수(p)가 크면 집단 사이의 차이를 찾아보는 것이 어려우므로 판별분석을 이용하여 우리가 집중적으로 집단 평균을 비교하여야 하는 변수를 골라낼 수 있다. 집단 소속을 종속변수로 그리고 p개의 변수를 독립변수로 하여 판별분석을 실행할 수 있다.

k-평균 분할방법에서는 데이터를 우선 두 집단으로 나누어보고 각 집단의 의미를 살펴본다. 두 집단의 의미가 비교적 명확하다면 두 집단으로 나눈 것이 최종 결과가 된다. 그러나 두 집단의 의미가 분명치 않다면 다시 세 집단으로 나누어 집단의 의미를 살펴본다. 이러한 과정을 되풀이하여 각 집단의 의미가 분명하게 드러나는 집단의 수를 찾는다.

(2) 집단일치도의 비교

집단의 수를 결정하는 또 하나의 방법은 집단일치도를 살펴보는 것이다. 여기에서는 다음과 같은 절차를 거쳐 집단의 수를 결정한다.

1. 우선 주어진 데이터를 무작위로 두 개의 하위표본(subsample)으로 나눈다.
2. 각각의 분할된 데이터(subsample)를 두 집단(k=2)으로 나누어 집단일치도(agreement index 혹은 split half reliability)를 계산한다.
3. 위의 과정을 세 집단(k=3), 네 집단(k=4) 등에 대하여 반복하여 가장 높은 집단일치도를 보이는 집단의 수를 최종적으로 채택한다.

랜드 지수

위에서 살펴본 집단일치도를 구하는 데 가장 많이 사용되는 것이 랜드 지수(Rand index)이다. 랜드 지수는 군집분석에 이용된 모든 개체의 쌍(pair) 가운데에서 두 번의 군집분석을 통해서 같은 군집에 소속된 것과 다른 군집에 소속된 것의 비율을 계산한다. 두 번의 군집분석으로부터 얻은 군집소속을 비교할 때 우리가 흔히 빠지기 쉬운 잘못이 카이제곱 분석이나 여기에서는 적절하지 않다. 왜냐하면 첫 번째 군집분석(clustering 1)에서의 첫 번째 군집소속(1)은 반드시 두 번째 군집분석(clustering 2)에서의 첫 번째 군집소속(1)이라고 볼 수 없기 때문이다. 즉, 군집소속은 명목척도일 뿐 군집의 의미는 지니고 있지 않기 때문이다. 따라서 랜드 지수와 같이 모든 개체들의 쌍을 고려하여야 한다. 아래의 〈표 8-9〉는 랜드 지수에 대한 아이디어를 보여준다.

표 8-9 랜드 인덱스

군집분석 1	군집분석 2		
	같은 군집에 있는 개체들의 쌍의 수	다른 군집에 있는 개체들의 쌍의 수	합계
같은 군집에 있는 개체들의 쌍의 수	A	B	$A+B$
다른 군집에 있는 개체들의 쌍의 수	C	D	$C+D$
Total	$A+C$	$B+D$	

랜드 지수는 다음과 같이 구할 수 있다.

$$\text{Rand index} = \frac{(A+D)}{R} = \frac{(A+D)}{\frac{1}{2}N(N-1)}$$

그러나 랜드 지수는 상향적인 편차(upward bias)가 크기 때문에 최근에는 이 편차를 수정한 랜드 지수(adjusted rand index)를 사용하여 집단일치도를 평가한다.

$$A_{dj}\ \text{Rand index} = \frac{R(A+D)-[(A+B)(A+C)+(C+D)(B+D)]}{N^2-[(A+B)(A+C)+(C+D)(E+D)]}$$

예: 랜드 인덱스의 계산

다음은 랜드 인덱스를 계산하는 방법을 구체적인 예로 보여주고 있다. 우선 네 명의 응답자들을 두 개의 집단으로 나눈다고 하자. 그리고 두 번의 *k*-평균 분할방법의 결과는 다음과 같다고 하자.

개체	분석결과1	분석결과2
소영	1	1
유나	2	1
지윤	2	2
나연	1	1

네 명의 응답자의 첫 번째 쌍은 (소영과 유나)인데 이들은 첫 번째 분석에서는 다른 집단에 소속되어 있고 두 번째 분석에서는 같은 집단에 소속되어 있으므로 아래의 표에서 *B*에 해당한다. 두 번째 쌍은 (소영과 지윤)인데 이들은

표 8-10 랜드 인덱스의 계산

군집분석 1	군집분석 2		
	같은 군집에 있는 개체들의 쌍의 수	다른 군집에 있는 개체들의 쌍의 수	합계
같은 군집에 있는 개체들의 쌍의 수	*A* (소영, 나연) 1	*B* (소영, 유나), (유나, 지윤) 2	$A+B=3$
다른 군에 있는 개체들의 쌍의 수	*C* (유나, 나연) 1	*D* (소영, 지윤), (지윤, 나연) 2	$C+D=3$
Total	$A+C=2$	$B+D=4$	$R=6$

두 번의 분석에서 모두 다른 군집에 있으므로 D에 해당한다. 같은 방법으로 나머지 응답자의 쌍을 살펴보면 〈표 8－10〉과 같다.

(3) 관리적 평가 기준

위에서 살펴본 집단평균(centroid)의 비교나 랜드 지수를 이용한 집단일치도의 비교는 모두 통계적인 기준을 사용하여 집단의 수를 결정하는 방법이다. 우리는 관리적 기준(managerially oriented measure)을 사용하여 집단의 수를 결정할 수도 있는데 여기에서는 각 집단의 성과를 비교함으로써 이루어진다. 즉, k－평균 분할방법으로 나타난 집단들의 매출이나 시장점유율 혹은 수익 등을 비교하여 가장 높은 성과를 보이는 집단의 수를 결정한다.

3.2 k－평균 분할방법 결과의 검증

(1) Nearest Centroid Method

우리가 k－평균 분할방법을 통하여 분석한 결과를 검증하는 방법은 앞에서 살펴본 분석기법에서와 마찬가지로 분할표본법(split sample method)을 사용한다. k－평균 분할방법의 검증 절차는 다음과 같다(nearest centroid method).

1. 우선 표본을 무작위로 두 개의 하위표본(random subsample)으로 나눈다. 하나는 실행표본(calibration sample)이며 다른 하나는 검증표본(validation sample)이다.

2. 실행표본을 사용하여 주어진 수(k)의 집단으로 나눈다.

3. 다음으로는 검증표본을 사용하여 같은 수(k)의 집단으로 나누고 그 집단 소속(cluster membership)을 저장해둔다.

4. 검증표본에 있는 각각의 개체와 실행표본에서 구한 집단 평균(centroid) 사이의 거리를 계산하여 가장 가까운 거리에 있는 집단에 각 개체를 배정하고 그 집단 소속을 저장한다. 예를 들면 검증표본의 첫 번째 개체가 실행표본에서 구한 k개의 집단평균 가운데 두 번째 집단평균에 가장 가깝다면 이 개체를 두 번째 집단에 배정한다.

5. 검증표본의 두 개의 집단소속(3에서 구한 집단소속과 4에서 구한 집단소속)의 일치도를 랜드 지수(Rand index)를 사용하여 계산한 뒤 그 일치 정도

를 평가한다.

또한 k-평균 분할방법의 검증절차로 많이 쓰이는 방법에는 판별분석과 분산분석이 있는데 이들은 적절한 검증방법이 될 수 없다.

(2) 판별분석

판별분석을 이용한 검증은 k-평균 분할방법에서 얻은 집단소속을 종속변수로, 그리고 분할방법에 사용된 변수들을 독립변수로 하여 k 집단 판별분석을 실시하는 것인데 이 경우 판별분석의 결과는 일반적으로 우수한 결과를 나타낸다. 왜냐하면 k-평균 분할방법을 포함한 모든 군집분석은 집단 간의 거리는 최대화하고 집단 내의 거리는 최소화하는 알고리즘을 채택하고 있기 때문에 집단 간의 분산과 집단 내의 분산의 비율을 극대화하는 판별분석의 원리와 일맥상통한다. 즉, 군집분석과 판별분석의 논리는 동일하다. 따라서 군집분석에서 찾아낸 군집은 당연히 판별분석에서 좋은 결과를 보이기 마련이다.

(3) 분산분석

분산분석 역시 k-평균 분할방법의 적절한 검증방법이 될 수 없다. 분산분석은 하나의 변수에 대해서 각 집단의 평균이 다른지를 검증하는 절차인데 판별분석의 경우와 마찬가지로 k-평균 분할방법의 검증절차로서의 분산분석의 결과는 일반적으로 좋은 것으로 나타난다. 왜냐하면 분할방법에서 이미 각 집단이 최대한의 거리를 가지도록 나누어 놓았는데 다시 이들이 다른 집단평균을 가지고 있는지 살펴보는 일은 의미가 없다.

알아두어야 할 핵심 용어

계층적 군집분석(hierarchical clustering)
랜드지수(Land index)
마할라노비스 거리척도(Mahalanobis distance)
민카우스키 거리척도(Minkowski matrix)
변수표준화(column standardization)
유클리디안 거리척도(Euclidean distance)
응답자 표준화(row centering)

k-평균 분할방법(k-mean partitioning)
Nearest Centroid Method
Ward의 최소분산법(Ward's minimum distance method)

생각해 볼 문제

1. 민지는 국내의 음료시장을 분석하여 시장에 제공되는 다양한 음료들을 몇 개의 집단으로 나누어 보고자 한다. 당신은 민지에게 어떤 분석방법을 제안하겠는가? 또한 당신이 생각하는 음료들을 몇 개의 집단으로 묶어보고 그 이유를 설명하시오.

2. 당신은 계층적 군집분석과 k-평균 분할방법의 가장 큰 차이점은 무엇이라고 생각하는가?

3. 커피데이터의 21가지 속성평가를 사용하여 응답자들을 두 개, 세 개 혹은 네 개의 그룹으로 나누어보고 몇 개의 그룹으로 나누는 것이 가장 적절한지를 분석해보시오. 또한 당신이 적절하다고 생각하는 이유를 밝히시오.

제 9 장

다차원척도법

1. 다차원척도법의 개요
2. 근접척도
3. 다차원척도법의 유형
4. 주요 다차원척도법
5. 차원의 수의 결정과 의미의 해석
6. 다차원척도법의 쓰임새
7. 다차원척도법의 제한점

1. 다차원척도법의 개요

다차원척도법(multidimensional scaling; MDS)은 우리가 관심을 가지고 비교하는 개체들을 몇 차원의 공간(multidimensional space) 상에 점(point)으로 나타내는 수학적 기법이다. 다차원척도법은 우리가 비교하는 이들 개체 간의 전반적인 유사성(일반적으로 근접성)을 분해하여 개체 사이의 유사성을 구성하는 몇 가지 차원을 찾아내는 기법이다. 다시 말하면 응답자들은 개체들에 관한 아무런 정보가 없는 상태에서 개체 간의 전반적인 유사성(overall similarity)을 평가하지만 다차원척도법은 응답자들이 어떠한 기준(underlying dimension)에 근거하여 전반적인 유사성을 평가하였는지 그 기준을 찾아내는 것이다. 그리고 그 찾아낸 기준(차원)으로 구성된 공간에 다시 개체들을 점으로 표현하는 기법이다.

다차원척도법은 응답자가 개체들 사이에 존재하는 관계(예를 들면 유사성)

○ 그림 9-1 미국 동북부 주민이 인식하는 미국

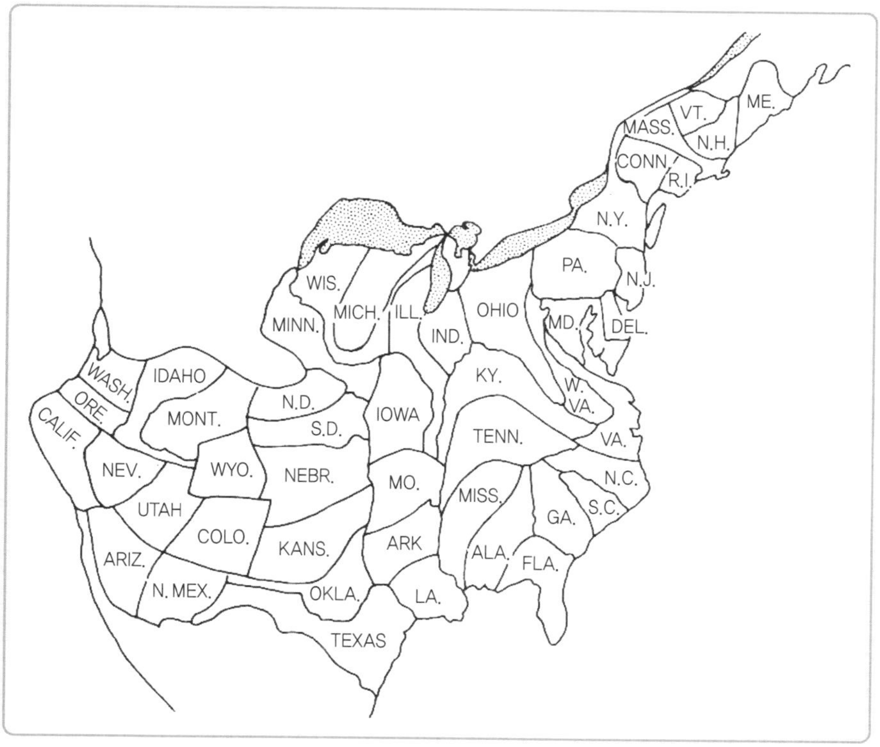

출처: Green, Paul E., Donald Stull, and Gerald Albaum (1988), *Research for Marketing Decisions*, Prentice Hall.

를 이용하여 그 관계를 구성하는 기준(차원)을 찾는 기법으로 응답자의 인식(perception)을 주로 다루는 분석기법이라고 할 수 있다. 위의 〈그림 9-1〉은 미국 동북부에 거주하는 사람들이 인식하는 미국을 나타내고 있다. 미국의 동북부에 거주하는 사람들은 미국의 동북부를 다른 지역에 비하여 비교적 정확하게 인식하고 있음을 보여준다.

다차원척도법의 가장 중요한 원칙은 우리가 인식하는 유사성(근접성)으로부터 구성한 다차원공간 상에 나타난 개체 간의 거리(derived distance)가 응답자가 인식하는 개체 간의 유사성(근접성)과 일치하도록 공간을 구성한다는 점이다. 예를 들면 어떤 응답자가 뉴욕과 보스턴을 가장 유사하다고 평가한다면 우리가 구성하는 다차원공간에서도 뉴욕과 보스턴이 가장 가까운 거리에 위치하여야 한다는 것이다. 〈그림 9-2〉는 입력 자료인 항공거리(airline distance)가 다차원공간에서의 거리(derived distance)와 일치함을 보여주고 있다. 이 그림에서 가로축은 입력 자료의 항공거리를 나타내고 세로축은 다차원공간에서의 거리를 나타낸다.

다른 방식으로 다차원척도법을 설명하면 다음과 같다. 우리가 지도를 보고 지도 위에 나타난 두 도시 사이의 거리를 계산하는 일은 자와 컴퍼스를 이용하여 쉽게 할 수 있는 일이다. 다차원척도법은 이 일의 반대이다. 즉, 두 도

○ 그림 9-2 항공거리에 대한 다차원공간에서의 거리

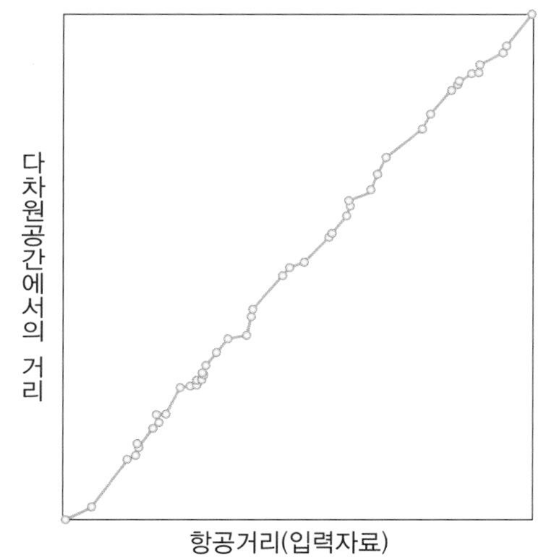

출처: Kruskal, Joseph B. and Myron Wish (1978), *Multidimensional Scaling*, Sage.

○ 그림 9-3 미국 10개 도시의 MDS 구성

A 미국 10개 도시의 지리적 위치

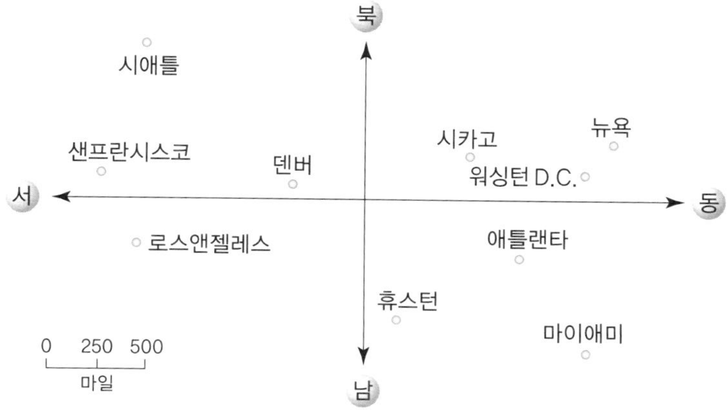

B 미국 10개 도시간 항공거리

도시	애틀랜타	시카고	덴버	휴스턴	로스앤젤레스	마이애미	뉴욕	샌프란시스코	시애틀	워싱턴 D.C.
애틀랜타		587	1212	701	1936	604	748	2139	2182	543
시카고			920	904	1745	1188	713	1858	1737	597
덴버				879	831	1726	1631	949	1021	1494
휴스턴					1374	968	1420	1545	1891	1220
로스앤젤레스						2339	2451	347	959	2300
마이애미							1092	2594	2734	923
뉴욕								2571	2408	205
샌프란시스코									678	2442
시애틀										2329
워싱턴 D.C.										

C 실제(•)의 도시 위치와 비계량적 MDS를 통해 재구성(○)한 도시 위치

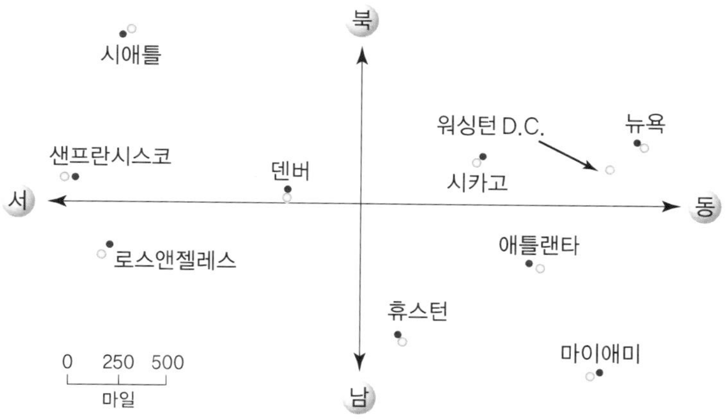

출처: Green, Paul E., Donald Stull, and Gerald Albaum (1988), *Research for Marketing Decisions*, Prentice Hall.

시 사이의 거리가 주어졌을 때 이 거리를 구성하는 차원(dimension) 혹은 축(axis)을 찾아내고 다시 이 차원으로 구성된 공간에 도시를 점으로 나타내는 것이다(〈그림 9－3〉 참조). 다차원척도법은 거리(근접성의 인식, 예를 들면 유사성)로부터 지도(다차원공간)를 구성하는 일이다.

〈그림 9－3〉의 패널 A는 실제의 지도(2차원 공간)로 10개 도시의 위치를 나타내고 있다. 패널 B는 10개 도시 간의 항공거리를 보여주고 있다. 그리고 패널 C는 다차원척도법을 이용하여 패널 B로부터 구성한 지도(2차원 공간)를 보여주고 있다. 그리고 패널 C의 지도(우리가 구성한 공간)는 패널 A의 지도(실제 공간)와 상당히 비슷함을 볼 수 있다.

2. 근접척도

다차원척도법은 응답자들이 평가하는 개체 간의 유사성이나 거리를 분석하는 기법이다. 다차원척도법의 입력 자료가 되는 이러한 근접척도(proximity measure)는 다음과 같이 크게 직접 근접척도(direct proximity measure)와 간접 근접척도(derived proximity measure)로 나눌 수 있다.

2.1 직접 근접척도

직접 근접척도의 가장 대표적인 유형은 응답자가 직접 제시하는 전반적 유사성(overall similarity)이나 비유사성(dissimilarity)이다. 여기에서는 유사성이나 비유사성을 판단하는 근거가 없이 응답자가 인식하는 개체 간의 전반적 유사성 혹은 비유사성을 측정한다. 직접 근접척도의 예로서는 '한국과 일본은 얼마나 비슷한가'라는 문항으로 이들의 유사성을 평가하는 경우를 들 수 있다.

2.2 간접 근접척도

근접척도의 두 번째 유형인 간접 척도는 전형적으로 개체들을 기술하는 프로파일로부터 계산된다. 여기에서의 근접척도란 주로 개체 프로파일 사이의 유클리디안 거리(Euclidean distance) 혹은 마할라노비스 거리를 말한다. 우리가 군집분석에서 살펴본 바와 같이 유클리디안 거리는 보다 일반적인 거리인 민카우스키 거리(Minkowski distance) 가운데 r의 값이 2인 특별한 경우의 거리이다.

민카우스키 거리(Minkowski distance)

$$d_{ij} = \left[\sum_{i=1}^{T} (X - X_{jt})^r \right]^{\frac{1}{r}}$$

여기에서

d_{ij} = 개체 i와 개체 j 사이의 거리
X_{it} = i번째 개체의 t번째 속성점수
X_{jt} = j번째 개체의 t번째 속성점수
T = 속성의 수

마할라노비스 거리:

$$d_{ij} = [(\widetilde{X}_i - \widetilde{X}_j)\widetilde{\Sigma}^{-1}(\widetilde{X}_i - \widetilde{X}_j)]^{\frac{1}{2}}$$

여기에서

d_{ij} = 개체 i와 개체 j 사이의 거리
X_i = i번째 개체의 프로파일 벡터
X_j = j번째 개체의 프로파일 벡터
Σ = 분산-공분산 매트릭스

간접척도의 예를 들면 응답자들에게 한국과 일본의 정치, 경제, 사회문화적 환경에 관한 자료를 제시한 다음, 두 나라의 유사성을 평가하게 하는 경우이다.

위의 두 가지 거리척도 이외에도 우리는 아래와 같은 간접척도를 사용할 수 있다.

- 개체 프로파일로부터 계산되는 상관계수(correlation coefficient): 이는 개체를 기술하는 프로파일이 메트릭 변수일 때 가능하다.
- 매칭 인덱스(matching index): 개체 프로파일이 범주형 변수로 구성되어 있을 때 사용한다.

3. 다차원척도법의 유형

다차원척도법은 군집분석이나 주성분분석과 마찬가지로 종속변수와 독립변수의 구분이 존재하지 않는 상호의존형 분석기법이다. 다차원척도법은 분석에 쓰이는 입력 자료의 종류에 따라 메트릭 MDS와 비메트릭 MDS로 구분

된다. 분석대상 자료가 등간척도나 비율척도에 의하여 측정된 메트릭 자료인 경우를 메트릭 MDS라고 부르며 입력 자료가 서열척도에 의하여 측정된 비메트릭 자료인 경우를 비메트릭 MDS라고 부른다.

3.1 메트릭 MDS

메트릭 MDS(metric MDS)에서는 응답자가 인식하는 개체 간의 근접성(δ)과 다차원공간 상의 거리(d, derived distance) 사이의 관계를 특정한 함수를 사용하여 정확하게 표현한다. 여기에서는 우선 개체 간의 거리를 나타내는 행렬 D를 구한다. 우리가 메트릭 MDS를 이용하여 분석하려고 하는 개체의 수가 모두 n일 때 행렬 D는 $(n \times n)$의 차원을 갖는다. 그리고 행렬 D를 행렬 B로 전환한다. 행렬 B는 다음과 같은 요소로 구성된다.

$$b_{ij} = -\frac{1}{2}(d_{ij}^2 - d_{i.}^2 - d_{.j}^2 + d_{..}^2)$$

$$d_{i.}^2 = \frac{1}{n}\sum_{j=1}^{J} d_{ij}^2$$

$$d_{.j}^2 = \frac{1}{n}\sum_{i=1}^{I} d_{ij}^2$$

$$d_{..}^2 = \frac{1}{n^2}\sum_{i=1}^{I}\sum_{j=1}^{J} d_{ij}^2$$

다음으로는 행렬 B를 행렬 X의 곱으로 분해한다. 행렬 X는 p차원 공간에서의 n개체들의 위치를 나타내는 좌표(coordinate value)이다. 따라서 행렬 X는 $(p \times n)$의 차원을 가진다. 이 과정은 SVD(singular value decomposition)이라고 부르는 아이겐 분석을 통하여 이루어진다.

$$B = X'X$$

행렬 X는 다음과 같다.

$$\begin{bmatrix} X_1 \\ X_2 \\ \vdots \\ X_n \end{bmatrix} = \begin{bmatrix} X_{11}X_{12}\cdots X_{1p} \\ X_{21}X_{22}\cdots X_{2p} \\ \\ X_{n1}\ \cdots\ X_{np} \end{bmatrix}$$

여기에서 X_{ij}는 i번째 개체의 j번째 차원의 좌표를 나타낸다.

예: 국가간 유사성의 분석

아래의 〈표 9−1〉은 12개의 국가 사이의 유사성을 평가한 자료(similarity rating data)로서 메트릭 MDS의 입력자료이다. 〈그림 9−4〉는 12개 국가의 유사성 평가를 메트릭 MDS(KYST 프로그램)로 분석한 결과이다. 그림의 패널 A는 이들 국가의 위치를 2차원 공간에 나타내는데 사용하는 좌표(*X*)이다. 패널 B는 이 좌표를 이용하여 12개 국가를 2차원 공간에 맵핑한 결과이며 패널 C는 차원을 회전한 후의 맵핑이다.

표 9-1　국가 간 유사성 평가

	브라질	콩고	쿠바	이집트	프랑스	인도	이스라엘	일본	중국	러시아	미국	유고슬라비아
브라질	—											
콩고	4.83	—										
쿠바	5.28	4.56	—									
이집트	3.44	5.00	5.17	—								
프랑스	4.72	4.00	4.11	4.78	—							
인도	4.50	4.83	4.00	5.83	3.44	—						
이스라엘	3.83	3.33	3.61	4.67	4.00	4.11	—					
일본	3.50	3.39	2.94	3.83	4.22	4.50	4.83	—				
중국[a]	2.39	4.00	5.50	4.39	3.67	4.11	3.00	4.17	—			
러시아	3.06	3.39	5.44	4.39	5.06	4.50	4.17	4.61	5.72	—		
미국	5.39	2.39	3.17	3.33	5.94	4.28	5.94	6.06	2.56	5.00	—	
유고슬라비아	3.17	3.50	5.11	4.28	4.72	4.00	4.44	4.28	5.06	6.67	3.56	—

출처: Knskal and Wish (1978).
a: 본토 기준

그림 9-4 12개 국가의 2차원 맵핑

A 좌표

STIMUL	DIM. 1	DIM. 2
브라질	0.15	1.22
콩고	−1.15	0.71
쿠바	−0.90	−0.29
이집트	−0.60	0.29
프랑스	0.36	0.02
인도	−0.33	0.64
이스라엘	0.96	0.40
일본	1.04	−0.39
중국(본토)	−0.76	−0.96
러시아	0.12	−0.85
미국	1.14	0.12
유고슬라비아	−0.03	−0.90

B 회전 전의 맵핑

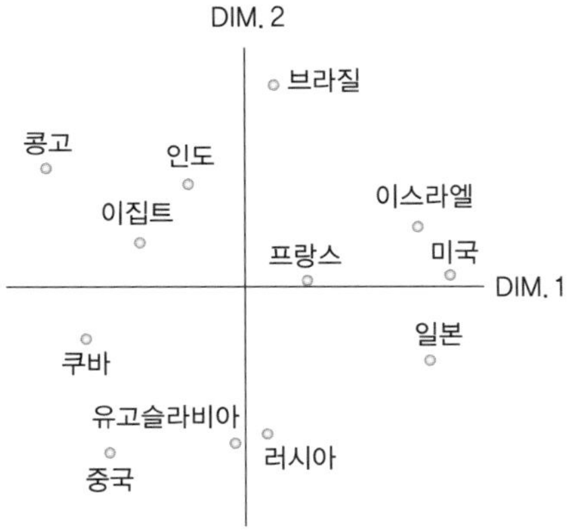

C 회전 후의 맵핑

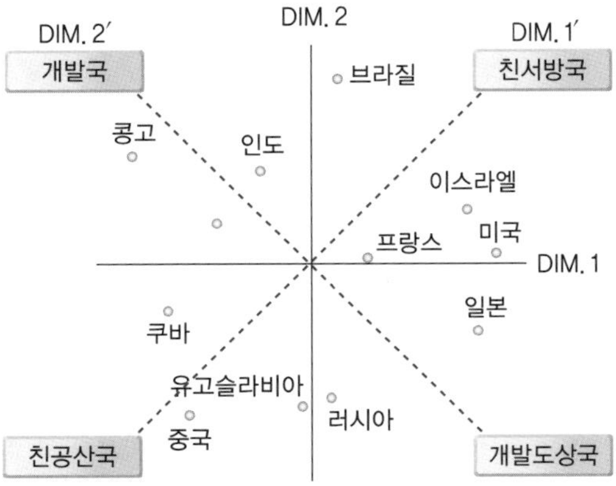

출처: Kruskal, Joseph B. and Myron Wish (1978), *Multidimensional Scaling*, Sage.

축의 회전

다차원척도법을 이용하여 전반적인 유사성(overall similarity)이 평가의 기준이 되는 차원(underlying dimension)을 찾아내면 다음으로는 차원의 해석을 하여야 한다. 다차원척도법에서는 우리가 주성분분석에서 살펴본 바와 마찬가지로 차원의 해석을 위하여 차원을 회전(rotation)한다.

차원의 회전은 우리가 구성한 공간에 나타난 개체의 상대적 위치(혹은 상대적 관계)에는 아무런 영향을 미치지 않으며 단지 차원의 해석을 용이하게 만들 뿐이다. 위의 그림에서 패널 B의 차원은 그 의미가 불분명하지만 차원을 시계 반대 방향으로 45도 회전한 후에는(패널 C의 점선으로 표시된 차원) 의미가 분명하게 드러나는 것을 볼 수 있다. 첫 번째 차원은 정치적인 측면에서 친서방국가인지 친공산국가인지를 나타내고 두 번째 차원은 경제적인 측면에서 개발국인지 개발도상국인지의 여부를 나타내는 것을 알 수 있다.

3.2 비메트릭 MDS

비메트릭 MDS(non-metric MDS)에서는 메트릭 MDS와 달리 응답자가 인식하는 개체 간의 전반적인 유사성(δ, overall similarity)과 다차원공간에서의 개체 간의 거리(derived distance) 사이의 정확한 함수를 이용하지 않고 유사성의 서열과 거리의 서열(ranking)만을 일치하도록 만든다. 이 과정은 STRESS라고 부르는 기준을 최소화함으로써 이루어진다. STRESS는 다음과 같이 구할 수 있다.

$$\text{STRESS} = \left[\frac{(d_{ij} - \hat{d}_{ij})^2}{(d_{ij} - \bar{d}_{ij})^2} \right]$$

여기에서

d_{ij} = 우리가 구성한 공간에서 개체 i와 개체 j 사이의 거리
$\hat{d}_{ij}$ = 입력자료의 변환으로 얻은 거리(disparities라고 부른다)
$\bar{d}$ = d_{ij}의 평균

3.3 메트릭 MDS와 비메트릭 MDS의 비교

다음의 〈표 9-2〉는 11개의 자동차 모델의 쌍(pair)을 그 유사성 정도에 따라 서열로 나타낸 자료이다. 예를 들면 우리는 이 표에서 자동차 모델 3(링컨 컨티넨탈 V8)과 6(크라이슬러 임패리얼 V8)이 가장 유사한 쌍임을 알 수 있다. 〈그림 9-5〉는 이 표에 나타난 자료를 메트릭 MDS와 비메트릭 MDS로 각각

표 9-2 유사성 정도에 따른 서열자료

유사성의 서열	유사성의 서열										
	1	2	3	4	5	6	7	8	9	10	11
1	—	8	50	31	12	48	36	2	5	39	10
2		—	38	9	33	37	22	6	4	14	32
3			—	11	55	1	23	46	41	17	52
4				—	44	13	16	19	25	18	42
5					—	54	53	30	28	45	7
6						—	26	47	40	24	51
7							—	29	35	34	49
8								—	3	27	13
9									—	20	21
10										—	43
11											—

자동차 모델

1. 포드 머스탱 6
2. 머큐리 쿠가 V8
3. 링컨 컨티넨탈 V8
4. 포드 선더버드 V8
5. 포드 팰컨 6
6. 크라이슬러 임패리얼 V8
7. 재규어
8. AMC 재블린 V8
9. 플리머스 바라쿠다 V8
10. 뷰익 르 사브르 V8
11. 쉐볼레 코베어

그림 9-5 메트릭 MDS와 비메트릭 MDS의 비교

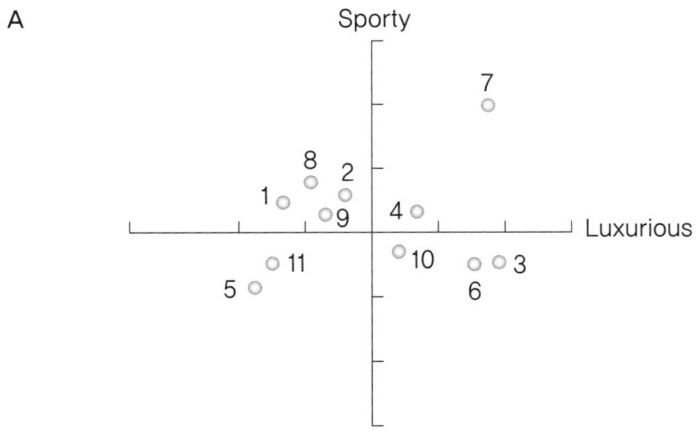

메트릭 MDS

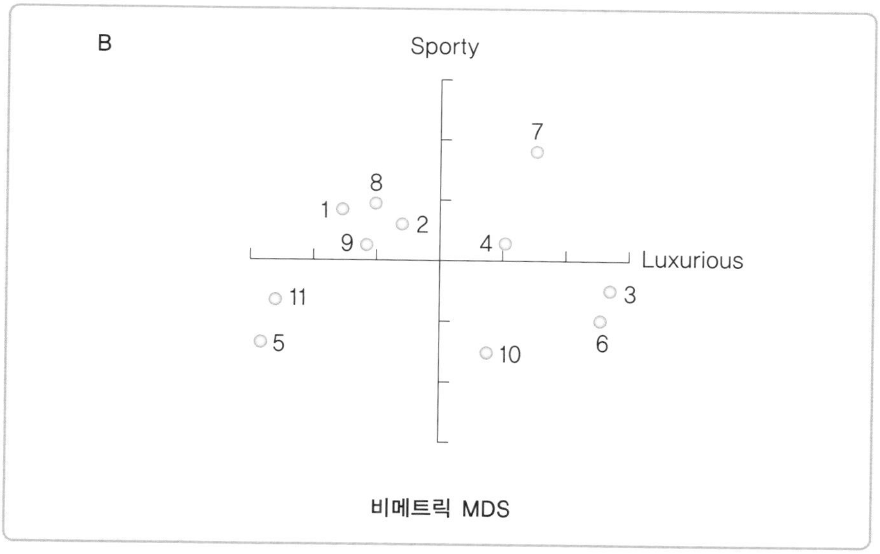

출처: Dillon, Willian R. and Matthew Goldstein (1984), *Multivariate Analysis: Methods and Applications*, Wiley.

분석한 결과를 보이고 있다. 그림의 패널 A는 메트릭 MDS의 결과이며 패널 B는 비메트릭 MDS의 결과이다. 여기에서 우리가 보는 바와 같이 두 가지 MDS 분석결과 간에는 차이가 거의 없음을 알 수 있다. 과거에는 메트릭 MDS와 비메트릭 MDS의 비교가 많이 이루어졌으나 최근에는 비메트릭 MDS보다 메트릭 MDS가 많이 사용된다.

표 9-3 대표적인 MDS 프로그램

MDS 분석을 위해서는 많은 컴퓨터 프로그램들이 개발되어 왔다. 이들은 다양한 종류의 입력자료를 분석할 수 있는데 PC에서 사용할 수 있는 버전들이 제공되고 있다. 여기에서는 가장 널리 사용되는 MDS 프로그램을 몇 가지 소개한다.
KYST
KYST(Kruskal-Young-Shepard-Togerson)는 MDSCAL 5M과 TORSCA 9의 혼합방식을 채택하고 있는 MDS 프로그램이다. 이 프로그램은 TORSCA의 초기 형태(initial configuration) 절차를 포함하며 주성분을 회전할 수 있는 능력을 갖추고 있다. KYST는 근접성 자료를 입력자료로 사용하며 메트릭 스케일링과 비메트릭 스케일링을 수행할 수 있다.
MDPREF
이 프로그램은 분석의 대상이 되는 개체들의 선호도(preference)나 이들의 속성평가에 관한 자료(attribute evaluation data)를 맵핑하는 MDS 프로그램이다. MDPREF(MultiDimensional PREFerence)는 주성분분석에 기반하고 있으며 입력자료

	는 전형적으로 브랜드-속성 자료와 같은 프로파일 데이터이며 따라서 이 프로그램은 메트릭 MDS를 실행하는 프로그램이다. 또한 개체들의 쌍(pair)을 비교하는 비메트릭 MDS를 수행할 수도 있다.
PREFMAP	
	PREFMAP(PREFerence MAPping)은 쿰의 언폴딩 모형(Coombsian unfolding model)을 이용하여 다차원공간에 응답자의 선호도와 함께 선호도의 대상(개체)을 맵핑하는 프로그램이다. 이 프로그램의 입력자료는 m개의 개체에 대한 n명의 선호도 평가 자료이다. PREFMAP는 개체와 응답자를 동시에 다차원공간에 점으로 나타낼 수 있다.
INDSCAL	
	INDSCAL(INdividual Difference SCALing) 프로그램은 일반적으로 n-way 표를 정준분해방식(canonical decomposition)으로 분석하는 MDS 분석기법이다. 입력자료는 k명의 응답자가 평가하는 n개의 개체 사이의 유사성 자료이며 개인 응답자의 차이를 분석할 수 있는데 여기에서 개인 차이란 각 차원에 부여하는 가중치를 말한다.
PROFIT	
	PROFIT(PROperty FITting)은 우리가 구성한 다차원공간에 외부 속성 벡터(property vector)를 도입하여 차원의 해석을 시도하는 프로그램이다. 여기에서 입력자료는 다차원공간에서의 개체들의 좌표와 외부 속성 벡터이다.

4. 주요 다차원척도법

다차원척도법의 종류는 매우 다양하며 다차원척도법을 위한 많은 알고리즘이 개발되어 왔다. 여기에서는 몇 가지의 주요한 다차원척도법을 살펴보기로 한다.

4.1 유사성분석 MDS

유사성 분석 MDS는 여러 가지 다차원척도법 가운데 가장 기본이 되는 MDS 분석기법이다. 유사성 분석 MDS에서의 입력자료는 n개의 개체 간의 유사성(inter-object similarity) 혹은 비유사성 평가이다. 일반적으로 유사성 자료는 $(n \times n)$의 차원을 가지고 있어서 정사각형 모양을 띠고 있다(square matrix). 또한 유사성 자료는 대각선을 중심으로 대칭적인 이미지를 지니고 있다(symmetric matrix). 그리고 대각선상에 나타난 유사성(혹은 비유사성)은 일반적으로 1이거나 0이다. 즉,

$$\delta_{ij} = \delta_{ji}$$
$$\delta_{ii} = 1(\text{혹은 } 0)$$

그러나 경우에 따라서는 유사성이나 비유사성의 평가가 대각선을 중심으로 대칭이 아닐 수도 있다. 예를 들면 미국이 멕시코에 유사한 정도는 멕시코가 미국에 유사한 정도와 반드시 같지 않다. 즉,

$$\delta_{ij} \neq \delta_{ji}$$

유사성 분석 MDS에서는 위의 메트릭 MDS에서 살펴본 바와 같이 n개의 개체가 p차원의 공간상에서 위치하는 좌표를 구한다. 또한 분석의 대상이 되는 개체를 우리가 구성한 다차원공간에 점으로 나타내기 때문에 점 모형(point model) 중의 하나이다.

○ 그림 9-6 유사성분석 MDS의 입력자료와 출력물

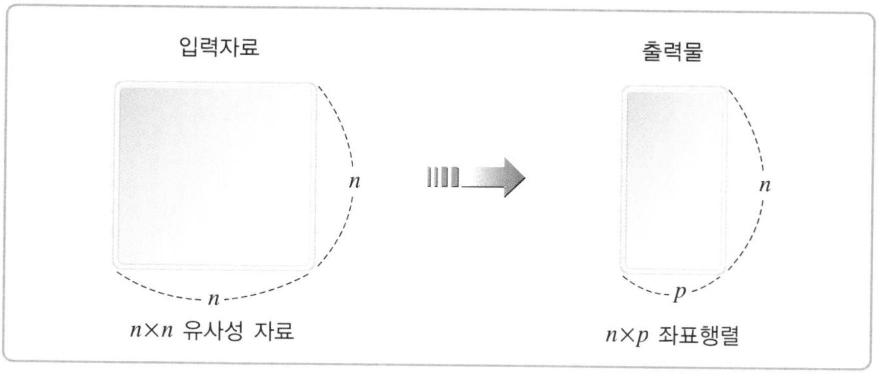

예: 유사성 분석 MDS 프로그램(KYST)

아래의 표는 유사성분석 MDS의 대표적인 프로그램인 KYST의 입력자료이다. 여기에서 입력자료는 다섯 개의 개체 사이의 비유사성 평가이다.

표 9-4 KYST 입력자료

9.3	0.57	6.1	2.0	1.5
1.0	8.5	5.5	3.3	4.0
2.1	5.3	7.3	3.9	1.1
5.0	6.2	1.6	8.9	2.8
1.3	4.1	1.0	2.5	8.8

다음은 KYST 프로그램의 출력물을 보여주고 있는데 이는 2차원 공간에 위치하는 다섯 개의 개체의 좌표이다. 그리고 〈그림 9-7〉은 이 좌표를 이용

하여 2차원 공간에 맵핑한 개체들의 위치를 보여주고 있다.

표 9-5 KYST 출력물

개체	차원 1	차원 2
1	−.925	−.071
2	−.796	−.531
3	.925	−.070
4	−.001	1.203
5	.796	−.531

그림 9-7 KYST 맵핑

```
CONFIGURATION PLOT DIMENSION 2 (Y-AXIS) VS. DIMENSION 1 (X-AXIS)
KYST TEST DATA
        .*....*....*....*....*....*....*....*....*....*....*....*....*
  3.000**                                                         ** 3
  2.769**                                                         ** 2
  2.538**                                                         ** 2
  2.308**                                                         ** 2
  2.077**                                                         ** 2
  1.846**                                                         ** 1
  1.615**                                                         ** 1
  1.385**                                                         ** 1
  1.154**                              4                          ** 1
   .923**                                                         **
   .692**                                                         **
   .462**                                                         **
   .231**                                                         **
   .000**..........................1.......0.......3..............**
  -.231**                                                         ** -
  -.462**                          2            5                 ** -
  -.692**                                                         ** -
  -.923**                                                         ** -
 -1.154**                                                         **-1
 -1.385**                                                         **-1
 -1.615**                                                         **-1
 -1.846**                                                         **-1
 -2.077**                                                         **-2
 -2.308**                                                         **-2
 -2.538**                                                         **-2
 -2.769**                                                         **-2
 -3.000**                                                         **-3
        .*....*....*....*....*....*....*....*....*....*....*....*....*
        .   -3.3333.   -2.0000.   -.6667.   .6667.   2.0000.   3.3333.
   -4.0000    -2.6667    -1.3333    .0000    1.3333    2.6667    4.000
```

출처: Smith, Scott M. (1990), *PC-MDS*, Brigham Young University.

4.2 선호도분석 MDS

우리가 살펴볼 선호도분석 MDS에는 두 가지 종류가 있는데 첫 번째는 n개의 개체(예를 들면 브랜드)를 m개의 속성으로 평가한 자료를 분석하는 MDS 기법이다. 즉, $(m \times n)$의 차원을 지니고 있는 직사각형 모양의 자료(rectangular matrix)를 입력자료로 사용한다. 이와 같이 선호도 분석 MDS의 대표적인 입력자료는 브랜드-속성 자료이다.

선호도분석 MDS의 출력물은 두 가지이다. 한 가지는 n개의 개체가 다차원공간에서 차지하는 위치를 나타내는 좌표이며 다른 하나는 같은 다차원공간에서 속성 벡터의 끝(vector terminus)을 나타내는 좌표이다.

선호도 분석 MDS에서는 개체는 점으로 나타내고 속성은 벡터로 나타내는 점-벡터 모형(point-vector model)을 대표한다. 또한 선호도 분석 MDS에서는 개체와 속성이 같은 다차원공간에 맵핑되기 때문에 공동 공간 분석(joint space analysis)이라고도 불린다.

선호도 분석 MDS에서는 공간을 구성하는 축(차원)의 해석은 하지 않는다. 대신에 각각의 개체(점)에서 속성 벡터에 수직으로 발을 내려서 그 발의 위치를 분석한다. 즉, 개체들이 속성 벡터 상에서 차지하는 상대적인 위치(서열, ranking)를 분석한다.

그림 9-8 선호도 분석 MDS의 입력자료와 출력물

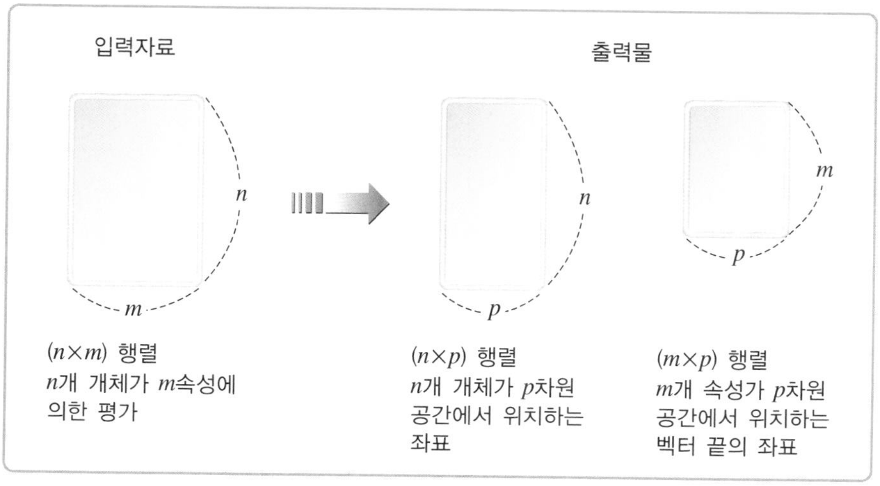

아래의 〈그림 9−9〉는 다섯 개의 청량음료와 두 개의 속성을 각각 점과 벡터로 나타내는 가상적인 선호도 분석 MDS의 예이다. 이 그림에서 각각의 음료는 속성 벡터 위에 수직의 발을 내린 다음 벡터 상에서의 발의 상대적 위치를 분석한다. 그리고 개체가 벡터의 방향 쪽으로 위치할수록 벡터의 속성(property)을 많이 지니고 있는 것으로 해석한다. 예를 들면 청량감의 속성에 있어서는 칠성사이다, 코카콜라, 환타의 순서로 음료들을 평가할 수 있다. 마찬가지로 당도에 있어서는 환타, 코카콜라, 칠성사이다의 순으로 이들 음료들을 평가할 수 있다.

그림 9-9 선호도분석 MDS의 예

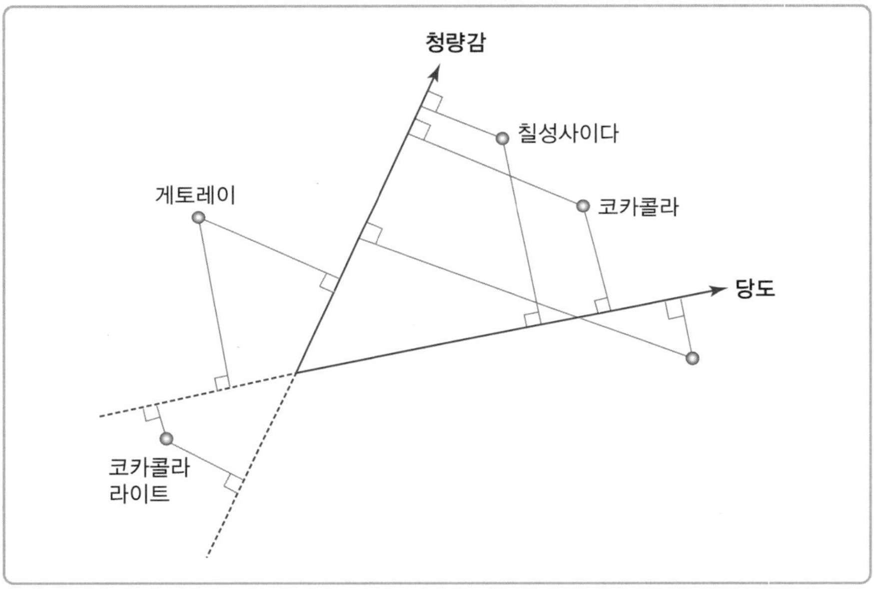

예: 선호도분석 MDS 프로그램(MDPREF)

여기에서는 공동 공간 분석 MDS의 대표적인 프로그램인 MDPREF(MultiDimensional PREFerence)의 예를 살펴본다. 다음의 〈표 9−6〉은 MDPREF의 입력자료인데 이는 10개의 청량음료 브랜드를 8개의 속성에 따라 평가한 자료이다.

표 9-6 MDPREF 입력자료

1	2	3	4	5	6	7	8	9	10
5.79	6.49	5.80	2.91	4.29	4.03	5.73	1.38	5.22	2.86
3.42	3.89	4.87	5.66	4.93	4.36	3.14	5.18	5.24	3.89
4.68	5.57	3.36	3.47	3.63	5.40	4.61	4.84	3.80	4.50
3.32	4.24	5.01	6.08	6.22	4.47	2.71	3.73	5.35	3.52
4.56	4.19	5.56	5.08	5.52	4.77	4.15	2.77	5.24	2.78
3.35	2.21	4.05	5.86	6.31	5.10	2.24	5.63	5.35	3.98
3.95	3.70	5.28	5.21	5.61	4.89	3.71	4.03	5.17	2.98
3.07	2.71	4.73	6.33	6.31	4.24	3.08	5.07	5.12	4.15

세로줄(개체)

1 코카콜라 2 코카콜라 클래식 3 다이어트 펩시 4 다이어트 슬라이스 5 다이어트 6 세븐업 7 닥터 페퍼 8 펩시 슬라이스 9 탭 10 세븐업

가로줄(속성)

1 과일 맛 2 발포성 3 칼로리 4 새콤한 5 갈증해소 6 인기도 7 뒷맛 8 회복정도

MDPREF는 (브랜드–속성)의 자료가 아닌 (속성–브랜드) 형태의 자료를 사용한다.

MDPREF 출력물

위에서 언급한 바와 같이 MDPREF의 출력물은 두 가지인데 우선 〈표 9–7〉은 2차원 공간에서의 8개의 속성의 좌표(vector terminus)를 나타내고 있다. 그리고 〈표 9–8〉은 10개의 청량음료 브랜드가 같은 공간에서 차지하는 위치의 좌표를 보이고 있다. 〈그림 9–10〉은 이들을 같은 공간(joint space)에 맵핑한 결과를 보여주고 있다.

우리가 두 번째로 살펴볼 선호도분석 MDS는 앞에서 살펴본 MDPREF와는 다른 형태의 입력자료를 필요로 하는데 입력자료는 n명의 응답자가 m개의 대상(예를 들면 브랜드)에 대하여 제시하는 선호도 평가자료(preference data)이

표 9-7 속성 벡터의 좌표

1. 과일맛	.6091	.7931
2. 발포성	−.9974	.0726
3. 칼로리	.8406	−.5416
4. 새콤한	−.8559	.5172
5. 갈증해소	−.3318	.9434
6. 인기도	−.9953	−.0972
7. 뒷맛	−.7584	.6518
8. 회복정도	−.9989	.0460

표 9-8 브랜드의 좌표

1. 코카콜라	.3362	.0781
2. 코카콜라 클래식	.4431	.1634
3. 다이어트 펩시	−.0336	.3953
4. 다이어트 슬라이스	−.4604	.0198
5. 다이어트	−.4186	.2549
6. 세븐업	−.0442	−.0451
7. 닥터 페퍼	.4583	.0027
8. 펩시 슬라이스	−.2090	−.6446
9. 탭	−.1843	.2769
10. 세븐업	.1125	−.5013

그림 9-10 MDPREF 맵핑

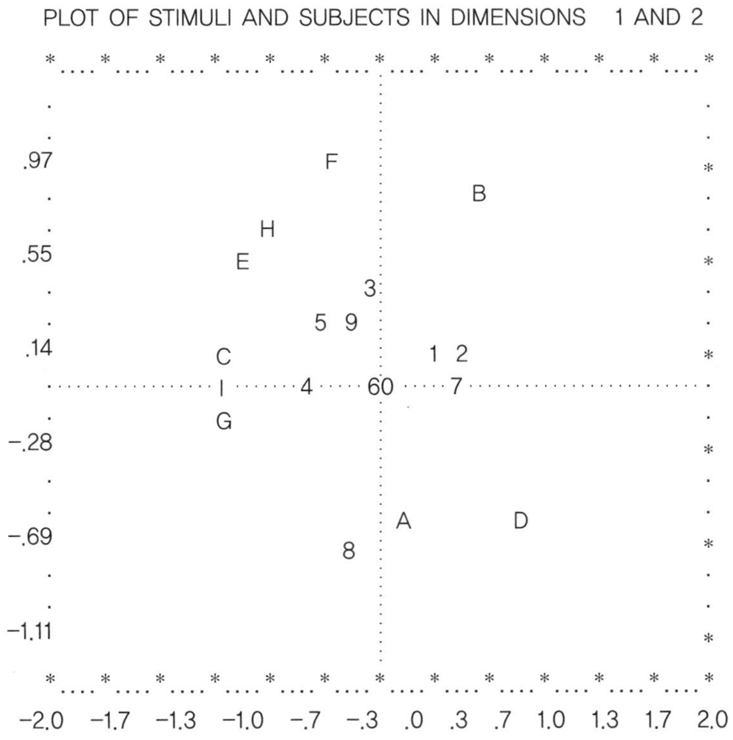

1 코카콜라 2 코카콜라 클래식 3 다이어트 펩시 4 다이어트 슬라이스
5 다이어트 6 세븐업 7 닥터 페퍼 8 펩시 슬라이스 9 탭 A 세븐업

B 과일 맛 C 발포성 D 칼로리 E 새콤한
F 갈증해소 G 인기도 H 뒷맛 I 회복정도

출처: Smith, Scott M. (1990), *PC-MDS*, Brigham Young University.

다. 이 선호도분석 MDS의 출력물은 앞의 경우와 마찬가지로 두 가지 종류인데 하나는 m개의 대상들을 다차원공간에 점으로 나타내는 데 사용되는 좌표이다. 다른 하나는 n명의 응답자들을 같은 다차원공간에 역시 점으로 나타내기 위한 응답자들의 좌표이다. 특히 여기에서 한 가지 주목할 것은 응답자를 나타내는 점은 응답자가 가장 이상적으로 생각하는 개체(제품이나 브랜드)를 나타낸다는 사실이다. 즉, 응답자를 나타내는 점은 응답자의 이상점(ideal point)이다.

이 다차원척도법은 응답자와 대상을 같은 다차원공간에 나타내기 때문에 공동 공간 분석(joint space analysis)이면서 동시에 점-점 모형(point-point model)을 대표한다. 두 번째 종류의 MDS는 우리가 구성한 공간의 차원을 해석한다는 점에서 첫 번째 선호도분석 MDS와 차이를 보인다.

아래의 그림은 입력자료와 출력물을 도식화하여 보여주고 있다.

그림 9-11 선호도분석 MDS의 입력자료와 출력물

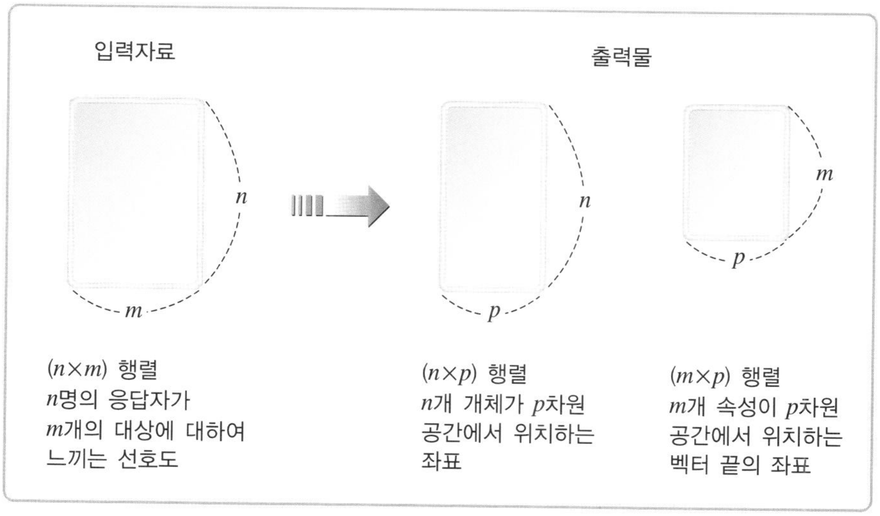

예: 선호도분석 MDS 프로그램(PREFMAP)

PREFMAP(PREFerence MAPping)은 두 번째 유형의 선호도분석 MDS를 수행하는 대표적인 MDS 프로그램이다. 여기에서는 PREFMAP의 예를 살펴보기로 한다.

PREFMAP 입력자료

입력자료는 5명의 응답자가 평가한 11개 자동차 브랜드의 선호도 자료이다.

표 9-9 자동차의 선호도 자료

응답자	1	2	3	4	5	6	7	8	9	10	11
001	02	10	07	11	03	12	04	08	01	05	06
002	01	03	04	05	02	07	09	11	10	08	09
003	06	09	08	10	07	11	04	05	03	02	01
004	03	01	02	08	05	10	06	11	04	07	09
005	08	05	07	09	04	11	02	10	06	03	01

1 머스탱 2 캐딜락 세빌 3 링컨 컨티넨탈 4 포 에스코트 5 코벳 6 슈벳
7 니산 300Z 8 르노 알리앙스 9 포르쉐 944 10 재규어 XJ6 11 벤츠 500S

PREFMAP 출력물

다음의 〈표 9-10〉은 11개 자동차 브랜드가 2차원 공간에서 차지하는 위치의 좌표이며 〈표 9-11〉은 같은 공간에서 5명의 응답자의 이상점의 좌표이다. 그리고 〈그림 9-12〉는 자동차 브랜드와 이상점을 같은 공간에 맵핑한 결과를 보여주고 있다.

4.3 개인차 분석 MDS

개인차 분석 MDS는 3-way MDS 유형의 하나로서 여기에서는 다차원 공간에서의 개체의 위치와 더불어 개인 응답자의 인식 차이를 분석한다. 개인의 인식 차이란 개인 응답자가 다차원공간의 축(차원)에 부여하는 중요도의 정도가 다르다는 것을 말한다. 우리가 유사성분석 MDS에서 살펴본 입력자료는 (*n*

표 9-10 자동차 브랜드 위치

브랜드	차원1	차원2
1	-.17819	-.04032
2	.11738	-.11648
3	.06152	-.01344
4	-.50524	.06197
5	.11420	.37782
6	-.49569	-.38230
7	.17430	-.42187
8	-.40376	6.37185
9	.25173	.28448
10	.40801	-.27403
11	.45609	.15307

표 9-11 응답자 이상점 위치

응답자	1	2
1	.34988	.20515
2	−.08728	.00457
3	−.49957	−.01849
4	−.00849	−.04644
5	1.31268	−.21980
6	.17709	.00147

그림 9-12 PREFMAP의 맵핑

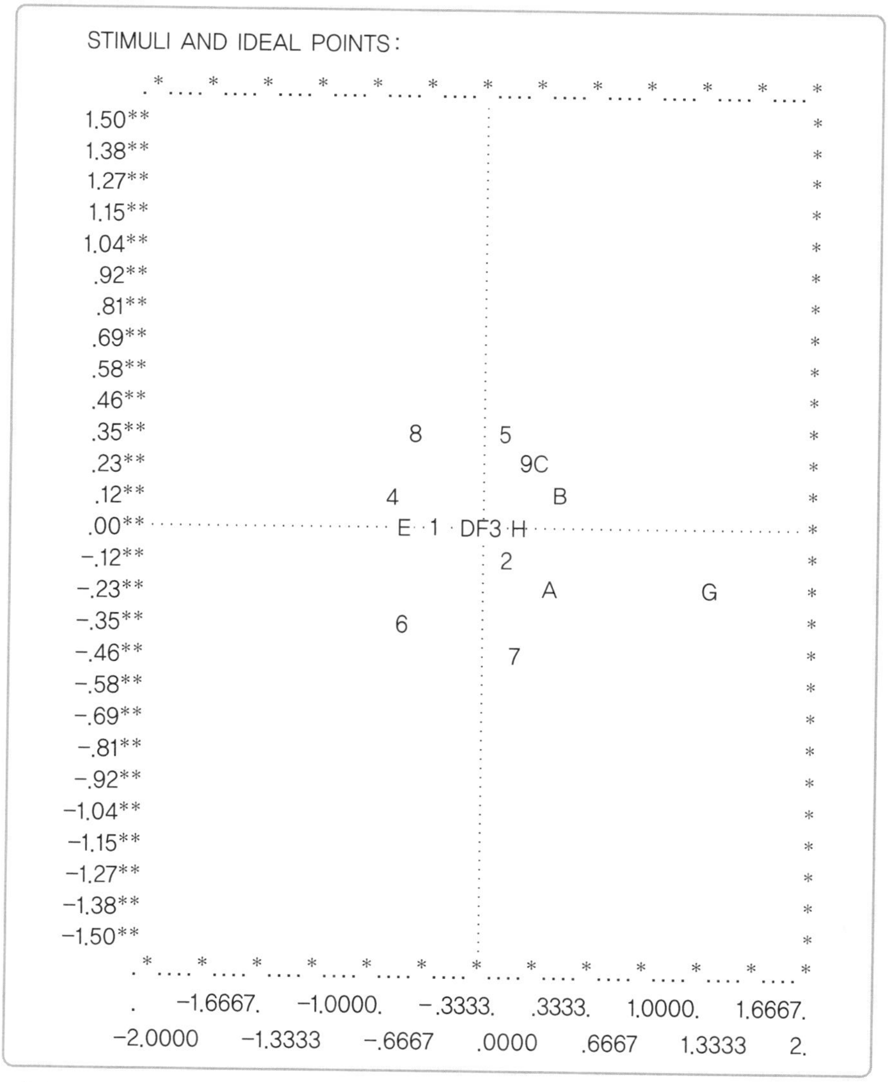

출처: Smith, Scott M. (1990), *PC-MDS*, Brigham Young University.

$\times n)$ 유사성 자료였는데 3-way MDS에서는 이러한 $(n \times n)$ 자료 k개가 쌓여있는 형태의 자료를 입력자료로 사용한다. 각각의 $(n \times n)$ 자료는 한 명의 응답자의 자료를 대표하며 전체 입력자료에는 k명의 응답자의 자료가 포함되어 있다. 즉, 입력자료의 모양은 다음과 같다.

○ 그림 9-13 3-way MDS의 입력자료

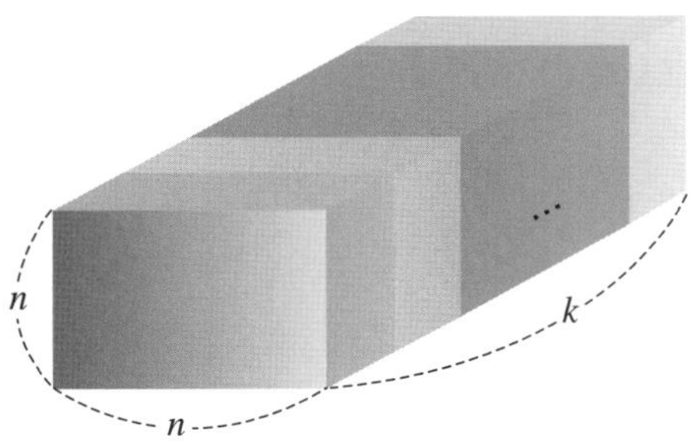

개인차 분석 MDS의 출력물은 두 가지인데 하나는 n개의 개체가 p차원의 공간에 위치하는 좌표의 행렬이며 이는 유사성분석 MDS에서의 결과와 같다. 여기에서 구성한 다차원공간을 집단공간(group space)이라고 부른다. 출력물의 다른 하나는 k명의 응답자가 p차원의 각각에 부여하는 가중치(importance weight)의 행렬이다. 개인의 가중치는 집단공간을 구성하는 축을 늘이거나(stretch) 줄이는(shrink) 역할을 하는데 이렇게 늘어나거나 줄어든 공간을 개인공간(private space)이라고 부른다.

3-way MDS는 일반적인 유클리디안 거리를 구성하는 속성에 가중치를 작용한 가중치 거리(weighted distance)를 사용한다.

가중치 거리모형

$$d_{ij} = \sum_{t=1}^{T} w_t (x - x_{jt})^2$$

$w_t = t$번째 속성의 가중치
$x_{it} = i$번째 개체의 t번째 속성의 점수
$x_{jt} = j$번째 개체의 t번째 속성의 점수
T = 속성의 수

3-way MDS에서는 k명의 응답자가 평가한 n개의 개체간의 유사성을 다음과 같이 분해한다.

○ 그림 9-14 개인차 분석 MDS의 입력자료와 출력물

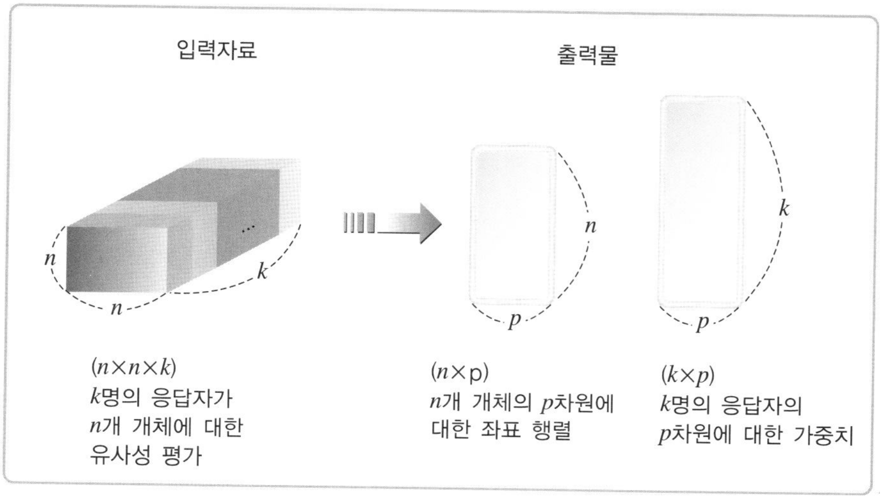

〈그림 9-15〉은 다섯 개의 신문 사이의 유사성 평가 자료를 분석하여 이들 신문의 위치를 2차원 공간에 나타낸 것(집단공간)을 보여준다.

X_1 = 보스턴 헤랄드
X_2 = 뉴욕 데일리
X_3 = 뉴욕 포스트
X_4 = 뉴욕 타임즈
X_5 = 보스턴 글로브

그림 9-15 미국 신문의 비교

	보스턴 헤랄드	뉴욕 데일리	뉴욕 포스트	뉴욕 타임즈	보스턴 글로브
보스턴 헤랄드	–	6	4	3	2
뉴욕 데일리	1	–	1	2	7
뉴욕 포스트	2	2	–	3	6
뉴욕 타임즈	6	7	5	–	7
보스턴 글로브	5	5	4	3	–

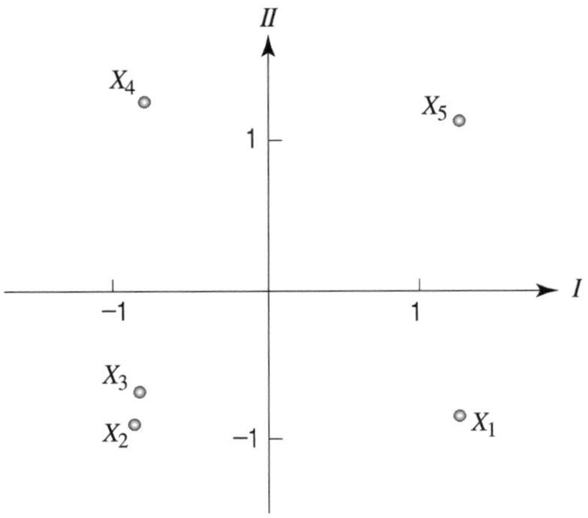

출처: Dillon, Willian R. and Matthew Goldstein (1984), *Multivariate Analysis: Methods and Applications*, Wiley.

〈그림 9－16A〉에서 W_1은 각 차원에 대한 첫 번째 응답자의 차원중요도이다. 이 응답자가 인식하는 공간(private space)은 1차원 공간으로서 두 번째 차원이 존재하지 않는다. 그리고 D_1은 이 응답자가 1차원 공간에서 느끼는 다섯 개 신문 사이의 거리(derived distance)이다.

마찬가지로 〈그림 9－16B〉의 W_2는 두 번째 응답자가 각 차원에 대하여 느끼는 중요도이다. 그리고 〈그림 9－16C〉의 W_3는 세 번째 응답자의 차원가중치이며 이 응답자에게는 첫 번째 차원이 존재하지 않음을 알 수 있다.

○ 그림 9-16 미국 신문의 개인공간

A 첫번째 응답자의 공간

W_1	
1.20	0
−0.84	0
−0.79	0
−0.79	0
1.23	0

D_1	X_1	X_2	X_3	X_4	X_5
X_1	–				
X_2	2.04	–			
X_3	1.99	0.05	–		
X_4	1.99	0.05	0	–	
X_5	0.03	2.07	2.02	2.02	–

B 두번째 응답자의 공간

W_2	
0.94	−0.63
−0.66	−0.72
−0.62	−0.54
−0.62	1.01
0.96	0.88

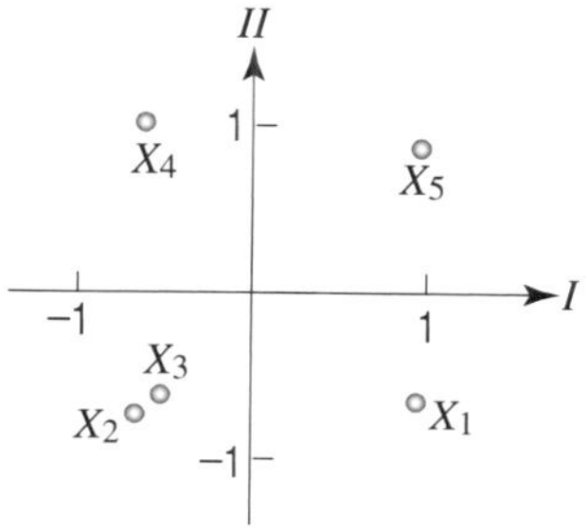

D_2	X_1	X_2	X_3	X_4	X_5
X_1	–				
X_2	1.60	–			
X_3	1.56	0.18	–		
X_4	2.26	1.73	1.55	–	
X_5	1.51	2.28	2.12	1.59	–

C 세번째 응답자의 공간

W_2	
0	−0.78
0	−0.89
0	−0.67
0	1.25
0	1.09

D_3	X_1	X_2	X_3	X_4	X_5
X_1	–				
X_2	0.11	–			
X_3	0.11	0.22	–		
X_4	2.03	2.14	1.92	–	
X_5	1.87	1.98	1.76	0.16	–

출처: Dillon, Willian R. and Matthew Goldstein (1984), *Multivariate Analysis: Methods and Applications*, Wiley.

예: 개인차 분석 MDS 프로그램(INDSCAL)

개인차를 분석하는 대표적인 MDS 프로그램으로는 INDSCAL(INdividual Difference SCALing)이 있는데 이 프로그램의 예를 살펴보면 다음과 같다.

INDSCAL의 입력자료

우선 INDSCAL의 입력자료는 〈그림 9-17〉과 같다. 여기에서는 10명의 응답자가 10개의 개체 사이의 유사성을 평가한 자료를 사용한다.

INDSCAL의 출력물

INDSCAL의 출력물은 다음과 같이 두 가지의 행렬이다. 우선 〈표 9-12〉는 10명의 응답자가 각각의 세 차원에 부여하는 차원가중치(private space)를

○ 그림 9-17 INDSCAL의 입력자료

```
                    INDSCAL SAMPLE DATA

 3 3 2 2 25 1 0 1 0 0 '12345677' 0 0 1 0 .001
  10  10  10
(2X,9F2.0)
0116
018147
01563271
0187684471
016035219834
01849498579999
0150877973199245
019925539852179984
01169290837944241898
0209
029070
02876506
0287778383
023379258939
02868699229040
0281305788693997
027420947805819288
02232672940276812005
0349
039696
03979294
0368129093
037744889026
03979394259349
0354769294202493
034748929435189423
03214790926867875515

          .
          .
          .

0911
099069
09722690
0993176924
093934369880
09268277855399
0980747599938713
097308913517179991
09246290768564772465
1069
106358
10768579
1052145181
106139358336
10809093067885
1028878394644490
108020929851238033
10782840993671826213
```

표 9-12 차원가중치

응답자	1	2	3
1	.64756	.33860	.22328
2	.19180	.58402	.37798
3	.20780	.73905	.26733
4	.65787	.24576	.43888
5	.80606	.06846	.24051
6	.79444	.07978	.27314
7	.19913	.64866	.34416
8	.42905	.55362	.40794
9	.61510	.20031	.41530
10	.20900	.68505	.23409

보여주고 있다.

다음은 유사성 평가의 대상이 되는 10개의 개체를 3차원 공간에 점으로 나타내는 데 사용하는 좌표 행렬(group space)이다.

표 9-13 개체의 좌표행렬

개체	1	2	3
1	−.36331	.18661	.29956
2	.27636	.24774	.31646
3	.22991	−.11510	−.53337
4	.19499	−.62599	.33392
5	.30641	.15777	.00643
6	.23464	.10129	−.36838
7	−.32917	−.57003	.11166
8	−.37103	.13160	−.43481
9	.29127	.28272	.27710
10	−.47006	.20339	−.00859

〈그림 9−18〉과 〈그림 9−19〉는 각각 응답자의 차원가중치와 개체들을 2차원 공간에 보이고 있다.

그림 9-18 차원가중치의 맵핑

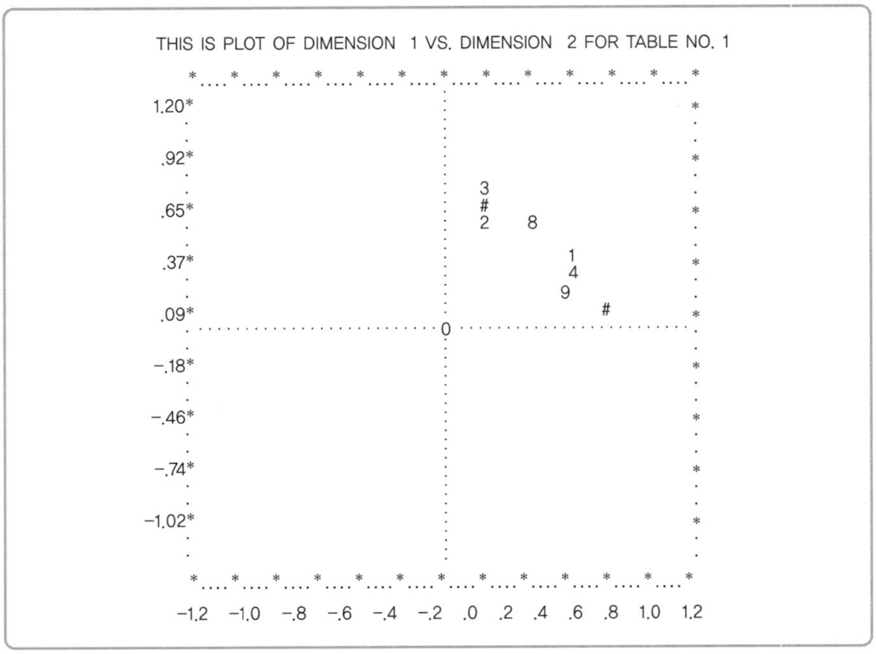

그림 9-19 개체의 맵핑

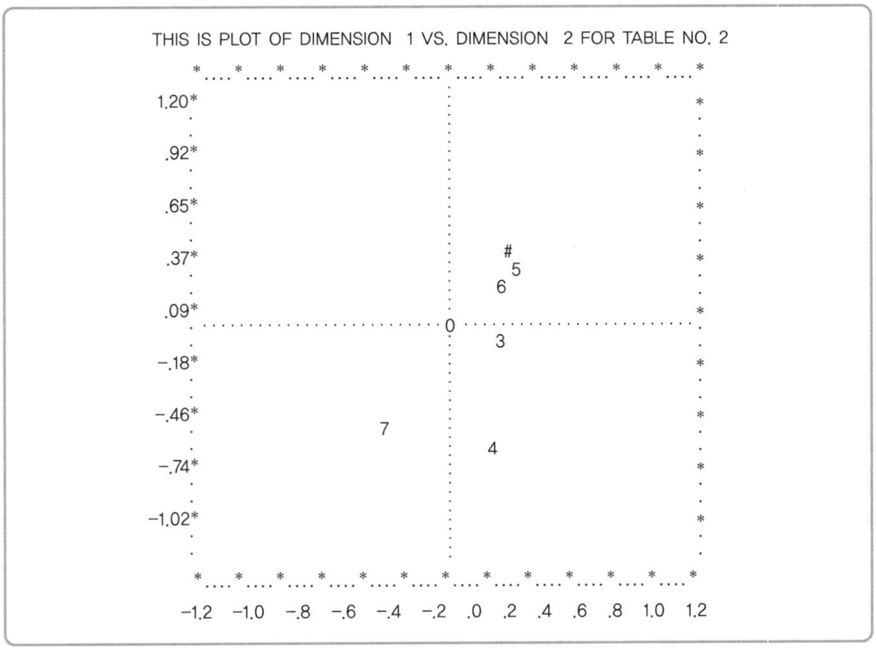

출처: Smith, Scott M. (1990), *PC-MDS*, Brigham Young University.

5. 차원의 수의 결정과 의미의 해석

다차원척도법을 이용하여 다차원공간을 구성하고 나면 다음으로는 그 공간을 구성하는 축(차원)의 수를 결정하고 또 차원의 의미를 해석하여야 한다. 우선 차원의 수를 결정하는 방법을 살펴보면 다음과 같다.

5.1 차원의 수 결정

우리가 n명의 응답자가 지니고 있는 p개의 변수에 의한 자료(rectangular matrix)를 다차원척도법으로 분석하면 최대 p개의 차원을 얻을 수 있다. 이 가운데 몇 개의 차원을 유지할 것인가의 문제는 우리가 이미 주성분분석에 살펴보았던 문제와 정확하게 같은 문제이다. 차원의 수를 결정하는 몇 가지 방법은 주성분의 수를 결정하는 방법과 같다.

- 각 차원의 아이겐값의 크기
- 각 차원에 의하여 설명된 분산
- 스크리 도표

5.2 차원의 해석

우리가 다차원척도법을 사용하여 찾아낸 차원의 의미를 해석하는 중요한 방법을 살펴보면 다음과 같다.

(1) 시각적 판단

시각적 판단은 다차원공간에서 차지하는 개체의 위치를 살펴봄으로써 차원(축)의 의미를 파악하는 방법이다. 즉, 공간의 왼쪽에 위치하는 개체들과 오른쪽에 위치하는 개체들 사이에 존재하는 주요한 차이점을 살펴봄으로써 가로축의 의미를 해석한다. 마찬가지로 다차원공간의 위쪽에 위치하는 개체들과 아래쪽에 위치하는 개체들의 차이점을 통해서 세로축의 의미를 해석할 수 있다. 아래의 그림은 디즈니 캐릭터의 예를 통해서 축을 해석하는 방법을 보여준다.

예: 시각적 판단을 통한 차원의 해석

〈그림 9-20〉은 2차원 공간을 구성하는 차원의 해석을 보여주는 그림이

그림 9-20 디즈니 캐릭터의 맵핑

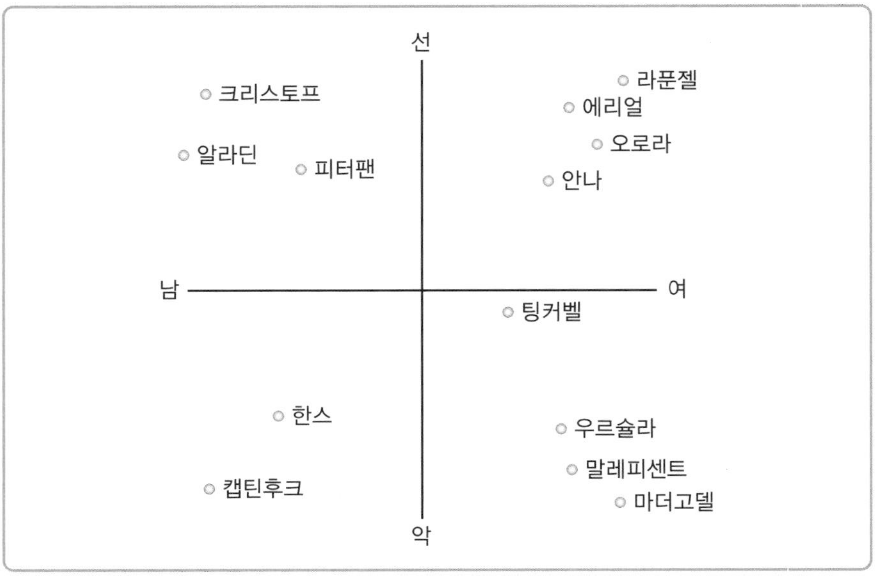

다. 2차원 공간에 나타난 것은 모두 디즈니 캐릭터인데 공간의 왼쪽에 위치한 캐릭터는 모두 남자이고 오른쪽에 위치한 캐릭터는 여자이다. 따라서 우리는 가로축이 성별을 나타내는 차원임을 알 수 있다. 마찬가지로 공간의 위쪽에 있는 캐릭터와 아래쪽에 있는 캐릭터를 비교함으로써 세로축이 선악을 나타내는 차원임을 파악할 수 있다.

(2) 회귀분석을 이용한 축의 해석

우리는 다차원공간에 나타난 개체들의 좌표와 이들 개체들이 지니고 있는 외부 속성을 이용하여 축의 해석을 시도할 수 있다(property fitting). 여기에서 외부 속성이란 다차원척도법에 사용되지 않은 개체의 속성을 의미한다. 우리는 아래와 같은 표를 생각해 볼 수 있는데 이 표에서 D는 다차원척도법의 결

표 9-14 개체의 좌표와 속성

개체	차원 1	차원 2	. . .	차원 p	속성 1	속성 2	. . .	속성 p
1	D_{11}	D_{12}		D_{1p}	X_{11}	X_{12}		X_{1p}
2	D_{21}	.		X_{21}	.		.	.
.	.		.	.	.	.	.	.
.		.	.		.			
n	D_{n1}	D_{n2}			X_{n1}	.		X_{np}

과로 나타난 개체들의 좌표이며 X는 개체들이 지니고 있는 속성(property)의 평가이다. 이들을 이용하여 다음과 같은 회귀함수를 생각할 수 있다.

$$D_{ij}=\beta_1 X_{i1}+\beta_2 X_{i2}+...+\beta_p X_{ip}$$

$D_{ij}=i$ 번째 개체의 j 번째 차원의 좌표
$X_{ij}=i$ 번째 개체의 j 번째 속성의 평가

회귀분석의 결과로 나타난 β값을 살펴보아 높은 β값을 지니고 있는 속성들(X)이 그 종속변수가 되는 차원의 의미를 나타낸다고 해석할 수 있다. 예를 들어 차원 1과 차원 2를 종속변수로 하여 실행한 회귀식의 결과가 아래와 같다면 차원 1은 경제성으로 그리고 차원 2는 가속성으로 해석할 수 있다. 이는 주성분분석에서 요인적재량을 살펴봄으로써 주성분의 의미를 해석하는 것과 흡사한 방법이다.

D_1=**0.93(가격)+0.78(연비)**+0.73(자동차세)+0.34(배기량)+0.18(타이어 사이즈)
D_1=0.21(가격)+0.33(연비)+0.11(자동차세)+**0.88(배기량)+0.96(타이어 사이즈)**

6. 다차원척도법의 쓰임새

다차원척도법의 주요한 쓰임새를 몇 가지 살펴보면 아래와 같다.

6.1 경쟁분석

(1) 경쟁자의 파악

다차원공간에서 우리가 관심을 가지고 있는 개체(예를 들면 자사의 브랜드)로부터 가장 가까운 거리에 위치한 개체가 가장 심각한 경쟁 상대임을 알 수 있다.

(2) 경쟁의 심도 파악

다차원공간에서 우리가 관심을 가지고 있는 개체를 중심으로 일정한 반경을 지닌 원을 그려서 그 원 안에 포함되는 개체의 수가 많을수록 경쟁이 치열함을 알 수 있다. 여기에서 일정한 반경을 지닌 원은 자사의 제품시장범위(product market boundary)를 나타낸다.

6.2 제품의 분류와 고객세분화

우리가 다차원척도법을 사용하여 구한 공간에 위치하는 개체들의 좌표 (D_1, D_2, . . ., D_p)를 이용하여 군집분석을 실행하면 개체들의 분류(classification)를 얻을 수 있다. 아래의 그림은 2차원 공간(가격과 스피드)의 좌표를 이용하여 자동차들을 몇 개의 카테고리(중형차, 수입차, 스포츠카 등)로 분류한 예를 보이고 있다.

마찬가지로 다차원공간에 위치하는 응답자들의 좌표(이상점)를 이용하여 군집분석을 실행하면 고객세분화를 이룰 수 있다.

그림 9-21 자동차의 분류

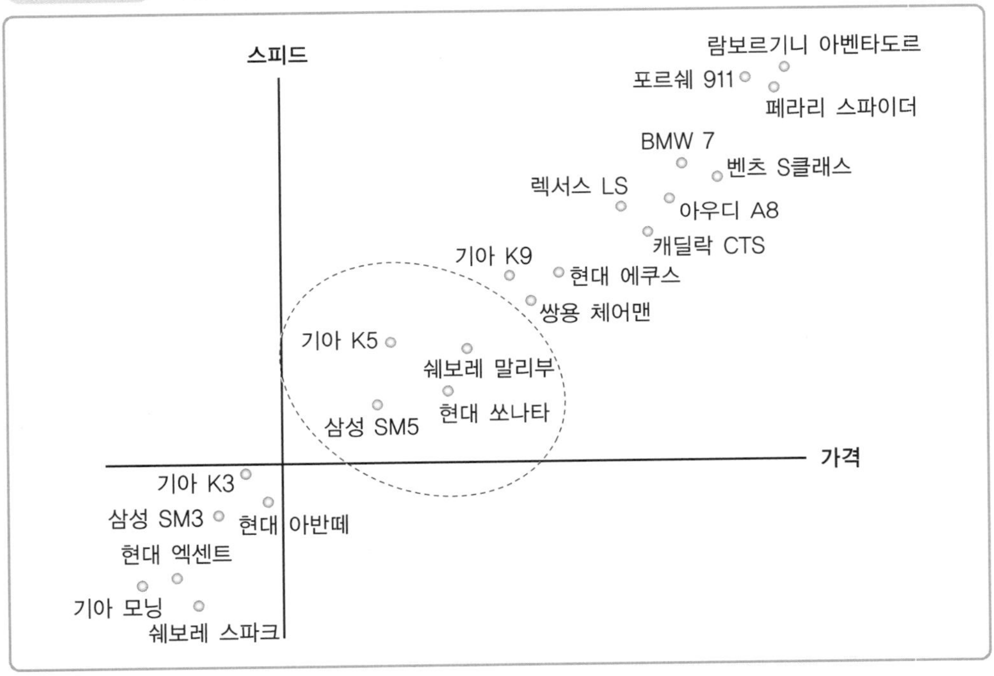

6.3 소비자선택(시장점유율)의 시뮬레이션

우리는 또한 다차원척도법을 이용하여 구성한 공간에서 각각의 개체들이 차지하는 위치와 고객들의 이상점을 이용하여 소비자 선택을 살펴볼 수 있다. 여기에서 가장 중요한 점은 어떤 개체(제품)에 대한 소비자의 선호도와 소비자와 그 개체와의 거리는 서로 반비례한다는 사실이다. 즉, 소비자는 자기의 이상점으로부터 가까운 거리에 위치한 대안을 선택한다는 것이다.

$$\pi_{ij} = f^{-1}(d_{ij})$$

π_{ij} = 소비자 i의 j번째 대안에 대한 선호도
d_{ij} = 소비자 I의 이상점과 대안 사이의 거리

아래의 그림은 2차원 공간에 위치한 3개의 자동차 브랜드와 2명의 소비자의 이상점을 보여주고 있다. 여기에서 소비자1은 자기의 이상점에서 가장 가까운 거리에 위치한 쏘나타를 선택할 것이다. 마찬가지로 소비자 2는 자기의 이상점에서 가장 가까운 거리에 있는 도요타 캠리를 선택할 것이다.

우리가 자료 안에 n명의 응답자를 가지고 있을 때 각각의 응답자가 선택하는 대안을 파악함으로써 대안의 시장점유율을 계산할 수 있다. 이는 우리가 제6장 컨조인트 분석기법에서 다루었던 바와 같은 방법이다.

그림 9-22 고객의 이상점과 제품 포인트

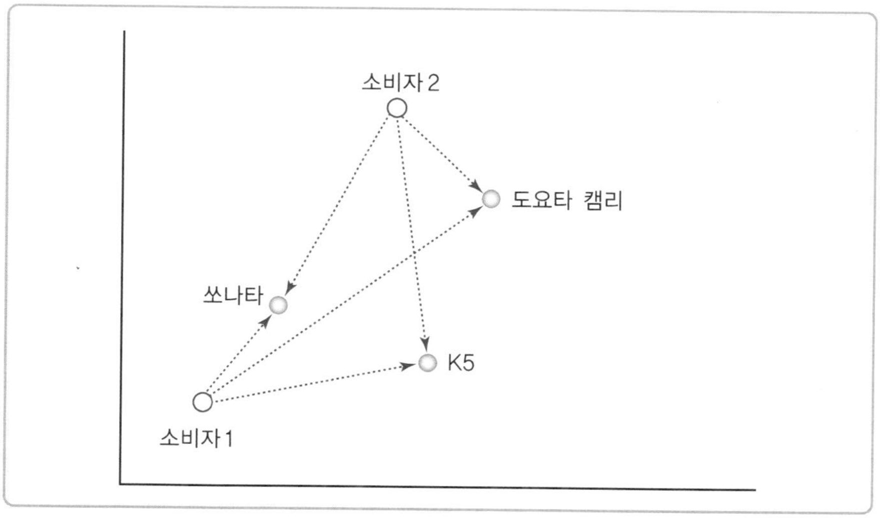

6.4 최적제품의 디자인

마지막으로 최적제품의 디자인을 들 수 있는데 이는 다차원공간상에서 가장 많은 수의 소비자 이상점에 가까울 수 있는 점(브랜드의 위치)을 찾는 작업을 말한다. 이 최적제품의 위치는 컴퓨터 최적화 프로그램(optimization program)

을 이용하여 찾을 수 있다.

그러나 다차원척도법을 이용한 제품디자인의 한 가지 중요한 문제점은 다차원공간에서 발견한 점(제품의 위치)을 다시 물리적 속성으로 전환하기가 어렵다는 점이다. 즉, 다차원공간의 좌표가 물리적으로 어느 수준의 가격인지 혹은 어느 수준의 연비인지를 파악하기 힘들다는 것이다. 이를 가리켜 shadow scaling이라고 부른다.

7. 다차원척도법의 제한점

다차원척도법은 우리가 관심을 가지고 분석하는 개체들을 다차원공간에서 시각적으로 비교할 수 있으며 또한 개체간의 상대적인 관계를 구성하는, 그러나 미리 알려지지 않은 차원(underlying dimension)을 파악한다는 장점이 있는 반면 다음과 같은 몇 가지의 제한점을 지니고 있다.

첫째로 다차원척도법의 입력자료가 되는 (비)유사성의 판단에 있어서 문제가 있는데 이는 A의 B에 대한 유사성은 B의 A에 대한 유사성과 다를 수 있다는 것이다. 예를 들면 미국이 멕시코에 유사한 정도는 멕시코가 미국에 유사한 정도와 같지 않다. 왜냐하면 미국이 멕시코에 유사한 정도는 멕시코 안에서 우리가 발견할 수 있는 미국적인 요소의 정도이고 멕시코가 미국에 유사한 정도는 미국 내에서 멕시코 적인 요소의 정도이기 때문이다. 따라서 이들 두 가지 유사성의 평가는 다르다.

둘째로 두 개체간의 거리(inter-object distance) 혹은 비유사성은 부분적으로 존재하는 거리(partial distance) 혹은 유사성(partial dissimilarity)의 함수일 수도 있다. 그러나 이에 대한 테스트는 이루어지지 않고 있다. 결국 개체간의 거리나 비유사성에 대한 판단은 검증되지 않은 가정에 지나지 않는다.

셋째로 우리가 다차원공간을 구성하였을 때 그 공간에서 개체간의 거리(derived inter-object distance)는 비율척도이지만 거리를 계산하는 데 사용되는 차원은 등간척도라는 모순점을 가지고 있다.

넷째로 다차원척도법을 이용하여 다차원공간을 구성할 때 때때로 글로벌 최적점(global optimum)에 다다르기 전에 다차원척도법의 절차가 종료되는 경우가 있는데 이를 degeneration이라고 부른다. 즉, 최적의 분석결과가 아닌 조기종료 결과(premature solution)를 얻을 수 있다.

마지막으로는 위에서 언급한 다차원공간에서의 위치를 물리적인 제품속성(physical attribute)으로 전환하는 문제(shadow scaling)를 들 수 있다.

알아두어야 할 핵심 용어

개인공간(private space)
개인차분석 MDS(individual difference MDS)
공동공간(group space)
근접척도(proximity)
다차원공간(multidimensional space)
메트릭 MDS(metric MDS)
점-벡터 모형(point-vector model)
차원(dimension)

생각해 볼 문제

1. "한국이 일본에 가까운(유사한) 정도는 일본이 한국에 가까운 정도와 같다." 당신은 위의 명제에 동의하는가? 동의하는 혹은 동의하지 않는 이유를 설명하시오.

2. 아래의 그림을 보고 가로축과 세로축의 의미를 해석하시오.

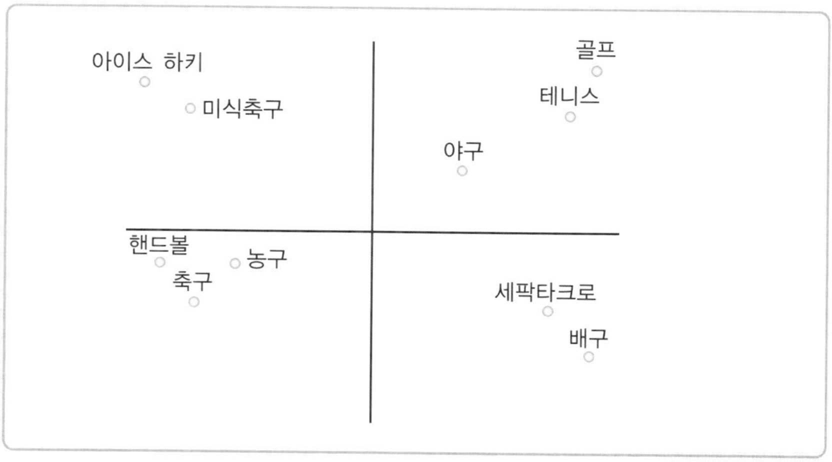

제 10 장

다중상응분석

1. 다중상응분석의 개요
2. 상응분석의 쓰임새
3. 자료융합
4. 상응분석의 제한점

1. 다중상응분석의 개요

상응분석(correspondence analysis)이란 다차원척도법(multidimensional scaling)의 특별한 경우이다. 일반적으로 다차원척도법에 사용되는 입력자료의 종류는 다차원척도법의 유형에 따라 등간척도 혹은 비율척도를 사용하는 메트릭 MDS와 서열척도를 이용하여 측정된 자료를 사용하는 비메트릭 MDS로 나누어진다.

이에 비하여 상응분석의 경우는 입력자료가 명목척도에 의하여 측정된 범주형 변수일 경우의 다차원척도법을 말한다. 또한 상응분석은 입력자료가 응답항목에 따른 응답의 빈도수(frequency of response category)라는 점에서 일반적인 다차원척도법과 구분되어진다. 따라서 상응분석이란 교차빈도표(contingency table)를 분석하는 데 사용되는 기법이며 우리가 제2장에서 살펴본 카이제곱 테스트의 일반화된 형태이다.

상응분석 역시 다른 다차원척도법과 마찬가지로 입력자료에 나타난 개체(소비자, 제품, 기업, 제품의 사용상황 등)들을 몇 차원의(일반적으로 p-차원) 공간에 점(point)으로 나타내는 기법이다. 이 과정에서 입력자료에 나타난 개체들 간의 상대적인 관계를 상응분석을 통하여 구성한 공간에서도 동일하게 유지하여 나타낸다는 것이 상응분석의 기본원리라고 할 수 있다(이 점은 우리가 다차원척도법에서 살펴본 기본원리와 동일하다.).

또한 상응분석에서는 입력자료(교차표)의 가로줄과 세로줄에 나타난 개체들을 동시에 동일한 공간에 점으로 나타내는 공동공간 분석기법의 일종이라고 할 수 있다. 따라서 상응분석은 점-점 모형(point-point model)의 일종이라고 할 수 있다. 또한 상응분석의 알고리즘에 따라서는 가로줄과 세로줄에 나타난 개체들 간의 거리를 동일한 다차원공간 내에서 직접 비교할 수도 있다.

상응분석에서는 다른 다차원척도법과는 달리 우리가 구성한 다차원공간의 축을 해석하지는 않는다. 다만 점으로 나타난 가로줄과 세로줄의 개체 사이의 상대적 위치(관계)만을 분석할 따름이다.

상응분석의 가장 큰 장점은 여러 개체 간의 복잡한 관계를 시각적으로 표현한다는 데 있다. 즉, 상응분석은 개체들 사이의 상대적인 관계를 몇 차원의 공간상에 명료하게 나타내는 분석기법이다.

상응분석은 여러 가지 다른 이름으로 불리기도 하여 사용자들에게 적지 않은 혼란을 주고 있는 것이 사실이다. 상응분석의 다른 이름으로는 최적화척도법(optimal scaling), 이중척도법(dual scaling), 계량화방법론(quantification method), 동질성분석(homogeneity analysis) 등이 있다.

우리가 두 개 이상의 범주형 변수로 이루어진 교차표, 일반적으로 n-way

그림 10-1 n-way 교차표의 개념

A n-way 교차표

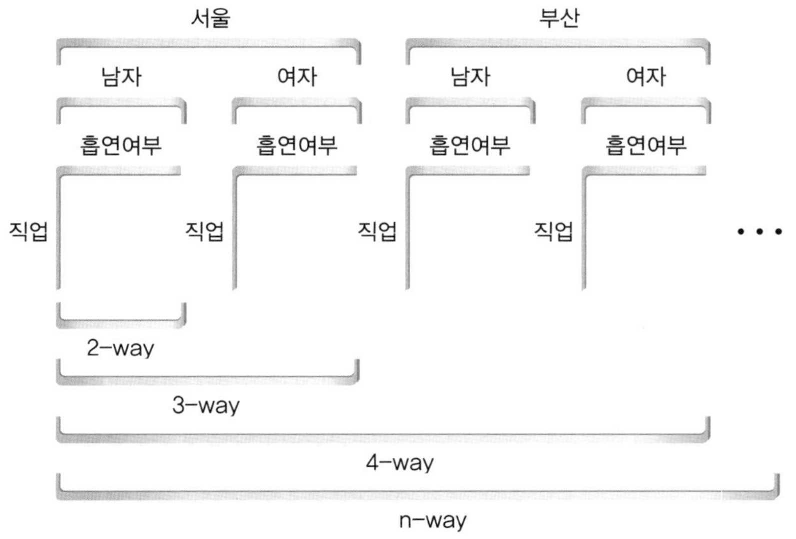

B (nxp) 프로파일 데이터

응답자	직업	흡연여부	성별	지역	· · ·
1					
2					
·					
·					
·					

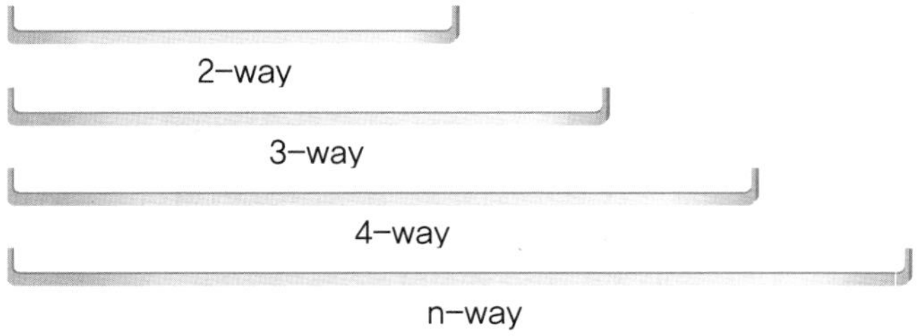

표를 상응분석의 대상으로 할 경우 이를 다중상응분석(multiple correspondence analysis; MCA)이라고 부른다. 다중상응분석은 결국 *n*개의 범주형 변수로 이루어진 n-way 교차표를 분석하는 기법이다. 〈그림 10-1〉은 n-way 교차표의 개념을 보여준다. 패널 A는 분석자료의 n-way 교차표의 형태이며 패널 B는 일반적인 $(n \times p)$ 프로파일 데이터의 형태이다.

여기에서는 다중상응분석의 기본원리를 살펴보고 상응분석이 마케팅 및 경영학 분야에서 어떻게 사용되는지 몇 가지 예를 들어 살펴보기로 한다.

상응분석의 원리(알고리즘)

앞에서 이야기한 바와 같이 다중상응분석(MCA)은 일반적으로 n-way 교차표를 분석하는 다변량 분석기법이다. n-way 교차분석표에 관해서는 2장에서 다룬 바 있다. 우선 분석의 대상이 되는 교차분석표(contingency table 혹은 cross tabulation table) F가 있다고 하자. 또한 F는 가로 I 줄과 세로 J 줄로 되어 있다고 하자.

다음으로 행렬 F를 다음과 같이 행렬 H로 정상화(normalize)한다.

$$H = R^{-1/2} F C^{-1/2}$$

행렬 R은 $I \times I$ 대각선 행렬(diagonal matrix)이며 행렬 C는 $J \times J$ 대각선 행렬이다. 이들 R과 C는 각각 가로줄과 세로줄의 합계의 제곱근의 역수(reciprocals of the square roots of row and column marginals)로 구성되어 있다. 다음 H는 다음의 식을 사용하여 카이 제곱 거리척도로 전환된다.

$$H = P \Delta Q'$$

표 10-1 n-way 교차분석표

	세로줄 1	세로줄 2	·········	세로줄 J
가로줄 1	10	20	.	25
가로줄 2	25	5	.	35
.	.	.	.	.
.	.	.	.	.
.	.	.	.	.
가로줄 I	35	15	.	.

$P'P = Q'Q = I$이며 Δ는 대각선행렬이다.

끝으로 p-차원공간상에서의 가로줄(X)과 세로줄(Y)에 나타난 개체의 좌표는 각각 다음과 같다.

$$X = R^{-1/2}\, P\ (\Delta + I)^{1/2}$$
$$Y = X^{-1/2}\, R\ (Q + I)^{1/2}$$

위에 설명한 알고리즘을 사용하여 다중상응분석을 실행한 경우 가로줄에 나타난 개체와 세로줄에 나타난 개체들을 동일한 다차원공간에서 직접적으로 비교할 수 있다. 즉, 가로줄과 세로줄에 나타난 개체 사이의 거리를 계산하여 비교하는 일이 가능하다.

2. 상응분석의 쓰임새

다중상응분석은 마케팅 및 경영학을 비롯한 여러 분야에서 응용될 수 있다. 다중상응분석의 대표적인 쓰임새를 살펴보면 다음과 같다.

2.1 군집분석에의 활용

우리가 잘 알고 있는 바와 같이 군집분석은 소비자, 제품 혹은 서비스, 제품 사용상황 등을 몇 개의 유사한 개체들의 집단으로 묶는 자료축소기법이다. 군집분석에 사용되는 변수(입력자료)는 항상 등간척도이거나 비율척도를 사용하여 수집된 메트릭 자료이어야 한다. 그러나 때로는 수행하고자 하는 연구의 목적과 상황에 따라 명목척도에 의하여 측정된 항목별 자료(categorical data)를 사용하여 군집분석을 사용하여야 할 경우도 있다. 예를 들면 직업(사무직, 전문직, 노동직, 자영업 등), 혹은 교육수준(고졸, 대졸, 대학원) 등의 범주형 변수를 사용하여 군집분석을 하고자 하는 경우를 생각해 볼 수 있다. 이러한 경우 항목별 자료를 사용하여 직접 군집분석을 수행하는 것이 불가능하므로 MCA를 사용하여 다차원공간에서 각 응답자의 위치를 나타내는 좌표를 구한 뒤 이들 좌표를 사용하여 군집분석을 수행할 수 있다. 왜냐하면 이들 좌표는 이미 메트릭 변수이기 때문이다. 이를 가리켜 축소공간을 이용한 군집분석(reduced space clustering)이라고 부른다.

(1) 계층적 군집분석에의 활용

MCA의 군집분석에의 응용 가운데 첫 번째 예는 계층적 군집분석의 응용이다. 이의 구체적인 예를 들어 설명하면 다음과 같다.

〈표 10－2〉는 의사들이 어떤 정보원천(source)을 사용하여 신약에 대한 정보를 얻는가에 대한 자료로서 10개의 의사집단과 11개의 정보원천에 따른 교차분석표(contingency table)이다.

표 10-2 의사의 신약 정보원천

	뉴스 레터	임상 보고서	시용	전시회	설명	만찬 회의	우편	학회지 카드	샘플	심포 지움	시청각 자료	합계
심장전문의(1)	14	43	43	27	25	26	11	8	17	41	16	271
심장전문의(2)	9	30	29	17	31	17	5	3	6	34	22	203
일반내과의(1)	13	23	23	18	52	34	7	15	15	19	25	244
일반내과의(2)	13	26	25	21	56	29	8	14	17	16	29	254
신장전문의(1)	2	15	12	10	9	10	3	7	6	14	8	96
신장전문의(2)	1	5	9	5	6	3	1	3	6	6	4	49
인턴(1)	2	8	8	6	3	3	0	2	4	9	3	48
인턴(2)	6	11	11	7	6	3	2	5	3	7	1	62
가정의학의(1)	2	5	9	3	11	9	2	4	0	3	3	51
가정의학의(2)	8	10	10	4	21	11	6	3	5	8	11	97
합계	70	176	179	118	220	145	45	64	79	157	122	1375

(1): 전통적인 의사
(2): 혁신적인 의사

위의 〈표 10－2〉에 나타난 자료를 MCA로 분석하면 가로줄에 나타난 개체인 10가지의 의사집단과 세로줄에 나타난 개체인 정보원천 11개, 도합 21개의 개체를 다차원공간에 점으로 나타낼 수 있다.

다음의 〈그림 10－2〉은 2차원 공간에 이들을 맵핑한 것을 보여주고 있다. 그리고 〈표 10－2〉에서 빈도수가 가장 많은 개체가 다차원공간에서 상대적으로 가까운 거리에 위치하고 있음을 알 수 있다. 예를 들면 일반의(2)는 설명을 통하여 신약에 대한 정보를 얻는 것을 MCA 공간에서 시각적으로 알 수 있다.

또한 〈그림 10－3〉은 〈그림 10－2〉에 나타난 개체들의 좌표를 사용하여 계층적 군집분석을 실행한 결과이다. 여기에서도 〈그림 10－2〉에 나타난 바

그림 10-2 신약 정보원천의 맵핑

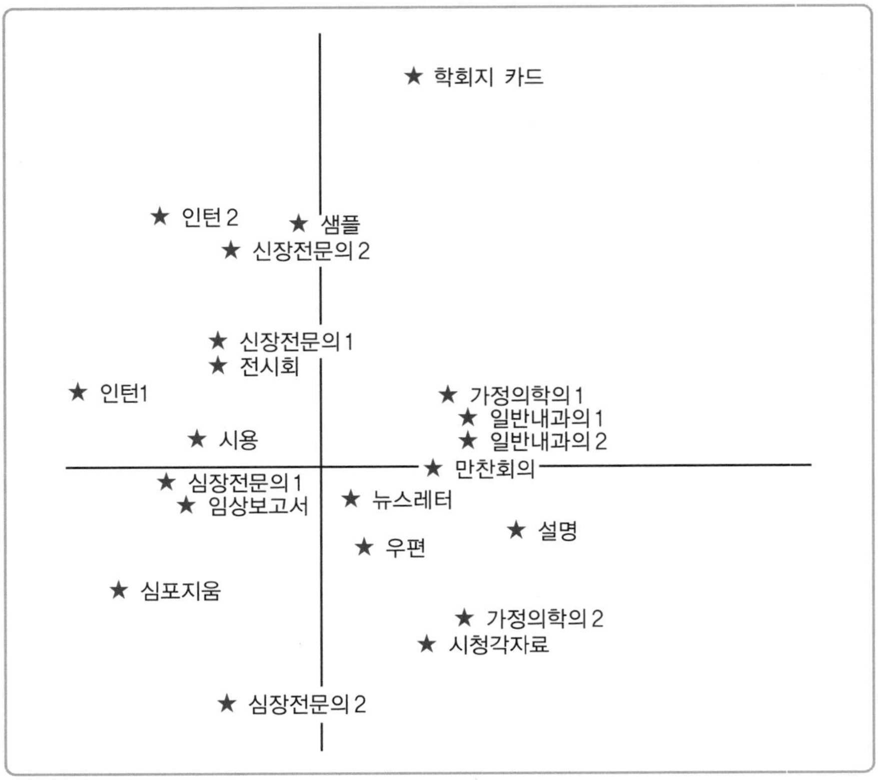

와 같이 일반의(2)와 설명이 가장 가까운 거리에서 첫 번째 군집을 형성하는 것을 알 수 있다. 즉, 개체 간의 상대적 위치나 상대적 관계는 다차원공간의 맵핑에서나 계층적 군집분석의 덴드로그램에서나 일관성있게 나타나는 것을 알 수 있다.

○ 그림 10-3 의사집단과 신약 정보원천의 계층적 군집분석

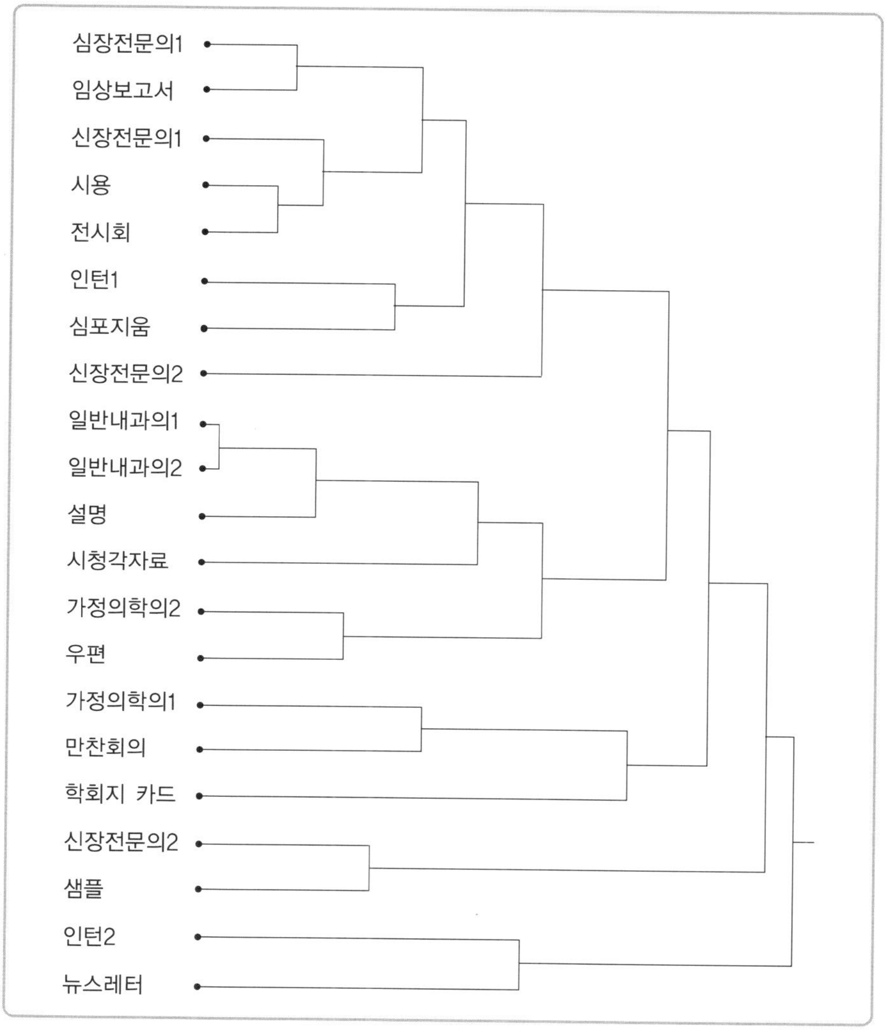

출처: Green, Paul E., Catherine M. Schaffer, and Kren M. Patterson (1987), "A Reduced-Space Approach to the Clustering of Categorical Data in Market Segmentation," *Journal of the Market Research Society*, 30 (3), 267-288.

(2) *k*-평균 군집분석에의 활용

우리는 또한 MCA를 사용하여 얻은 결과 즉, 다차원공간에서의 개체의 좌표를 이용하여 *k*-평균 분할방법을 수행할 수도 있다. 〈표 10-3〉은 300명의 고혈압환자들의 특성(범주형 자료)을 보여주는 교차분석표이다. 여기에서는 고혈압 환자들의 특성이 9가지가 있으므로 교차분석표는 9-way 교차표이다. 또한 〈표 10-4〉는 MCA분석을 위한 입력자료의 형태를 보이고 있다.

표 10-3 고혈압 환자의 특성

A. 환자의 연령	청년 중년 노년
B. 환자의 성별	남성 여성
C. 환자의 인종	비코카시언 코카시언
D. 환자의 체중	정상 비만
E. 환자의 경제적 여건	무료진료 저소득 고소득
F. 환자의 운동 수준	운동량 많음 운동량 적음
G. 환자의 고혈압 증세	미약 증상 고도 증상
H. Diuretic Therapy 요법 사전사용여부	D-요법 사용 D-요법 미사용
I. Beta Blocker 요법 사전사용여부	B-요법 사용 B-요법 미사용

표 10-4 MCA 입력자료의 형태

응답자 번호	A. 연령	B. 성별	C. 인종	D. 체중	E. 경제여건	F. 운동수준	G. 증세	H. D-요법	I. B-요법
0001	2	2	1	1	3	2	1	1	2
0002	3	1	1	2	2	2	2	1	1
0003	3	1	2	2	1	2	1	2	2
.	.	.	.	.	.	.	.	.	.
.	.	.	.	.	.	.	.	.	.
.	.	.	.	.	.	.	.	.	.
.	.	.	.	.	.	.	.	.	.
0300	1	2	1	1	3	1	2	1	2

〈그림 10-4〉는 이 자료를 MCA로 분석하여 얻은 고혈압 환자의 20가지 특성 수준의 위치를 2차원 공간에 나타내고 있다. 또한 동일한 공간에서 300명의 환자가 위치하는 좌표(여기에 나타나 있지 않음)를 이용하여 k-평균 분할 방법을 실행한 결과는 〈표 10-5〉에 나타나 있다. 여기에서는 300명의 환자

를 4개의 집단으로 나누었는데 이들의 특성을 살펴보면 각각의 집단이 지니는 의미는 비교적 뚜렷하게 파악할 수 있다.

그림 10-4 고혈압환자의 특성 수준의 위치

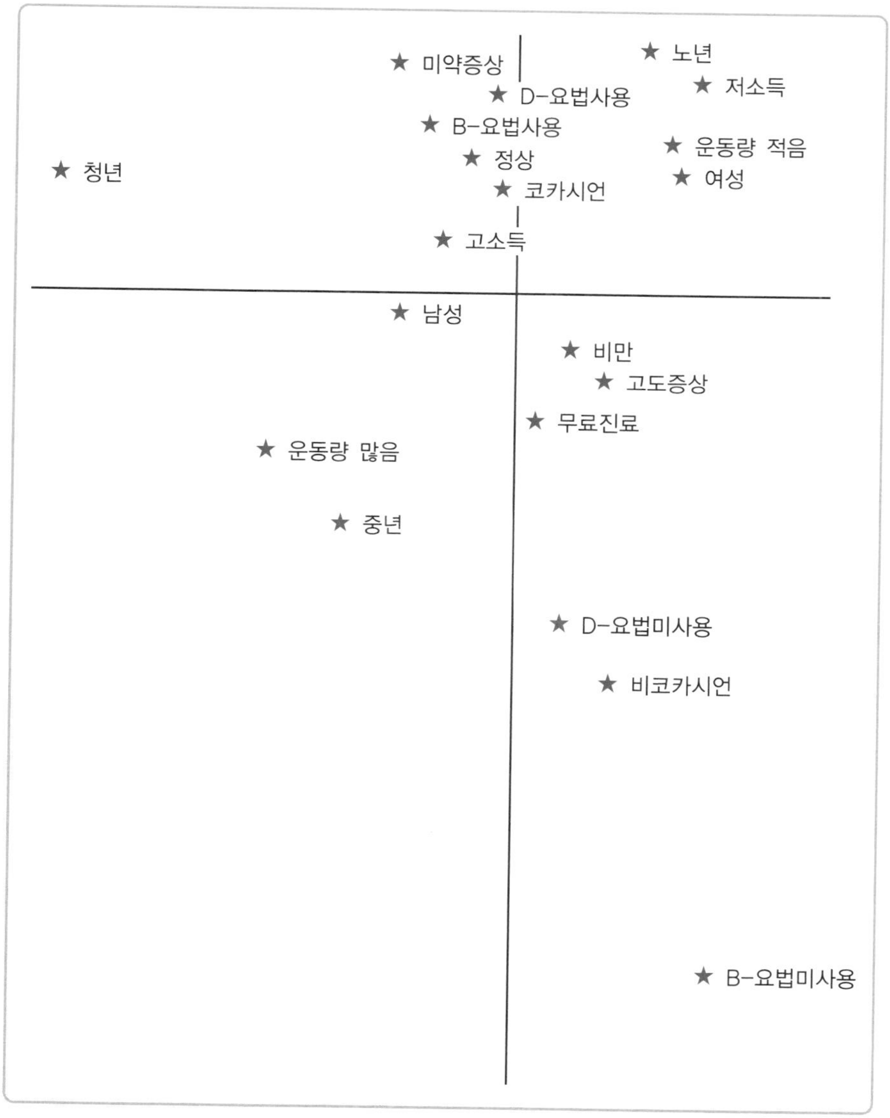

표 10-5 고혈압 환자의 군집별 특성

특성		군집 1 (N=56)	군집 2 (N=47)	군집 3 (n=126)	군집 4 (N=71)
연령	청년	0%	0%	0%	5%
	중년	**89**	26	7	**69**
	노년	11	**74**	**93**	26
성별	남성	**94**	40	46	**95**
	여성	6	**60**	**54**	5
인종	코카시언	30	28	6	1’
	비코카시언	**70**	**72**	**94**	**99**
체중	정상	36	23	**53**	**61**
	비만	**64**	**77**	47	39
경제적여건	무료진료	43	**49**	23	29
	저소득	11	28	31	4
	고소득	**46**	23	**46**	**67**
운동 수준	운동량 많음	**66**	5	4	**90**
	운동량 적음	34	**95**	**96**	10
고혈압 증세	미약 증상	26	2	41	**65**
	고독 증상	**74**	**98**	**59**	35
DT요법	D-요법 사용	32	4	**76**	44
	D-요법 미사용	**68**	**96**	24	**56**
BB요법	B-요법 사용	**54**	42	**65**	29
	B-요법 미사용	46	**58**	35	**71**

(3) "Pick Any K/N Data"의 이용

MCA를 사용하여 군집분석을 실행하는 것은 위에서 살펴본 계층적 군집분석과 k-평균 분할방법 이외에도 몇 개의 주어진 선택 항목(n) 중에서 몇 개의 원하는 선택항목을 고르는 경우에도 사용할 수 있다. 이러한 경우의 데이터를 'pick any k/n' 자료라고 부른다. 예를 들어 배스킨 라빈스가 제공하는 아이스크림을 고르는 경우 소비자는 자기가 원하는 2개의 맛(예를 들어 초콜릿과 딸기)을 고를 수도 있고 혹은 3개의 맛(예를 들어 바닐라, 민트, 녹차)을 고를 수도 있는 경우를 말한다. 이러한 'pick any k/n' 자료를 사용하여 우리는 소비자들의 선택이나 선호도에 따른 시장 세분화를 시도할 수 있다.

이러한 경우 다중상응분석에 사용되는 자료는 일반적으로 (0,1)의 더미 변수로 나타나는데 1은 소비자가 선택하는 항목을 나타내고 0은 그렇지 않은 항목을 나타낸다. 다음의 〈표 10-6〉은 제초제가 가지고 있는 18가지의 효익을 보여주고 있다. 그리고 〈표 10-7〉은 MCA에 사용되는 입력자료로서 202명

표 10-6 제초제의 효익

A. 연료 절감	J. 수확 증대
B. 항시 조절 가능	K. 표면에 사용 가능
C. 침출 없음	L. 누적효과 없음
D. 까마종이 억제 효과	M. 밭을 갈 필요 없음
E. 사용용이	N. 적용 시 시간 절감
F. 계절 내내 사용 가능	O. 활엽에도 뛰어난 조절효과
G. 1회 사용으로 효과	P. 초기수확을 저해하지 않음
H. 저비용	Q. 강우량이 거의 필요 없음
I. 제조사 보장	R. 잡초 제거 효과

표 10-7 MCA 입력자료

응답자	A	B	C	D	E	F	G	H	I	J	K	L	M	N	O	P	Q	R
1	1	0	1	0	1	1	1	0	1	1	0	0	1	1	0	1	1	1
2	0	1	1	1	1	0	0	1	0	0	1	0	1	0	0	1	0	0
3	1	0	0	0	0	0	1	1	0	0	1	1	0	0	1	0	0	1
.	.	.	.	.	.	.	.	.	.	.	.	.	.	.	.	.	.	.
.	.	.	.	.	.	.	.	.	.	.	.	.	.	.	.	.	.	.
.	.	.	.	.	.	.	.	.	.	.	.	.	.	.	.	.	.	.
202	0	0	1	1	1	0	1	1	1	0	1	0	0	1	1	1	1	1

의 농부들이 원하는 제초제의 효익을 보여주고 있다.

〈그림 10-5〉는 MCA를 사용하여 구성한 2차원의 공간에서 농부들이 원하는 제초제의 18개 효익들 간의 상대적인 관계를 보이고 있다.

다음의 〈표 10-8〉은 위의 2차원 공간에서 차지하는 202명의 농부들의 좌표를 이용하여 실행한 k-평균 분할방법의 결과를 보여주고 있다. 여기에서는 농부들을 3개의 집단으로 나누고 각 집단의 특성을 원하는 제초제의 효익을 통하여 보여주고 있다. 예를 들면 첫 번째 군집에 있는 95명의 농부 중에서 '연료절감'의 효익을 원하는 농부는 없고(0%) '항시 조절 가능'의 효익을 원하는 농부는 79%임을 일 수 있다. 굵게 표시된 숫자(%)는 각 군집이 지닌 현저한 특성을 나타낸다.

그림 10-5 제초제 효익의 상대적 위치

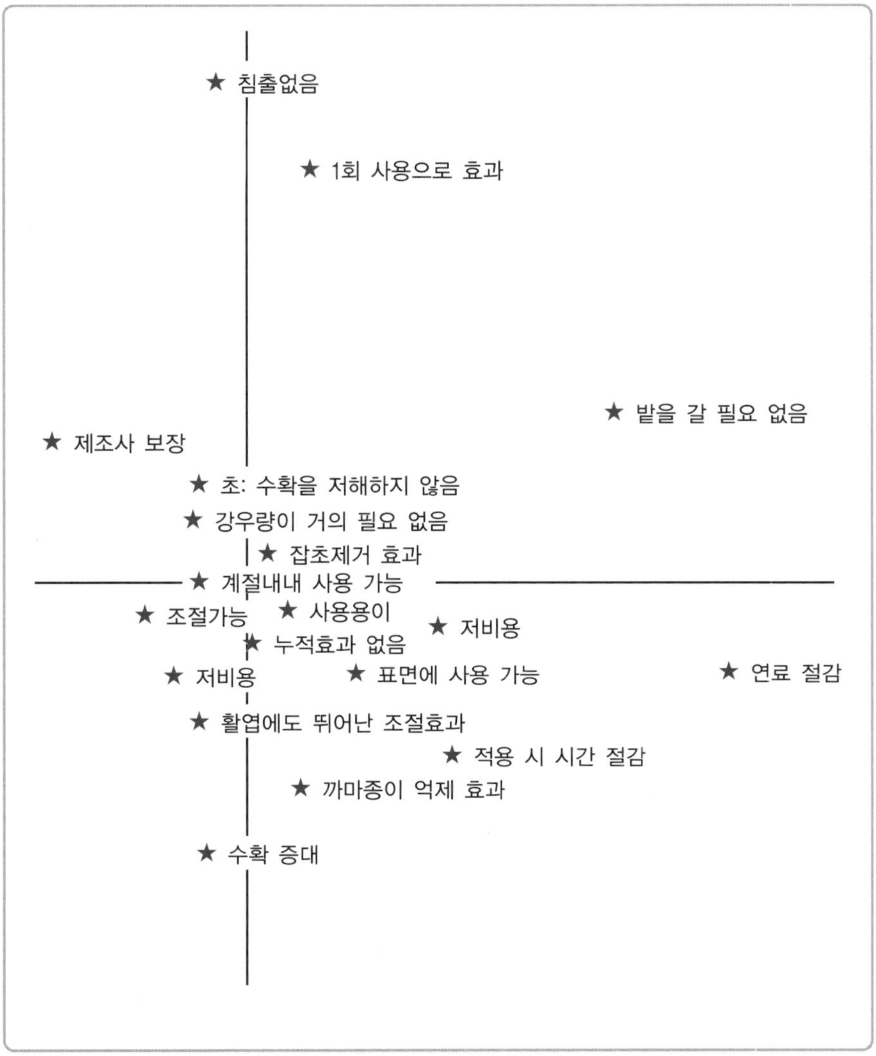

표 10-8 군집별 원하는 제초제 효익

제초제의 효익	군집 1 (N=95)	군집 2 (N=46)	군집 3 (N=61)
A. 연료 절감	0	**65**	2
B. 항시 조절 가능	**79**	50	69
C. 침출 없음	0	13	**59**
D. 까마종이 억제 효과	**40**	39	23
E. 사용용이	**53**	43	46

F. 계절 내내 사용 가능	67	41	**72**
G. 1회 사용으로 효과	7	30	**56**
H. 저비용	**63**	30	46
I. 제조사 보장	18	2	**26**
J. 수확 증대	**50**	28	15
K. 표면에 사용 가능	39	**59**	34
L. 누적효과 없음	**74**	61	59
M. 밭을 갈 필요 없음	5	**76**	15
N. 적용 시 시간 절감	23	**43**	13
O. 활엽에도 뛰어난 조절효과	**66**	30	43
P. 초기수확을 저해하지 않음	40	24	**46**
Q. 강우량이 거의 필요 없음	71	35	**82**
R. 잡초 제거 효과	79	**83**	77

2.2 고객 특성분석

우리는 또한 다중상응분석을 이용하여 잡지 구독자의 특성을 분석할 수 있다. 아래의 〈그림 10-6〉은 세 개의 잡지(엘레강스, 여성중앙, 월간조선) 구독자들의 네 가지 특성(성별, 연령대, 직업, 결혼여부)을 보여주는 다중상응분석의 가상적인 예이다. 우리는 이 그림에서 각 잡지의 위치로부터 가까운 거리에

○ 그림 10-6 잡지 구독자 특성

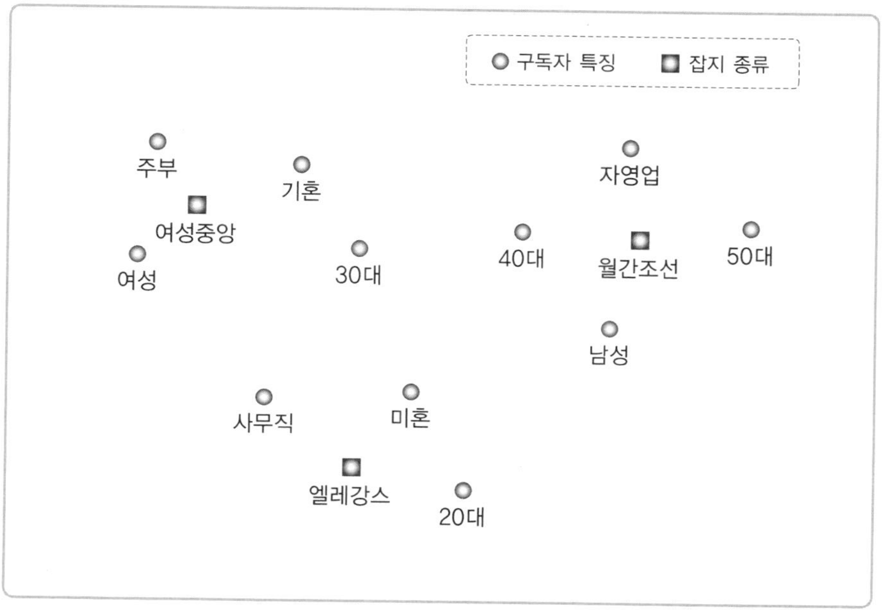

자리 잡고 있는 구독자의 특성을 살펴봄으로써 잡지의 표적고객을 파악할 수 있다. 예를 들면 엘레강스의 표적은 사무직에 종사하는 20대 미혼여성임을 알 수 있다.

우리는 또한 다중상응분석을 이용하여 템플스테이 프로그램에 참가한 사람들의 세 가지 싸이코그래픽 성향(싸이코센트릭, 미드센트릭, 알로센트릭)과 이들이 가장 선호하는 템플스테이 활동 그리고 가장 만족하는 템플스테이 활동의 관계를 살펴볼 수 있다. 아래의 〈그림 10-7〉은 이를 2차원 공간에 나타내고 있다.

그림 10-7 템플스테이 참가자의 특성 1

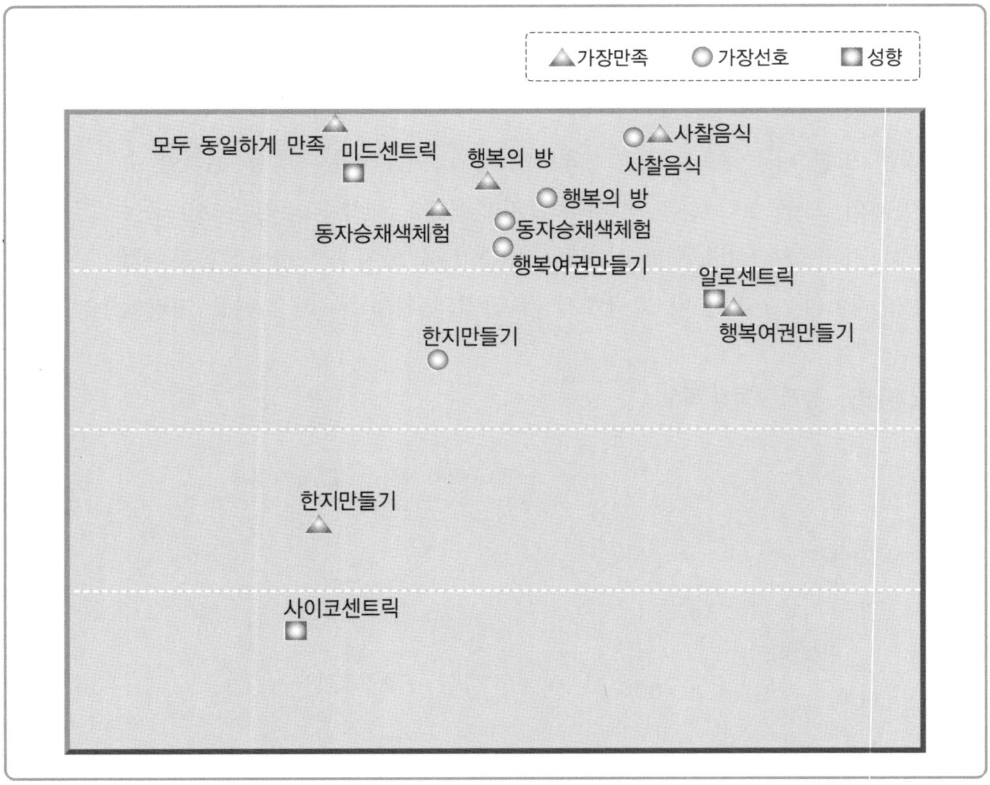

출처: 신영지, 김성호 (2013), "템플스테이 참가자 특성에 따른 세분화 연구", 서비스 마케팅 저널, 6 (2), 27-38.

다음으로 〈그림 10-8〉은 위의 〈그림 10-7〉에 템플스테이 참가자들의 군집중심(cluster centroid)을 함께 맵핑한 결과를 보여준다. 여기에서 군집중심이란 각 참가자의 군집소속을 나타내는 범주형 변수이다.

그림 10-8 템플 스테이 참가자의 특성 2

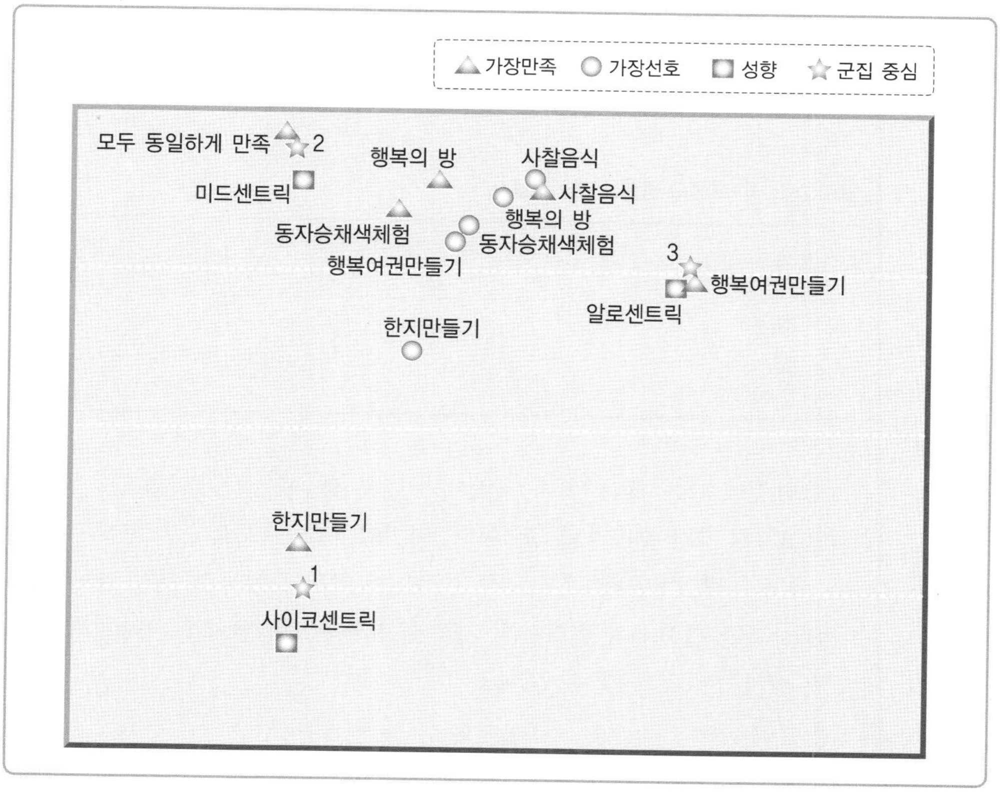

출처: 신영지, 김성호 (2013), "템플스테이 참가자 특성에 따른 세분화 연구", 서비스 마케팅 저널, 6 (2), 27-38.

2.3 고객충성도의 분석

다중상응분석은 소비자의 브랜드 충성도를 분석하는 데에도 활용될 수 있다. 다음의 〈표 10-9〉는 2회에 걸친 소비자의 청량음료의 브랜드 선택을 보여주는 가상적인 자료의 형태이다. 이 표에서 가로줄은 소비자의 첫 번째 선택을 나타내고(소비자의 수) 세로줄은 두 번째 선택을 나타낸다. 따라서 이 표의 대각선에 나타난 수치는 브랜드 충성도(brand loyalty)를 나타내고(*) 이외의 수치는 브랜드 전환(brand switching)을 나타낸다(n_{cp}). 예를 들면 n_{cp}는 코크

(첫 번째 선택)에서 펩시(두 번째 선택)로 전환한 소비자의 수를 나타낸다.

우리는 다중상응분석을 이용하여 소비자의 첫 번째 선택(3개의 브랜드를 나타내는 점)과 두 번째 선택(역시 3개의 점)을 하나의 공간에 시각적으로 표현할 수 있다. 어떤 브랜드의 구매를 나타내는 점과 재구매를 나타내는 점 사이의 거리가 가까울수록 그 브랜드에 대한 소비자의 충성도는 높다고 할 수 있다. 또한 한 브랜드의 구매를 나타내는 점(1)과 다른 브랜드의 재구매를 나타내는 점(2) 사이의 거리가 가까울수록 브랜드 전환이 많은 것을 알 수 있다.

표 10-9 브랜드 충성도 분석자료

첫 번째 선택(1)	두 번째 선택(2)		
	코크	펩시	환타
코크	*	n_{cp}	
펩시		*	
환타			*

〈그림 10-9〉는 위의 〈표 10-9〉의 구매와 재구매 자료를 MCA로 분석한 결과를 2차원 공간에 나타낸 그림이다. 여기에서 보는 바와 같이 코크(1)과 코크(2) 사이의 거리가 가장 짧으므로 우리는 코크의 충성도가 가장 높음을 알 수 있다. 또한 펩시(1)과 환타(2)의 거리가 가까우므로 펩시가 환타에게 많은 고객을 빼앗기는 것도 알 수 있다.

그림 10-9 브랜드 충성도 분석

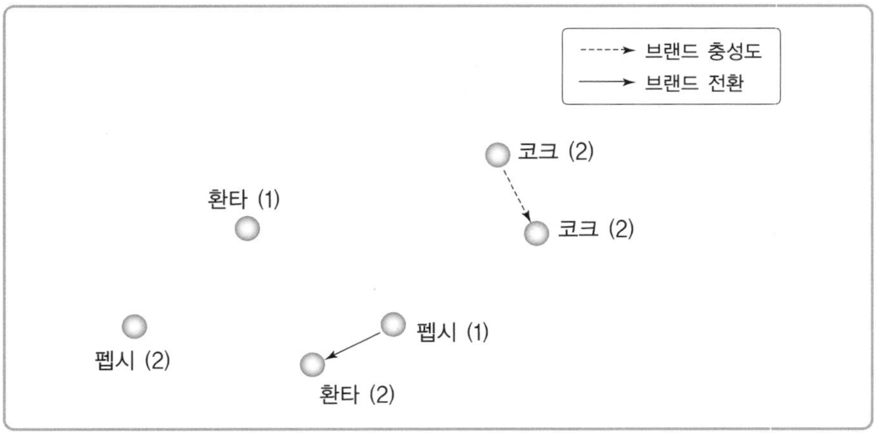

2.4 컨조인트 분석과의 병용

우리는 다중상응분석을 제6장에서 살펴본 컨조인트 분석과 함께 사용할 수 있다. 여기에서는 컨조인트 분석과 다중상응분석을 병용하는 것을 구체적인 예를 통하여 살펴보기로 한다.

우선 아래의 <표 10-10>은 컨조인트 실험에 사용하는 8개의 속성과 속성 수준을 보여준다. 컨조인트 실험에서는 스키 리조트에 대한 응답자들의 부분가치(part-worth)를 구하고 그에 따라서 각 응답자가 가장 선호하는 스키 리조트의 프로파일을 찾아낸다. 즉, 컨조인트 부분가치를 이용하여 각 응답자에게 가장 많은 제품효용(product utility)을 제공하는 스키 리조트의 대안(컨조인트 프로파일)을 파악한다. 이에 관해서는 제6장 컨조인트 분석기법의 소비자선택 시뮬레이션에서 살펴본 바 있다. 또한 <표 10-11>은 컨조인트 실험에 참가한 응답자들의 특성을 파악하는 데 사용하는 배경변수(background variable)이다.

일단 컨조인트 실험을 통하여 각각의 응답자가 가장 선호하는 스키 리조

표 10-10 스키 리조트의 속성과 수준

1. 스키장 유형	1. 가파름 2. 완만함
2. 스키장 규모	1. 평균 규모 2. 대형
3. 인테리어 장식	1. 평범함 2. 다채로움 3. 고품격
4. 시청각 디스플레이	1. VCR 없음 2. VCR 있음
5. 판매 지원	1. 맞춤식/구조적 2. 구경 권유
6. 타겟 마켓	1. 아이들/가족 2. 어른 위주
7. 묶음 판매	1. 묶음 판매 2. 개별 판매
8. 장비 유형	1. 신제품 및 중고 2. 신제품 (보상 판매 불가) 3. 보상 판매

표 10-11 응답자 특성

1. 연령	1. 청소년층 2. 장년층 3. 노년층
2. 소득	1. 저소득 2. 고소득
3. 숙련도	1. 초보 2. 중급 3. 상급

트의 프로파일(first choice)을 파악하면 다음으로는 이 프로파일을 구성하는 속성수준을 범주형 변수로 나타낸다. 그리고 이 범주형 변수를 이용하여 다중상응분석을 실행한다.

다중상응분석을 실행하기 위한 입력자료는 다음의 〈표 10-12〉와 같다. 아래의 표에서 보는 바와 같이 첫 번째 응답자는 가장 많은 효용을 느끼는 대안으로서 첫 번째 프로파일을 선택하는데 이 프로파일을 구성하는 속성수준은 (1, 1, 3, . . . 2, 1)이다. 이들은 모두 제품 프로파일을 구성하는 속성수준을 나타내는 범주형 변수들이다. 다시 말하면 첫 번째 응답자는 경사가 급하고(1) 평균 규모(1)의 스키장과 고품격의 인테리어(3), . . ., 그리고 신제품 및 중고 장비를 갖춘(1) 스키 리조트를 원하는 것이다. 그리고 〈표 10-12〉에서 보는 바와 같이 첫 번째 응답자의 특성은 (3, 1, 3)이므로 이 응답자는 노년층이며 소득이 낮고 상당히 숙련도가 높은 응답자임을 알 수 있다.

표 10-12 MCA 입력자료

응답자	첫 번째 선택 제품	스키장 유형	스키장 규모	인테리어	디스플레이	판매 지원	타겟 마켓	묶음 판매	장비 유형	연령	소득	숙련도
1	1	1	1	3	.	.	.	2	1	3	1	3
2	3	3	1	2	1	.	.	1	3	1	2	1
.												
.												
.												
620	3	1	2	1	.	.	.	1	3	3	2	1

아래의 〈그림 10-10〉은 위의 〈표 10-11〉에 나타난 자료를 다중상응분석으로 분석한 결과를 나타내는 2차원 공간이다. 여기에서는 응답자가 선택한 제품 프로파일의 속성수준, 응답자의 특성(수준)과 함께 세분시장의 중심

○그림 10-10 컨조인트 부분가치의 맵핑

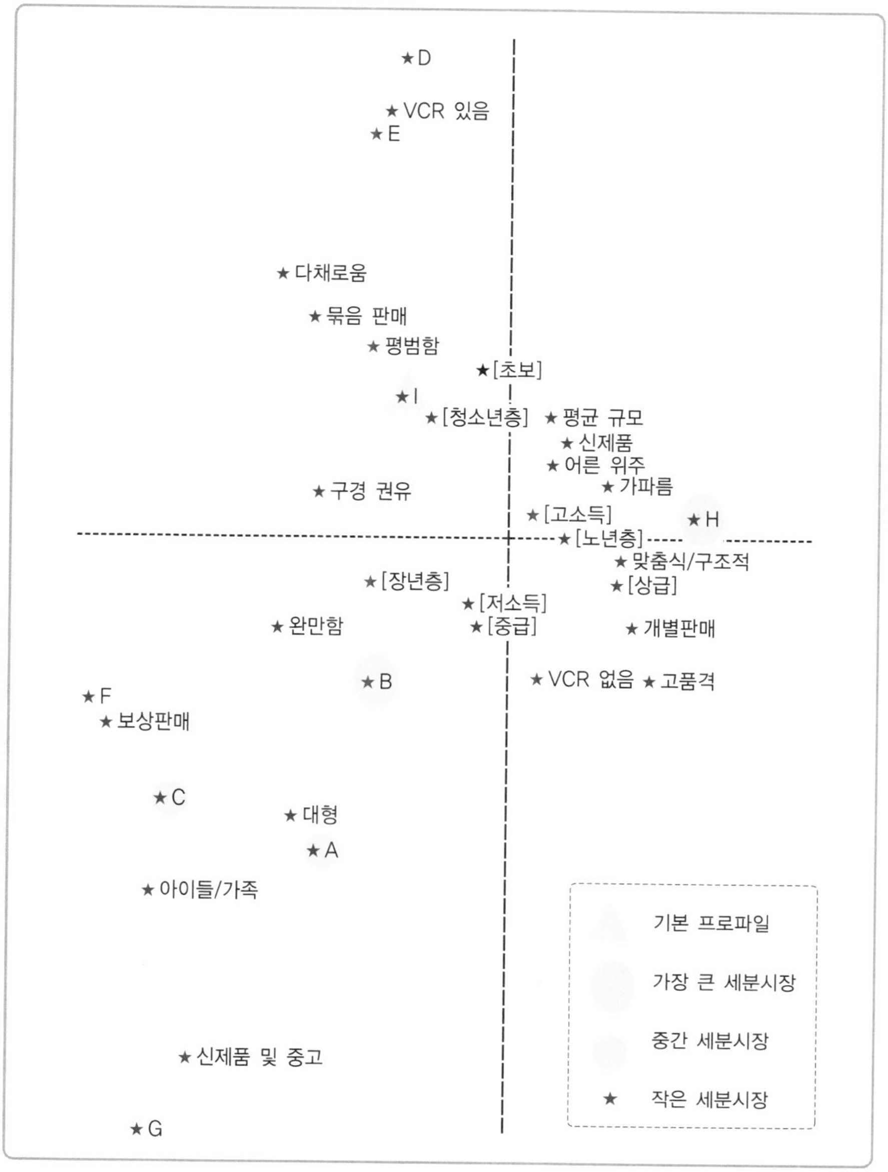

출처: Green, Paul E., Abba M. Krieger, and J. Douglas Carroll (1987), "Conjoint Analysis and Multidimensional Scaling: A Complimentary Approach," Journal of Advertising Research, Oct/Nov, 21-27.

(*A*, *D*, . . . *H*)을 보이고 있다. 우리는 이 공간을 이용하여 각 세분시장에 포함되는 고객의 특성과 함께 이들이 원하는 스키 리조트의 속성수준을 파악할 수 있다. 예를 들면 세분시장 *B*에 있는 응답자들은 비교적 젊고, 소득이 낮으며 중급의 숙련도를 지닌 고객으로서 경사가 완만한 스키장을 원하는 것을 알 수 있다.

앞에서는 컨조인트 부분가치를 이용하여 각 응답자에게 가장 많은 효용을 제공하는 제품 프로파일(first choice)을 구하고 그 프로파일을 구성하는 속성수준(범주형 변수)과 다른 배경변수들을 상응분석을 통하여 2차원 공간에 나타내었다. 다음으로는 컨조인트 분석과 상응분석을 함께 사용하는 보다 간단한 경우를 살펴보기로 한다.

우선 컨조인트 분석을 통하여 각 응답자의 부분가치 벡터(part worth vector)를 구한 뒤, 각 속성 안에서 가장 높은 부분가치를 지니고 있는 속성수준을 명목척도로 전환한다. 여기에서 가장 높은 부분가치를 지니고 있는 속성수분을 이상점(ideal point)이라고 한다. 이상점과 응답자의 배경변수를 상응분석으로 분석할 수 있다.

예를 들면 어떤 응답자가 가지고 있는 자동차의 속성에 대한 부분가치 벡터가 다음과 같다고 하자. 이 응답자는 가격의 첫 번째 수준에서 가장 높은 가치를 느끼므로 가격의 이상점은 1(첫 번째 수준)이 된다. 마찬가지로 연비의 세 번째 수준이 가장 높은 가치를 제공하므로 연비의 이상점은 3(세 번째 수준)이 된다.

	가격(만원)			연비(km)			승차감	
속성수준	800	1500	2300	12	19	25	우수함	보통
부분가치	0.9	0.5	0.3	0.2	0.3	0.7	0.6	0.4
이상점	1	2	3	3	2	1	1	2

응답자의 컨조인트 이상점을 구한 뒤 범주형 변수로 측정된 응답자의 배경변수(특성)과 함께 상응분석을 실행한다. 이를 통하여 각각의 속성수준에 가까운 응답자들의 특성을 파악할 수 있다.

컨조인트 이상점			배경변수(특성)			
가격	연비	승차감	성별	연령대	직업	.....
1	3	1	2	3	2	

3. 자료융합

경영학 및 사회과학 분야에서 자료수집의 방법으로 많이 쓰이는 것 가운데 하나가 바로 서베이(survey)이다. 서베이는 우편 설문이나 전화 면접 혹은 몰 인터셉트 조사 등을 포함하는데 서베이의 주요한 문제점 중의 하나는 결측치(missing value)이다. 결측치란 응답자의 무응답(non-response), 불완전한 응답, 혹은 불성실한 응답 등으로 인하여 우리가 수집하고자 하는 자료를 얻는데 실패하는 것을 말한다. 이러한 경우 결측치를 처리하는 방법은 여러 가지가 있지만 여기에서는 자료융합을 통해서 결측치의 값을 추정하는 방법을 살펴보기로 한다.

자료융합(data fusion)에서는 응답자를 크게 두 종류로 분류한다. 우선 수혜자(receipient)는 자기가 가지고 있는 결측치(누락치)의 값을 다른 응답자로부터 제공받는 응답자를 말한다. 그리고 기증자(donor)는 수혜자가 가지고 있는 결측치의 값을 대체하도록 자기가 지니고 있는 값(관측치)을 제공하는 응답자를 말한다.

수혜자는 자기의 결측치를 다른 값으로 대체하기 위하여 기증자를 찾는데 이 과정에서 자기와 가장 가까운 거리에 있는(혹은 가장 유사한) 응답자를 기증자로 삼는다. 즉, 공통변수라고 부르는 일련의 변수들을 사용하여 가장 가까운 거리에 위치한 기증자를 찾아서 기증자가 가진 값을 자신이 가지고 있는 결측치의 대체값으로 얻는다. 만약 가장 가까운 거리에 있는 응답자 역시 결측치를 가지고 있다면 두 번째로 가까운 거리에 있는 응답자의 값으로 결측치를 대체한다.

자료융합에서는 우리가 수집하는 자료 중의 일부를 공통변수(common variables)라고 부른다. 공통변수는 특정한 수혜자의 기증자를 찾는 데 사용되기 때문에 누락치가 있어서는 안 된다. 즉, 공통변수를 사용하여 모든 응답자 사이의 거리(inter-respondent distance)를 계산하여 특정한 수혜자에 대한 기증자를 찾는다. 공통변수로는 응답자의 인구통계적 특성이나 심리적 특성 등을 많이 사용하지만 공통변수가 다른 변수들(누락치를 가지고 있는)과 상당한 상관관계를 지니고 있다고 판단되면 다른 종류의 변수를 공통변수로 사용하여도 무방하다. 예를 들면 누락치를 가지고 있는 변수와 행동패턴이 비슷한 변수(behavioral correlate)들을 공통변수로 사용할 수 있다.

만약 공통변수가 메트릭 변수라면 우리는 유클리디안 거리나 마할라노비스 거리를 사용하여 특정한 수혜자에 대한 기증자를 찾을 수 있다. 그리고 공통변수가 비메트릭 변수라면 우리는 다중상응분석을 사용하여 다차원공간을 구성한 뒤 그 공간에서의 응답자 간 거리를 계산하여 특정한 수혜자로부터 가장 가까운 거리에 위치한 기증자를 찾을 수 있다.

〈그림 10−11〉은 자료융합의 기본적인 아이디어를 보여주고 있다. 여기에서 유나(수혜자)가 가지고 있는 j번째 변수의 누락치는 유나로부터 가장 가까운 거리에 있는 민지(기증자)가 가지고 있는 값으로 대체한다.

그림 10-11 자료융합의 개념

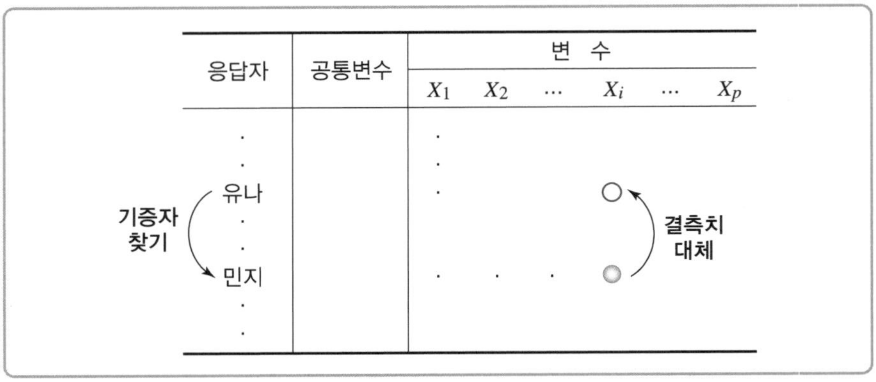

일반적으로 자료융합은 자료수집이 완료된 후에 발견된 결측치를 추정하기 위하여 많이 사용된다(post hoc data fusion). 그러나 우리는 자료수집이 시작되기 전에 응답자가 응답하여야 하는 문항의 수를 줄이기 위한 목적으로 자료융합을 사용할 수 있다(pre-planned data fusion). 아래의 그림에서 첫 번째 응답자 집단은 변수 세트 2와 세트 3에 있는 문항에만 응답하면 된다. 그리고 첫 번째 응답자 집단이 지닌 변수 세트 1의 누락치는 두 번째와 세 번째 응답자 집단에서 기증자를 찾아 대체하면 된다. 두 번째와 세 번째 응답자 집단에 대해서도 마찬가지 방법으로 그들이 지닌 누락치에 대하여 대체값을 가질 수 있다. 물론 공통변수에 대해서는 모든 응답자가 응답하여야 한다.

○ 그림 10-12 사전적 자료융합

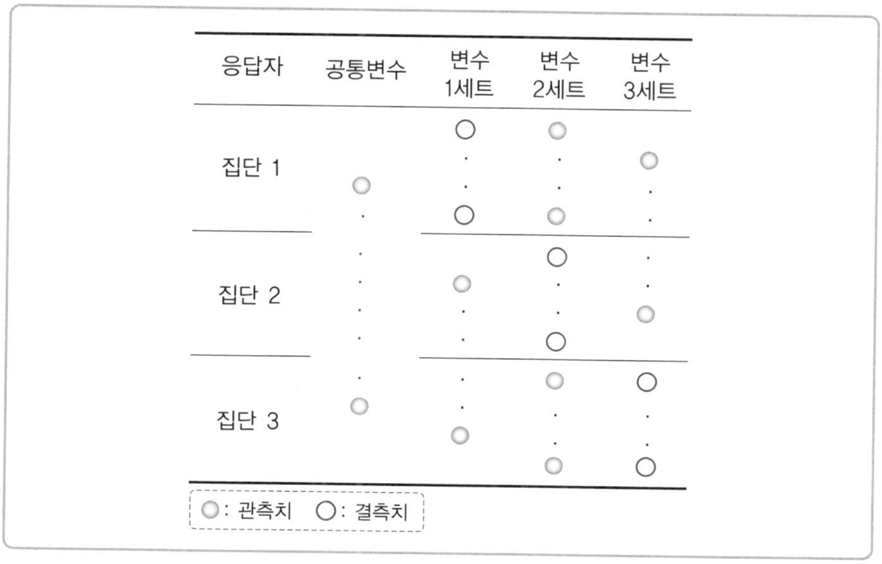

4. 상응분석의 제한점

다른 모든 자료축소기법(data reduction techniques), 예를 들면 우리가 자주 사용하는 요인분석이나 주성분분석과 마찬가지로 다중상응분석 역시 공간을 줄이는 과정(space reducing process)에서 본래의 데이터가 지니고 있는 정보(분산)의 손실이 불가피하다. 일반적으로 데이터의 구조가 분명한 경우에는 2개 혹은 3개의 차원으로써 본래 데이터가 지니고 있던 정보의 70%–95%를 유지할 수 있지만 항상 그러한 것은 아니다. 따라서 데이터를 줄임으로써 얻는 이점과 또 그에 따른 비용(정보의 손실)을 고려하여 다중상응분석을 당면한 연구의 목적이나 본질에 비추어 적절하게 사용하는 것이 중요하다.

또한 다중상응분석을 사용하여 구성한 공간에서는 일반적으로 축(axis) 혹은 차원(dimension)의 해석이 다른 다차원분석의 경우보다 어려운 점이 있다. 그러나 우리가 여기에서 살펴본 것과 같이 다중상응분석을 다른 분석(예를 들면 군집분석이나 브랜드 충성도 분석)의 선(先)과정으로서 사용하는 경우가 많기 때문에 축의 해석을 하지 않는 것이 일반적인 추세이다. 다중상응분석의 가장 큰 장점은 우리가 관심을 가지고 있는 개체(교차표의 가로줄 혹은 세로줄에 나타난 개체)들 사이의 상대적인 관계를 몇 차원의 공간에 시각적으로 표현할 수 있다는 데에 있다.

알아두어야 할 핵심 용어

결측치(missing value)
기증자(donor)
범주형 변수(categorical variable)
상대적 위치(relative position)
상응분석(correspondence analysis)
수혜자(receipient)
이상점(ideal point)
자료융합(data fusion)
좌표값(coordinate value)
n-way table

생각해 볼 문제

1. 경하는 다음에 주어진 유통채널과 이들을 이용하는 고객의 특성을 다중상응분석을 사용하여 분석하고자 한다. 경하는 분석을 하기 전에 어떤 결과를 얻을 수 있는지 당신의 자문을 구했다. 당신이 예상하는 분석결과를 2차원 공간에 나타낸다면 어떤 맵핑이 되겠는가?

   유통채널
   백화점, 대형마트, 편의점, 전통시장

   교육수준
   높음, 낮음

   소득, 높음, 준간, 낮음

   라이프스타일
   가치추구형, 과시지향형, 전통지향형

2. 위의 분석에서 경하는 450명의 응답자의 자료를 사용하여 다중상응분석을 실행하였다. 경하는 이들 응답자들이 2차원 공간에서 자리잡는 좌표를 이용하여 세분화를 실행하려고 한다. 당신은 몇 개의 세분시장을 도출할 수 있다고 경하에게 이야기해 주겠는가? 또한 세분시장의 수를 결정한 근거는 무엇인가?

제4부
기타 분석기법

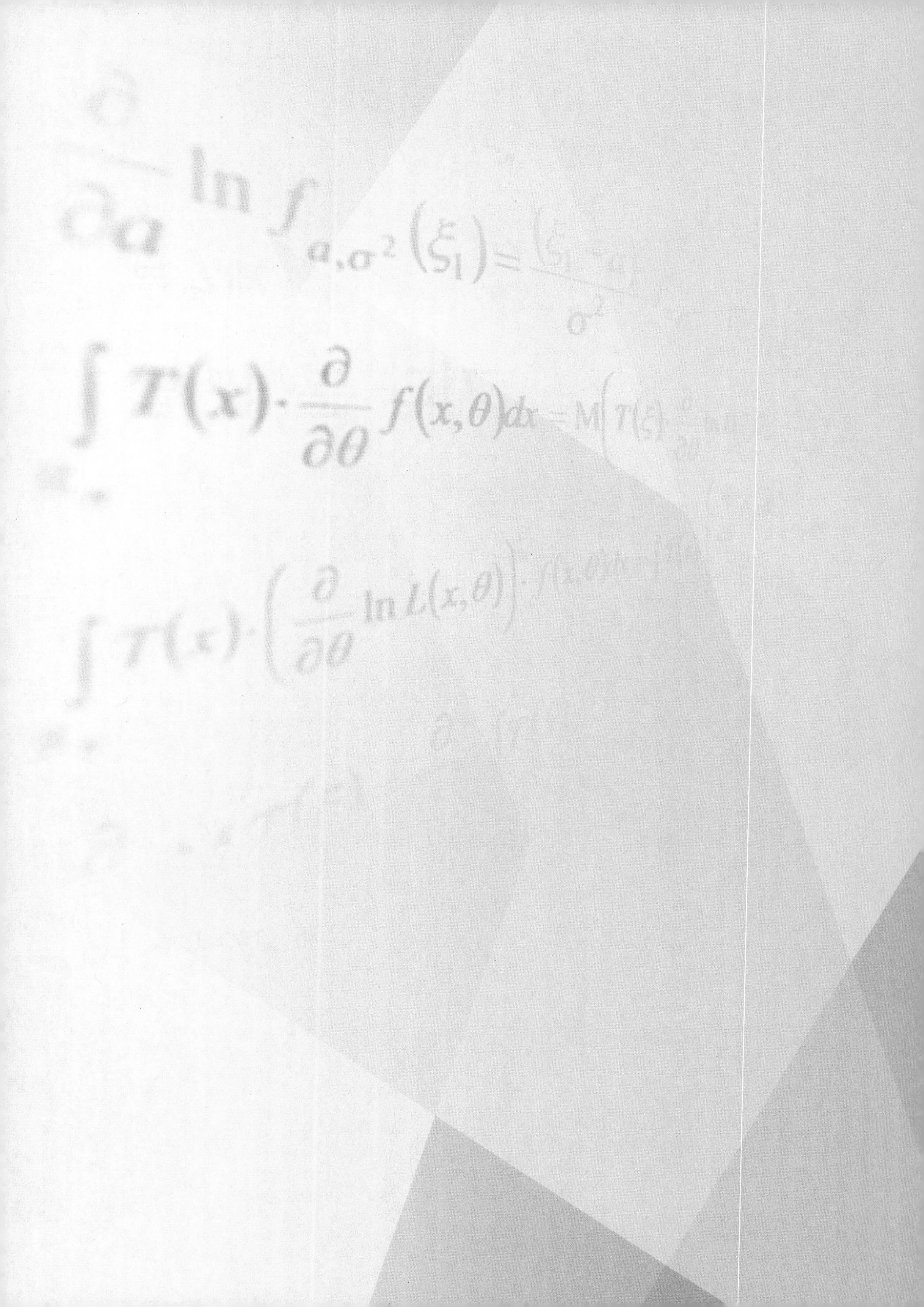

제 11 장

구조방정식 모델

1. 구조방정식 모델의 개요
2. 구조방정식 모델의 특성
3. LISREL의 사용 절차와 방법
4. 모형의 적합도 검증
5. 모형의 추정 시 고려사항
6. 인과관계의 규명

1. 구조방정식 모델의 개요

지금까지 살펴본 회귀분석, 분산분석, 판별분석, 주성분 분석 및 여타의 분석 방법들은 모두 이론적으로나 실무적인 문제를 분석할 수 있는 유용한 분석기법이다. 그러나 이러한 기법들에 단점이 있는데 그것은 한 번에 단일의 관계만을 분석할 수 있다는 것이다. 다변량 분산분석과 정준분석과 같이 여러 개의 종속변수들을 가지고 분석하는 경우에도 종속변수와 독립변수 간의 단일의 관계만을 나타내고 있을 뿐이다.

실제로 연구자들은 상황에 따라 하나의 독립변수와 하나의 종속변수 간의 단일의 관계가 아닌 일련의 상호관련이 있는 변수들의 관계를 파악해야 하는 경우가 더 많다. 예를 들어, 브랜드 이미지, 지각된 품질과 같은 변수들이 브랜드 만족에 영향을 미치는지 분석하고, 브랜드 만족이 브랜드 충성도나 브랜드 전환비용에 어떻게 영향을 미치는지, 마지막으로 이러한 요소들이 장기적으로 소비자에게 관계의 질을 높이는 데 영향을 미치는지와 같은 일련의 문제들을 다루는 것이 중요하다. 그러나 우리가 지금까지 살펴본 분석기법으로는 이러한 모든 문제를 한 번에 해결할 수 없다. 또한 회귀분석이나 경로분석에서는 잠재변수 자체의 측정오차는 고려하지 않는 데 반해 구조방정식 모델에서는 이러한 오차에도 주의를 기울일 수 있다. 즉, 측정오차를 이론모형과 동시에 고려하여 측정변수와 잠재변수, 그리고 잠재변수간의 관계를 동시에 검증할 수 있는 것이다.

따라서 본 장에서는 이러한 문제들을 포괄적으로 분석할 수 있는 구조방정식 모델(structural equation modeling: SEM)을 살펴보기로 한다. 구조방정식 모델은 공분산구조분석(covariance structure analysis), 잠재변수모델(latent variable model), 확인적 요인분석(confirmatory factor analysis) 및 LISREL 분석 등의 이름으로 불려 지고 있다. 실제로 LISREL은 구조방정식 모델의 분석을 위한 가장 대표적인 컴퓨터 프로그램 이름지만 현재는 구조방정식을 대용하는 이름으로 사용되기도 한다.

구조방정식 모형(structural equation modeling: SEM)은 크게 측정모델과 구조모델로 구성되어 있는데, 측정모델(measurement model)은 확인적 요인분석의 성격이 반영된 것이고, 구조모델(structural model)은 다중회귀분석과 경로분석의 성격이 반영된 것이다.

본격적으로 구조방정식모델에 대한 설명을 하기 전에 각 모델의 수리적인 구조에 대한 기본적 개요에 대해 살펴보도록 한다.

수리적 모델(Mathematical Models)

요인분석 모델(factor analytic model)에서 관측변수(observed variables)는 미관측변수(unobserved variables) 또는 요인이라 불리는 잠재변수(latent variables)의 수 보다 적은 수로 만들어진다. 관측변수(observed variables)는 일반적으로 오차(error)와 함께 측정된다. 따라서 요인 모델은 기본적으로 측정 모델이라 할 수 있고 다음의 〈그림 11-1〉과 같이 나타낼 수 있다.

그림 11-1 공분산 구조 모델의 측정 요소

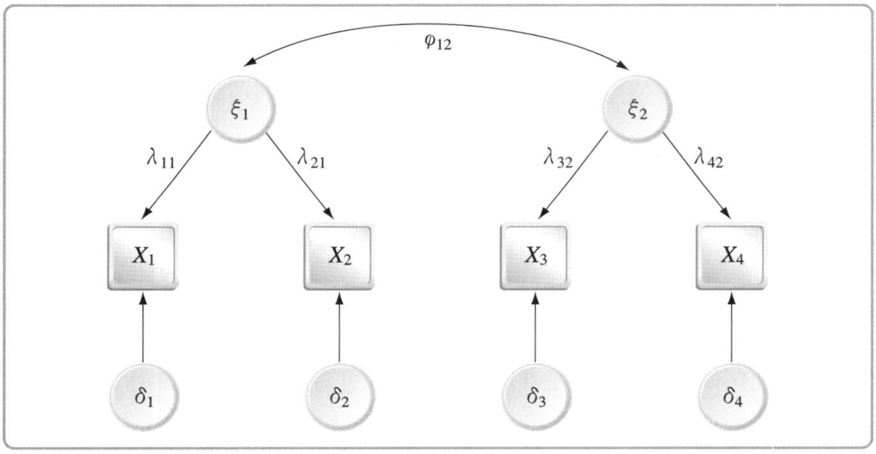

출처: J. Scott Long(1983), Covariance Structure Models An Introduction to LISREL, SAGE Publication.

사각형은 오차(error)와 함께 측정되는 관측변수(observed variables)이고, 원은 미관측변수(unobserved variables)이다. 제일 위에 있는 원은 각각 두 개의 관측 변수에 연결되어 있고, 이 관측변수들은 미관측변수에 의해 만들어지는 것을 볼 수 있다. 가장 위에 있는 원은 공통요인(common factors)이라고 하며, 가장 아래에 있는 원은 각각 하나의 관측변수에 연결되어 있는데 하나의 공통요인에 의해 설명될 수 없는 관측변수의 부분이라 할 수 있으며 unique factors 또는 오차(error)라고 불린다.

관측변수 사이에 있는 공분산은 알려져 있지만, 측정에서 오차에 의해 오염될 수 있다. 따라서 측정오차(measurement error)의 영향을 제거하기 위해서는 〈그림 11-1〉에서 가장 위에 있는 두 개의 공통요인(common factors) 사이의 공분산을 제거해야 한다.

〈그림 11-1〉에서 잠재변수(latent variables)와 관측변수(observed variables) 간의 관계는 다음과 같이 나타낼 수 있다.

$$x_1 = \lambda_{11}\xi_1 + \delta_1 \qquad x_2 = \lambda_{21}\xi_1 + \delta_2$$

$$x_3 = \lambda_{32}\xi_1 + \delta_3 \qquad x_4 = \lambda_{42}\xi_2 + \delta_4$$

여기에서

x = 관측변수(observed variables)

ξ = 공통요인(common factors)

δ = 오차항(unique factors)

λ = 적재치(loadings)

또한 위의 식을 행렬 방정식으로 다음과 같이 일반적인 형식으로 나타낼 수 있다.

$$x = \Lambda\xi + \delta$$

여기에서

x = 관측변수의 벡터(vector)

ξ = 공통요인의 벡터(vector)

δ = unique factors의 벡터(vector)

실제로 구조방정식 모델은 사회과학이나 행동과학 분야에서 널리 사용되어 왔다. 단순한 형식은 회귀식의 형태로 구성되어 있는데 다음과 같이 바꿀 수 있다.

$$y = \beta_1 x_1 + \beta_2 x_2 + e$$

기호를 바꿔서 표시하면

$$\eta_1 = \gamma_{11}\xi_1 + \gamma_{12}\xi_2 + \zeta$$

좀 더 사실적인 모델은 다중 방정식 시스템을 사용하여 구성되는데, 이는 상호간의 인과관계가 포함되는 것과 포함되지 않는 것이다. 이러한 모델의 예는 다음의 〈그림 11-2〉에 나타난다.

이 모델은 관측변수 η_1이 관측변수 η_2, ξ_1, 그리고 ξ_2에 의해서 인과관계의 결과로 결정된다. 그리고 이 세 개의 변수가 η_1을 완벽하게 설명하지 못하는 것은 오차 ζ_1의 영향을 받기 때문이다. 마찬가지로, η_2도 η_1, ξ_2, 그리고 ξ_3에 의

그림 11-2 공분산 구조 모델의 구조 요소

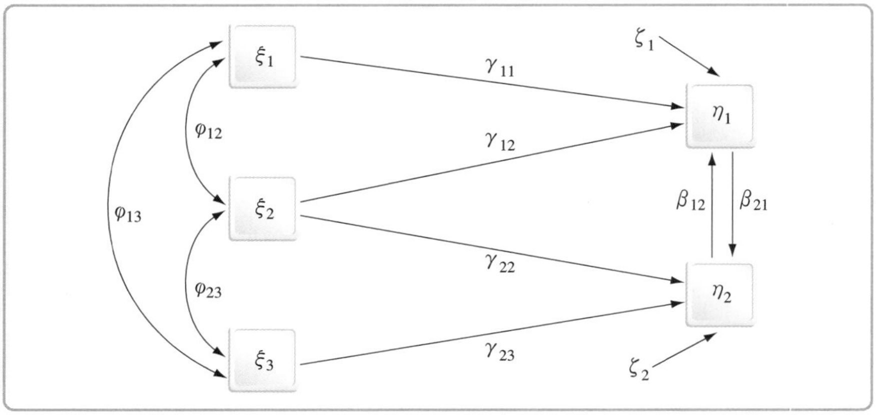

출처: J. Scott Long(1983), Covariance Structure Models An Introduction to LISREL, SAGE Publication.

해서 인과관계의 결과로 결정되고, 오차 ζ_2의 영향을 받는다. 이 구조적 관계를 나타내면 다음과 같다.

$$\eta_1 = \beta_{12}\eta_2 + \gamma_{11}\xi_1 + \gamma_{12}\xi_2 + \zeta_1$$

$$\eta_2 = \beta_{21}\eta_1 + \gamma_{22}\xi_2 + \gamma_{23}\xi_3 + \zeta_2$$

이를 구조방정식의 일반적인 모형으로 나타내면 다음과 같다.

$$\eta = B\eta + \Gamma\xi + \zeta$$

여기에서

- η = 오차 없이 측정된 관측 종속변수(observed dependent variables)의 벡터
- ξ = 오차 없이 측정된 관측 독립변수(observed independent variables)의 벡터
- ζ = 오차의 벡터
- B = 구조 관계에서 η변수들의 $m \times n$개의 행렬
- Γ = 구조 관계에서 ξ변수들의 $m \times n$개의 행렬

〈그림 11-3〉은 공분산 구조 모델의 구조모델과 측정모델이 결합된 형태이다.

일반적으로 공분산구조모델은 세 개의 방정식으로 구성되어 있다.

첫째, 구조방정식모델이 잠재변수들 간의 인과관계를 명시하고 있다.

○ 그림 11-3 구조모델과 측정모델의 결합

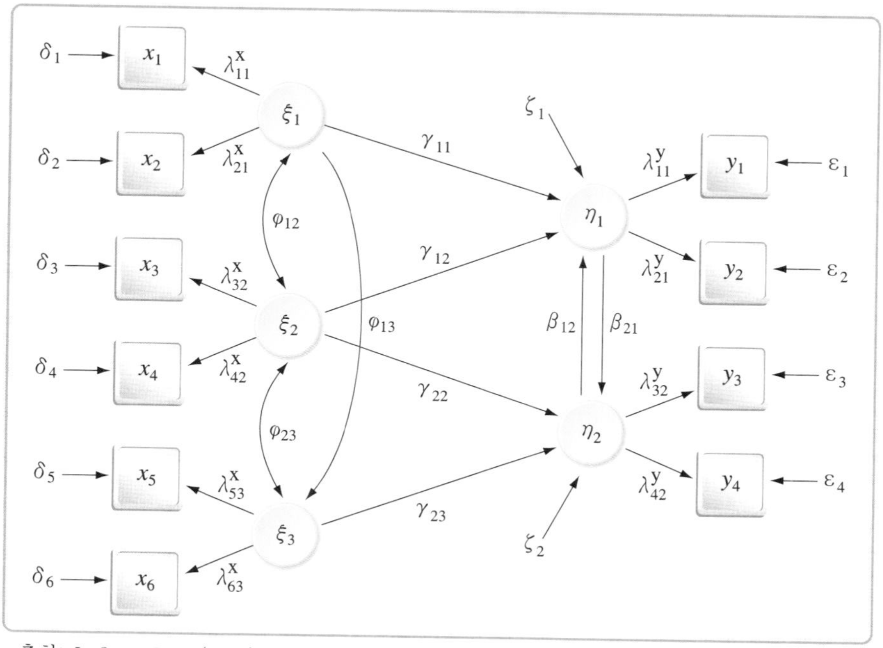

출처: J. Scott Long(1983), Covariance Structure Models An Introduction to LISREL, SAGE Publication.

$$\eta = B\eta + \Gamma\xi + \zeta$$

이 식은 앞서 본 식과 동일하다. 하지만 다른 점은 η와 ξ이 지금은 관측변수 대신 잠재변수를 포함하고 있다는 것이다.

두 번째와 세 번째 방정식은 측정모델과 관련이 있다. 우선 첫 번째 측정모델을 살펴보면 다음과 같다.

$$x = \Lambda_x\xi + \delta$$

또한 두번째 측정 모델 식은 다음과 같다.

$$y = \Lambda_y\eta + \varepsilon$$

위의 측정모델 식은 구조모델식과 함께 공분산구조모델을 만든다.

2. 구조방정식 모델의 특성

구조방정식 모델이 다른 분석방법과 다른 중요한 특성은 첫째, 다중 상호 종속관계를 동시에 추정할 수 있으며, 둘째, 이들 관계에서 잠재변수를 포함할 수 있으며 또한 측정오차를 추정할 수 있다는 것이다. 이러한 특성에 대해 자세히 살펴보도록 하자.

2.1 다중 상호종속 관계를 동시에 추정

앞서 개요에서 잠시 설명을 했듯이, 대부분의 분석기법들은 독립변수와 종속변수 간의 단일 관계만을 분석할 수 있는 반면 구조방정식모델은 일련의 종속변수에 대한 개별적인 관계를 동시에 분석할 수 있다는 장점이 있다. 대부분의 사회과학에서는 단일의 관계보다는 일련의 상호관계가 있는 현상에 대한 연구를 많이 하고 있기 때문에 더욱 더 유용하게 사용되고 있다. 예를 들면 다음과 같은 모델을 분석한다고 하자.

그림 11-4 다중 상호종속관계 모델의 예

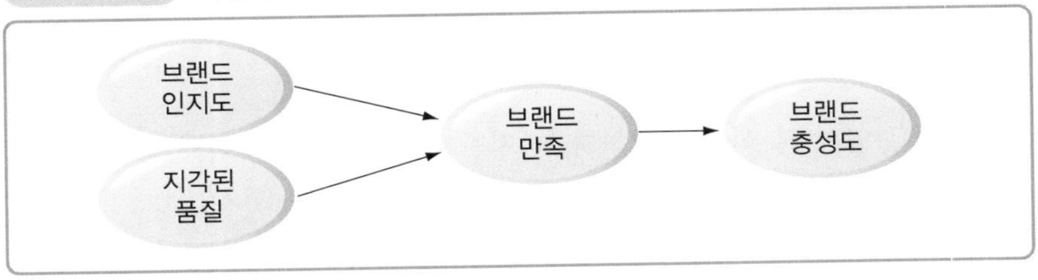

〈그림 11-4〉에서 제시한 모델을 살펴보면, 이 모델에 포함된 변수들 간의 상관패턴에 대해 예상할 수 있다. 즉, 브랜드 만족과 브랜드 충성도 간의 상관관계, 브랜드 인지도와 브랜드 만족간의 상관관계, 지각된 품질과 브랜드 만족간의 상관관계가 있다고 예측할 수 있다. 또한 영향을 미칠 것으로 예상되는 변수(브랜드 인지도, 지각된 품질)는 그렇지 않은 변수보다 공분산행렬(상관행렬)의 값이 크게 나타날 것으로 예측할 수 있다. 왜냐하면 상관관계는 인과관계가 성립하기 위한 필요조건이기 때문이다. 즉, 충성도의 원인이 만족이라는 인과관계가 있기 위해서는 두 변수 간에 상관관계가 높게 나타나야 한다는 것이다.

이 모델을 검증하기 위해 각 변수에 대한 자료를 수집할 수 있다. 만약 이 모델이 맞다면 수집한 자료는 앞서 언급한 상관패턴과 유사한 모습을 보일 것이고, 수집한 자료가 위와 같은 모델의 패턴과 다르다면, 이것은 맞지 않다고 결론을 내릴 수 있다.

또한 이 모델에서 브랜드 만족은 브랜드 인지도나 지각된 품질과의 관계에서는 종속변수이지만, 브랜드 충성도와의 관계에서는 독립변수가 되는 상호종속관계를 갖고 있다. 구조방정식모델은 이처럼 개별적이지만 상호종속적인 관계를 갖는 구조모델을 동시에 추정할 수 있다는 장점이 있다. 만약 이 모델을 회귀분석으로 분석한다면 두 번에 걸쳐 분석해야 한다. 하지만 이때, 독립변수와 종속변수는 단일지표에 의해 분석이 이루어져야 하지만 구조방정식 모델은 다중지표를 이용할 수 있으며 또한 지표의 측정오차를 반영할 수도 있어서 회귀분석을 두 번하는 것보다 더 정확한 분석 결과를 얻을 수 있다.

2.2 잠재변수를 포함

구조방정식모델은 모델 내에 잠재변수(latent variables)를 포함한다. 사회과학에서 이론을 도출하고 검증하기 위해서는 복잡한 사회 현상을 이해하고 예측하고 나아가 통제를 가능하게 하는 현상에 대한 구성의 인과관계가 규명되어야 하지만, 사회과학은 자연과학과 달리 대부분의 사회적 변수들은 실험조작에 의한 통제가 거의 불가능하고 직접적인 측정이 불가능한 잠재변수 때문에 인과관계를 규명하는 것이 어렵다. 따라서 사회과학에서는 잠재변수를 측정하기 위해 추상적인 그 변수의 성격을 연역적으로 구성개념(construct)화하여 이를 지표(indicator)화 또는 측정변수(measured variable)화 하고 설문조사를 통해 자료를 수집하는 경우가 많다. 앞선 〈그림 11-4〉에 제시한 모델에서 원으로 표현된 브랜드 인지도, 지각된 품질, 브랜드 만족, 브랜드 충성도 모두 잠재변수에 해당된다.

잠재변수의 측정을 위해 측정변수를 도입하고 있는데 이러한 측정변수들이 타당성 있는 잠재변수의 지표인가를 규명하는 이론적 바탕으로 확인적 요인분석(confirmatory factor analysis: CFA)이 사용되며, 잠재변수간의 관계를 나타내는 구조방정식의 분석에는 경로분석(path analysis)이 사용된다.

즉 다음의 〈그림 11-5〉는 잠재변수 A, B, C와 그에 따른 측정변수들을 보여주고 있다. 실제로 잠재변수 A를 측정하는 측정변수 A-1, A-2, A-3의 3개의 변수 간에는 서로 상관관계가 높아야 잠재변수 A를 안정적으로 측정하는 측정변수로서 가치가 있다. 마찬가지로 잠재변수 B와 잠재변수 C는 그 변수들과 연결된 측정변수들과 높은 상관관계를 가져야 하는 것이다.

이때, 요인의 수를 사전적으로 정하지 않는 탐색적 요인분석이 아니라 사전의 요인의 수를 정하는 확인적 요인분석이 사용된 이유는 측정변수와 잠재변수간의 관계가 이론을 바탕으로 연구자가 사전에 정당화하였기 때문이다.

그림 11-5 구조방정식 모델에서 잠재변수와 측정변수

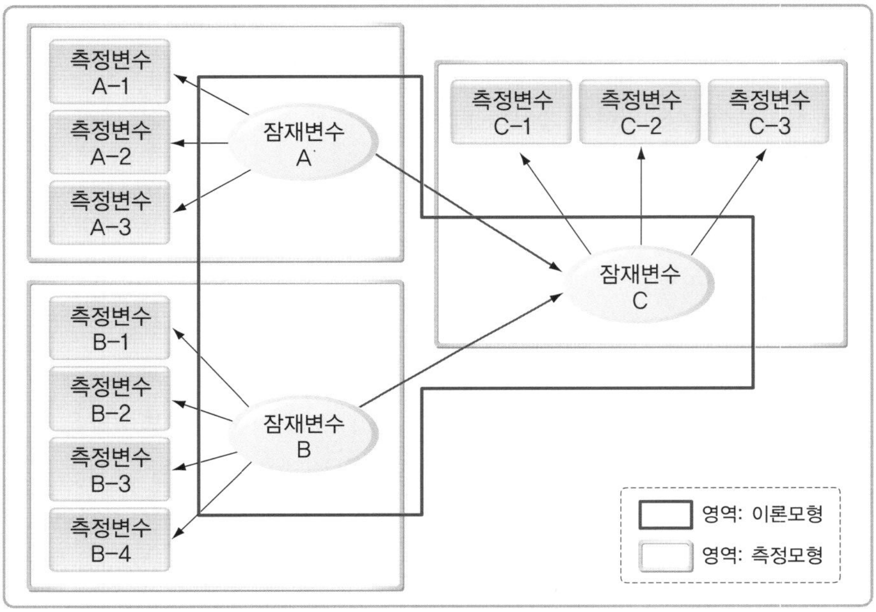

2.3 측정오차를 추정

기존의 다른 분석기법들은 측정오차를 고려하지 않는 것에 비해, 구조방정식모델은 모델에 포함된 관측변수의 측정오차를 고려한다. 예컨대, 회귀분석에서는 모델에 포함된 변수의 측정오차를 무시한다. 따라서 회귀분석에 대한 결과는 정확하지 않을 수 있으며 이로 인해 잘못된 결론을 유도할 수 있다.

일반적으로 사회과학에서는 설문지를 통해 자료를 수집하는데 이 때 측정하고자 의도한 개념을 완벽하게 측정하기가 어렵기 때문에 측정오차가 있기 마련이다. 그러므로 측정오차를 제외한 나머지 부분에 의해 변수들 간의 관계를 파악하는 것이 보다 정확한 계수를 얻을 수 있다.

2.4 다양한 모델을 추정

쌍방향(雙方向) 인과관계, 순환적(循環的) 인과관계, 제약모수(制約母數)의 도입 등 모델의 표현방법이 풍부하여 대체적 가설이나 모델 가운데서 어느 것이 우월한가를 검증하는 데 적합하다. 예컨대, 쌍방향 인과관계와 관련하여 "개념 A(η1)는 개념 B(η2)에 영향을 미치지만, 개념 B(η2)는 개념 A(η1)에 영향을 미치지 않는다"와 같은 연구가설(예컨대, Bagozzi 1980)의 검정을 동시에 실시할 수 있다. 다양한 의미의 등식제약(等式制約)을 부여하여 모수의 값이나 상관구조 등이 동일한지 여부를 검정 가능하다.

2.5 모델의 개선이 용이

구조방정식 모델은 동일한 자료를 이용하여 축적된 지식과 이론적 바탕하에서 모델을 단계적으로 수정해 갈 수 있으므로 모델의 개량이 용이하다. 이 경우 수정지수(modification indices: MI)와 *t*값이 유용한 수단이 된다.

2.6 허위상관 여부를 판단

인과관계모델을 구축하고자 할 때, 독립변수들의 효과를 제거한 상태에서 종속변수들의 오차항(ζ)간에 상관이 존재하는지를 검토할 수 있으므로, 종속변수(즉, 잠재변수)간에 존재하는 상관이 고유한 상관인지 아니면, 허위상관(spurious correlation)인지를 검정할 수 있는 정보를 제공한다.

3. LISREL의 사용 절차와 방법

구조방정식모델의 분석을 위한 가장 대표적인 컴퓨터 프로그램이 LISREL이다. LISREL은 Analysis of Linear Structural Relationships by the Method of Maximum Likelihood의 약칭으로 스웨덴 웁살라 대학의 Jöreskog 중심으로 개발되었으며 학생용 버전은 http://www.ssicentral.com/lisrel/downloads.html에서 무료로 다운로드 받을 수 있다.

LISREL의 사용 절차는 ① 문제의 구체화 및 모형의 설정, ② LISREL프로그램의 작성과 실행, ③ 실행 결과의 해석 및 평가로 나누어 볼 수 있다. 여기서는 첫 번째와 두 번째 단계를 중심으로 설명하고 있다.

그림 11-6 LISREL의 사용 절차

문제의 구체화 및 모형의 설정 → LISREL 프로그램의 작성과 실행 → 실행 결과의 해석 및 평가

3.1 문제의 구체화 및 모형의 설정

연구 대상에 대한 충분한 이론적 검토를 기반으로 연구 문제를 선정하고 이를 검증하기 위한 경로 모형을 설정하여야 한다. LISREL의 장점은 이론 모형이 도식화될 수 있는 것이다. 모형을 설정하기 위해서는 내생변수(endogenous variable)와 외생변수(exogenous variable)의 개념에 대한 이해가 선행되어야 할 것이다. 외생변수는 다른 변수에 영향을 주기만 하는 변수를 말하며, 내생변수는 다른 변수에 영향을 주고 있는 가에 관계없이 다른 변수로부터 영향을 받는 변수를 의미한다. 일반적으로 잠재 외생변수는 η(에타), 잠재 내생변수는 ξ(크자이), 측정 내생변수는 y, 측정 내생변수는 x로 표시한다.

3.2 LISREL 프로그램의 작성 및 실행

LISREL 프로그램의 작성에는 매트릭스 형식에 의한 LISREL 방식과

그림 11-7 SIMPLIS 방식의 일반적 틀

1) title
   Observed Variables[from File *filename*]
   Covariance Matrix[from File *filename*]
   Sample Size : *n*
   Relationships
2) [Method=Unweighted Least-Squares]
3) [Number of Decimals=3]
4) [Iteration=100]
5) [Options : [RS WP AD=OFF]]
6) [Path Diagram]
7) [LISREL output]
8) [end of Problem]

1)번 내용을 구체화하고 나면 2)~8)은 대개 동일하게 사용하면 된다.

SIMPLIS 방식 그리고 PRELIS 방식 등 3가지가 있다. PRELIS는 LISREL을 분석하기 전에 먼저 돌리는 작은 프로그램으로 여기서는 매트릭스 형식에 의한 LISREL 방식과 SIMPLIS 방식을 소개하고자 한다.

SIMPLIS는 이름처럼 LISREL을 쉽게 접근할 수 있도록 개발된 방식이다. 프로그램의 일반적 틀을 도식화하면 〈그림 11-7〉과 같다.

매트릭스 형식에 의한 LISREL 방식은 DA(data), MO(model specification), OU(output) 등 크게 3부분으로 구성되어 있다. 자세한 내용은 매뉴얼을 참조하기 바라며 여기서는 기본 골격을 설명하고자 한다.

첫째, DA는 입력자료 부분으로 입력변수, 자료수, 집단수, 행렬의 형태,

그림 11-8 DA의 구조

NI = *k*	입력변수의 수
NO = number of cases	자료의 수
NG = number of groups	집단의 수
MA = *KM*	행렬자료의 형태
LA	변수의 이름 지정
XM = global missing value	누락자료값
RP = number of repetitions	반복수

누락 자료값(missing value), 반복수 등을 입력한다.

분석에 사용될 입력자료(input data)는 크게 원자료(raw data), 공분산행렬(covariance data), 그리고 상관행렬(correlation data)의 형태로 입력되어 사용된다. 원자료를 제외한 공분산행렬과 상관행렬은 SPSS의 분석-척도분석-신뢰도분석-옵션(통계량)에서 항목간 상관계수 또는 공분산 계수를 지정하여 분석을 실시하면 얻을 수 있다. 다만 분석결과가 얻어지면 편집을 통해 행렬의 형태로 만들어 입력하여야 한다.

둘째, MO는 구조방정식의 각 변수들의 인과관계를 구체화시키는 부분이다.

○ 그림 11-9 MO의 구조

NY	y의 수
NX	x의 수
NE	η의 수
MK	ξ의 수
LY	λ_y (요인계수)
LX	λ_x (요인계수)
BE	β(경로계수)
GA	γ(경로계수)
PH	ψ(외생개념간 상관/공분산)
PS	φ(내생개념간 상관/공분산)
TE	θ_ε(측정변수의 오차공분산)
TD	θ_δ(측정변수의 오차공분산)

셋째, OU는 출력부분으로 다음 〈그림 11-10〉과 같은 구조로 되어 있다. 여기서는 기본 값만 표시하고 있다.

○그림 11-10 OU의 구조

ME=ML	추정방법
RC=0.001	Ridge constant
SL=1	모형수정의 유의 수준
ND=2	출력상의 소수점 이하수
TM=172800	문제해결의 최대 CPU 초수
IT=3	반복수
AD=20	인정가능 최종해를 위한 회전수
EP=0.000001	수렴 기준

4. 모형의 적합도 검증

구조방정식 모형의 적합도 검증에 관련된 지수에는 여러 가지가 있다. 이러한 지수들을 구체적으로 보기 전에 오차항이 지나치게 크거나, 모수추정치의 부호가 반대로 나오거나, 요인적재치가 지나치게 크거나 작거나 하면 우선 모형의 적합도를 의심해 볼 수 있을 것이다.

적합도를 검증하기 위해서는 모형의 전체적인 적합도를 살펴보아야 한다. LISREL에서 모형 적합도의 통계적 검증에는 χ^2통계량을 활용한다. χ^2의 p값이 0.01 이상이면 대략 적합하다고 생각할 수 있다. 그러나 χ^2 검증은 표본크기의 영향에 민감하기 때문에(표본의 크기가 100에서 200 사이일 때 가장 신뢰할

만 함) 표본크기의 영향을 덜 받도록 x^2값을 조정한 NCP(비중심성지수: x^2-자유도), SNCP(척도화비중심지수) 등을 검토하기도 한다.

비중심성지수(non-centrality parameter; NCP)는 표본크기와 무관하거나 또는 표본크기의 영향을 덜 받는 측정으로 모델이 어느 정도나 적합한지를 평가하는 것이 아니라, 어느 정도나 적합하지 않은지를 평가한다. 즉, 모델의 적합도 결여(lack of fit)를 평가한다. NCP는 다음과 같이 구할 수 있다.

$$NCP = x^2 - df$$

NCP에서 추정모델의 자유도에 의해 값이 조정되기는 했으나 x^2자체가 표본크기에 의해 결정되기 때문에 원래의 표본크기를 가지고 있다. 그러나 척도화비중심성지수 (scaled non-centrality parameter; SNCP)는 NCP를 표준화시킨 것으로 NCP를 표본크기로 나눈 것이다.

$$SNCP = \frac{x^2 - \text{자유도}}{\text{표본크기}}$$

또한 표준 잔차(normalized residulas)를 살펴보아야 하는데 표준 잔차는 잔차 행렬의 각 원소들을 표준화한 값으로 표준 잔차의 Q-plot은 제안모형의 정규분포성을 검토하는 데 유용하다. Q-plot의 기울기가 1(45°)보다 크면 모형이 매우 적합하다는 것을 의미한다.

그 다음에는 제안된 모형이 타당한가, 다시 말해서 구성개념이 예측변수들에 의해 얼마만큼 설명되고 있는가를 살펴보는 것이 좋을 것이다. 이는 회귀분석의 R^2값에 해당한다고 할 수 있다. 이를 나타내주는 지수로는 기초적합치(GFI), 조정적합치(AGFI), 다중상관자승치(SMC) 등이 있다.

GFI(goodness-of-fit-index)는 일반적으로 0~1.0 사이의 값을 갖는다. 이 값은 관측행렬과 재생행렬 간의 잔차자승합의 비율에 기초하지만 자유도에 의해 조정된 것은 아니다. GFI는 표본크기의 변화나 다변량 정규성의 위반에 별로 영향을 받지 않으며, 제안모델의 적합도를 잘 설명해 주는 것으로 나타났다. 이 값이 크면 좋은 적합도를 나타내지만 수용가능성에 대한 절대적 기준은 없다. 그러나 보편적으로 권장되는 수용수준은 0.9 이상이며, 표본크기가 200이상이라면 제안모델의 적합도를 판단하는 데 무리가 없다. GFI는 ML, GLS, ULS의 추정치에 의해 계산될 수 있는데, Jöreskog와 Sörbom(1989)은 ML을 위한 GFI를 다음과 같이 나타내었다.

$$GFI_{ML} = 1 - [tr(\hat{\Sigma}^{-1}S - I)^2 / tr(\hat{\Sigma}^{-1}S)^2$$

$$GFI_{ML} = 1 - \frac{F[S, \Sigma(\hat{\theta})]}{F[S, \Sigma(0)]}$$

여기에서 분자는 모델이 적합된 다음의 최소적합함수를 의미하고, 분모는 모델을 적합시키기 전의 적합함수, 즉 모든 모수가 0인 경우의 적합함수를 의미한다.

AGFI(adjusted goodness-of-fit-index)는 GFI를 확장시킨 것으로서 GFI를 자유도 크기로 수정한 값이다. AGFI의 권장 수용수준도 역시 0.9 이상을 권장한다. AGFI는 일반적으로 0~1 사이의 범위에 있으나, 이를 벗어나는 경우도 있다. 1보다 큰 경우는 적정식별모델이나 또는 자료를 거의 완벽하게 적합시키는 과대 식별모델에서 발견될 수 있다. 표본크기가 작거나 또는 적합도가 매우 안 좋은 경우에는 드물지만 음(-)의 값이 나타날 수 있다. 이는 다음과 같이 계산된다.

$$AGFI = \frac{kX(k+1)}{2df}(1 - GFI)$$

여기에서, k는 관측변수의 수, df는 자유도를 나타낸다. 이 값들이 크면 좋은 적합도를 나타내지만 비통계적 측정치이므로 절대적 기준은 아니다.

SMC(Squared Multiple Correlaions)는 예측변수들이 이론개념을 설명하는 정도를 의미하며 이론모형의 내생개념에 대한 SMC값은 외생개념에 의해 설명되는 정도를 나타낸다. 확립된 기준은 없으나 높을수록 좋다.

마지막으로는 모형의 간명성을 검토해 보아야 한다. 다시 말해서 모형 적합도가 너무 많은 추정계수를 가진 자료에 의해 이상 적합도를 나타내는가를 진단하는 것이다. 이를 위해서는 t값, AIC(Akaike 정보기준), 수정지수(MI) 등을 살펴보아야 한다. t값은 각 추정계수의 통계적 유의성을 검증하는 것으로 모든 t값이 크다면 그 모형은 더 이상 간명할 수 없다는 것을 의미한다. LISREL에서의 기본 값은 유의수준 0.05의 Z통계량 1.96 이상이다.

AIC(Akaile information criterion)는 구성개념의 수가 다른 모형을 비교하는 데 이용된다. 즉, 위계모델이 아닌 모델들 간의 적합도를 비교하는 데 많이 이용된다. AIC가 0에 가까울수록 적합도가 높으며, 간명한 모형임을 의미한다. AIC가 낮은 모델은 보다 적은 추정계수에 의해 x^2값이 작은 경우에 얻어진다.

이것은 표본공분산행렬에 대해 적합공분산행렬이 높은 적합도를 보이며 또한 모델이 과대적합을 보이지 않음을 의미한다. AIC를 계산하는 공식은 2가지가 있는데 LISREL에서는 Tanaka 방식이 사용된다.

$$ACI = x^2 + (2 \times \text{정모수의 수})$$

제안모델의 적합도를 개선하기 위하여 사용되는 또 다른 보조지표로 수정지수를 들 수 있다. 수정지수(modification index; MI)는 각 변수들 간에 추정되고 남아있는 고정모수를 자유스럽게 추정했을 때, 적어도 그 지수의 값만큼 감소할 것으로 기대되는 x^2값을 의미한다. 수정지수가 3.84~5.0 이상, 또는 보수적 기준인 10.0 이상의 값을 가질 때 그 고정모수를 추정해야 함을 의미한다. 두 변수들 간에 수정지수가 높게 나타난다면 두 변수들 간에는 추정되지 않고 남아 있는 어떤 관계가 있다는 것을 암시하기 때문에 이론적 정당성이 충분히 뒷받침된다면 이들 간의 관계를 새로 추가함으로써 수정지수 만큼의 x^2값의 감소를 가져올 수 있다.

모델의 전반적 적합도를 평가하기 위한 지수에 대해 정리하면 다음의 〈표 11-1〉과 같다.

표 11-1 모델의 적합도 평가 지수

적합지수	값의 범위	수용수준
x^2	x^2표에서의 임계치	계산된 x^2값과 임계치를 비교
AGFI	0~1	0.9 이상 우수
AIC	0~음수	작을수록 우수
BFI	0~1	0.9 이상 우수
CAIC		작을수록 우수
CFI	0~1	0.9 이상 우수
CN		200 이상이면 우수
ECVI	0~무한	작을수록 우수
GFI	0~1	0.9 이상 우수
IFI	0~1	0.9 이상 우수
NFI	0~1	0.9 이상 우수
NNFI	0~1	0.9 이상 우수
normed $x2$		2.0 이하 우수
PGFI	0~1	클수록 우수

적합지수	값의 범위	수용수준
PNFI	0~1	클수록 우수
RFI	0~1	0.9 이상 우수
RMR		0.05 이하 우수
RMSEA		0.05 이하 우수
RNI	0~1	0.9 이상 우수
TLI	0~1	0.9 이상 우수

근사표준오차제곱근(root mean square of error approximation; RMSEA)은 표본의 크기가 큰 제안모델을 기각시키는 검증의 한계를 극복하기 위해 개발된 적합지수로 모델을 표본이 아닌 모집단에서 추정하는 경우에 기대되는 적합도를 의미한다. 일반적으로 0.05~0.08의 범위를 보일 때 수용할 수 있는 것으로 간주된다.

Bentler(1990)는 내포모델(nested model)에서 NFI(normed fit index)의 결함을 극복하기 위해 모집단의 모수 및 분포를 표시하는 관점에서 비교적합지수(Comparative Fit Index: CFI)를 개발하였다. 일반적으로 CFI는 0~1 사이의 값을 가지며, 0.90 이상이면 좋은 적합도를 갖는 것으로 본다.

기존의 구조방정식에서 활용하던 χ^2통계량과 GFI 등의 적합도 지수 등을 많이 사용하였으나 최근 발표된 연구들에 따르면 주로 CFI나 RMSEA의 사용이 권장된다. Hu and Bentler(1999)는 기존에 연구된 여러 가지 가설에 대한 Monte Carlo 시뮬레이션을 실시하여 적합도 지수를 검토한 결과 CFI와 RMSEA의 조합으로 모델의 적합성을 판단하는 것이 1종 오류와 2종 오류의 발생 비율이 가장 균형 잡힌 결과를 보여준다고 하면서 모델적합성 평가에 CFI와 RMSEA를 사용하는 것이 가장 바람직하다고 제시하고 있다.

5. 모형의 추정 시 고려사항

5.1 항목 묶기

과거에 비해 요즘 진행되는 연구모형들을 보면 과거에 비해 잠재변수의 수가 증가하였으며, 모델의 구조 또한 매개변수 그리고 조절변수가 동시에 포함된 형태의 매개조절, 또는 조절매개형태의 연구모델들이 많이 제시되고 있다. 또 다차원척도의 특성을 지닌 구성개념들이 등장함에 따라 모형에 포함되는 측정변수의 수 또한 증가된 형태를 쉽게 찾아볼 수 있다. 위와 같이 모델이 형태가 다양화되고 복잡화될수록 나타날 수 있는 문제점으로는 오차항의 증가로 인한 적합도지수의 하락을 가장 먼저 손꼽을 수 있다. 타당한 이론적 근거를 통해 개발된 모델임에도 불구하고 측정변수별로 나타나는 오차항의 총수가 증가함에 따라 전반적인 모델이 적합도가 떨어지는 현상을 말한다. 이를 조금이나마 완화할 수 있는 방법으로 많이 제시되고 있는 것이 항목 묶기(item parceling) 방법이다.

항목 묶기(item parceling)란 다변량 잠재변수를 분석하는 기법에서 가장 빈번하게 사용되는 측정방법으로서 둘 또는 그 이상의 항목을 합산하거나 평균한 집계(aggregate) 수준의 측정지표로 정의할 수 있다. 일반적으로 개별 측정변수를 이용하여 분석을 실시하는 것보다 항목 묶기를 사용하여 분석을 하는 것이 더욱 유용한 결과를 얻을 수 있는 것으로 나타났다. 왜냐면 단일항목을 사용하여 분석할 경우에는 항목 묶기에 비해서 신뢰성의 약화, 공유치(communality)의 약화, 정규분포의 가정에 대한 오류가능성이 증가하는 단점이 발생되는데, 반면 항목 묶기를 사용할 경우에는 개별항목에 비해 더욱 연속적이고 정규 분포화 된 특성을 얻을 수 있기 때문에 구조방정식모델에서 일반적으로 채택하는 최우도법(maximum likelihood; ML)과 같은 추정방법의 가정에 더욱 온전히 접근할 수 있는 장점이 있다. 그리고 항목 묶기를 사용하면 다중 지표의 집계 값(예, 평균값)이 개별 지표보다 더욱 안정적인 불편 추정량을 제시할 수 있다. 그 이유로는 측정지표에는 항상 오차가 수반되기 마련인데, 이러한 오차는 여러 지표들이 결합될 때 평균되어 감소되는 경향이 있기 때문에 모집단에 더욱 근접할 수 있기 때문이라고 설명하였다. 또한, 항목 묶기를 사용하면 개별항목에 비해 추정해야 할 요인적재량이나 측정오차의 분산의 수가 줄어들기 때문에 모델적합도가 개선되는 결과를 얻을 수 있다.

5.2 좋은 참조변수 지정의 중요성

통상, 각 참조변수의 경로계수는 1로 고정을 하게 되는데, 이는 각 잠재변수에 대해 측정단위를 부여하여 모델을 식별(identification)하기 위한 하나의 방법으로 각 잠재변수의 지표 가운데서 하나씩 선택하여 경로계수를 1로 고정시킨다는 의미이다. 편의상 첫 번째 지표로 향하는 경로계수를 1로 고정시키고 있으나 더 좋은 참조 변수가 있다면 그 변수로 향하는 경로계수를 고정시켜야 한다. 이와 같이 참조변수의 지정은 모델을 식별하는데 매우 중요한 의미를 가지고 있지만 지표에 대한 상세한 고찰 없이 첫 번째 지표로 향하는 경로계수에 1의 값을 부여하여 고정시키는 경우가 일반적이다. 하지만 참조변수의 잘못된 지정으로 인해 모델을 추정한 결과에서 나타나는 영향은 매우 크다. 예를 들어 신뢰성이 낮은 지표를 참조변수로 지정하였을 때 유의한 경로에 대해 유의하지 않다는 검정 결과가 얻어질 수 있으며, 또한 경로계수의 부호도 연구가설에서 의도하는 방향과 역의 부호로 추정될 수 있으며, 각 지표의 신뢰성계수에 해당하는 SMC도 정확하게 추정되지 않는 치명적인 결과가 발생하는 것으로 나타났다. 따라서 다양한 방법을 통해 신뢰성계수가 양호한 지표를 참조변수로 지정하는 것이 중요하며 이를 위해 인과관계모델을 분석하고자 하는 경우에는, 우선적으로, 지표가 다수일 때에는 모델설계 단계에서 2단계 접근법(two-step approach)을 적용하여 우수한 지표를 선별한 다음에 모델을 설계하도록 권장되고 있다(Anderson and Gerbing 1988).

5.3 모델 탐색시의 유의사항

모델을 분석한 결과에서 제공되는 결과물에서 잠재변수와 잠재변수간의 의도하지 않은 유의한 경로가 존재하는 것으로 나타났다고 할지라도 이론적 고찰이나 실질적 지식에 근거하지 않고 단순히 자료에 대한 분석을 통하여 얻은 결과를 인과적인 관계가 있는 것으로 해석하는 것은 위험하다는 점을 지적하고 자 한다. 따라서 이론과 실질적 지식에 입각하여 설정된 인과관계모델의 경우에 한해서만 인과관계의 검증이 정당화 될 수 있으며, 모델의 수정 또한 같은 근거에 입각하여 실시될 때 의미를 갖게 되는 것이다. 그러나 이는 탐색적 연구에 대한 LISREL을 포함한 구조방정식 모델의 적용 가능성을 부정하고자 하는 것은 아니며, 인과관계 모델이나 연구가설을 탐색하기 위해 사용될 수는 있지만 인과관계의 확립으로 보아서는 안 된다는 점이다.

6. 인과관계의 규명

구조방정식 모델을 이용하여 변수 간의 인과관계(causal relationship 혹은 causality)를 밝힐 수 있는가의 문제는 학자들 간에 줄곧 논란이 되어 왔다. 구조방정식 모델에서의 경로는 변수의 영향력 정도를 보이는 것이지 인과관계를 보이는 것은 아니다. 그리고 인과관계의 조건을 살펴보면 구조방정식 모델로는 인과관계를 규명하기가 어렵다는 사실을 알 수 있다.

우선 인과관계의 조건은 다음과 같은 세 가지로 요약할 수 있다. 그 첫째는 원인변수(cause)와 결과변수(effect)가 함께 변화하여야 한다는 것이다. 원인변수가 변화하는데도 결과변수가 변하지 않는다든가 반대로 원인변수의 변화가 없는데도 결과변수가 변화한다면 이들은 변수 사이에는 인과관계에 있다고 할 수 없다.

둘째는 원인과 결과 사이에는 시간적으로 순서(temporal order)가 있어야 한다. 즉, 결과가 관측되기 전에 원인이 먼저 발생하여야 한다는 것이다.

셋째는 원인변수를 제외한 다른 모든 외생변수를 인과관계에서 배제할 수 있어야 한다. 즉, 결과변수에 영향을 미칠 수 있는 가능성이 있는 모든 변수들을 결과의 원인이 아니라고 믿을 수 있어야 한다는 것이다. 이는 인과관계의 조건 가운데 가장 충족하기 어려운 조건이다.

인과관계의 조건을 이렇게 세 가지로 살펴볼 때 구조방정식 모델로써는 인과관계를 밝힐 수 없다는 것이 분명히 드러난다. 구조방정식 모델에서 분명한 것은 오직 원인과 결과의 동시변화뿐이기 때문이다. 따라서 구조방정식 모델의 기본 분석단위는 상관관계이며 상관관계는 인과관계가 아니라는 사실은 여러 가지 예에서 볼 수 있다.

예를 들면 어떤 사회학자가 교회가 범죄를 유발한다는 주장을 펼쳤는데 이들의 관계는 인구를 중심으로 한 피상적인 상관관계(spurious correlation)일 뿐 결코 인과관계는 아니다. 곧 인구가 많은 곳에 교회가 많고 또 인구가 많은 곳에 범죄 역시 많다는 상관관계에 지나지 않는 것이다. 인과관계의 가장 원초적인 기본은 이론(theory)이다.

변수 간의 인과관계를 규명할 수 있는 유일한 방법은 실험(experimentation)밖에는 없다. 오직 실험만이 외생변수(extraneous variable)의 통제를 통해서 인과관계의 세 번째 조건을 만족할 수 있기 때문이다.

알아두어야 할 핵심 용어

잠재변수(latent variables)
관측변수(observed variables)
측정모델(measurement model)
구조모델(structural model)
측정오차(measurement error)
적합도(goodness-of-fit)
기초적합치(goodness-of-fit-index; GFI)
수정지수(modification index; MI)
항목묶기(item parceling)
참조변수(reference variables)

생각해 볼 문제

1. 확인적 요인분석을 실시할 경우 전체 모델 중 일부 구성개념만을 대상하는 방법과 모든 구성개념을 대상으로 한 번에 실시하는 것 중 어느 것이 올바른 방법인가?

2. 구조방정식을 이용하여 분석할 때 조절변수의 효과를 검증하는 방법은 무엇이 있을지 고려해 보시오.

찾 / 아 / 보 / 기

ㄱ

ㄷ

ㅅ

ㅇ

ㅈ

ㅊ

ㅎ

기 타

저자 소개

■ 김성호

연세대학교 정치외교학과를 졸업하였다. University of Minnesota Carlson School of Management에서 MBA를 취득하였다. University of Pennsylvania Wharton School에서 경영학 석사(MS)와 박사(Ph.D)를 취득하였다. International University of Japan과 State University of New York, Stony Brook의 교수를 지냈고 현재 한양대학교 경영대학 교수로 재직 중이다. 한국의료경영학회를 창립하고 초대 학회장을 지냈다. 서비스 마케팅학회 부회장, 한국소비자학회 상임이사, 한국마케팅학회 이사 등을 역임한 바 있다.

주요 연구 관심 분야는 서비스 마케팅, 의료경영, 연구방법론 등이며, 국내외에 많은 논문을 발표하였다. Academy of Marketing Science, 한국서비스경영학회, 서비스마케팅학회에서 우수논문상을 수상하였다. 저서로는 마케팅定론과 서비스 마케팅(김지영 공저)이 있다.

다변량 자료의 분석

2016년 2월 20일 초판 인쇄
2016년 2월 25일 초판 1쇄 발행

저 자 김 성 호
발행인 배 효 선

발행처 도서출판 法 文 社

주 소 10881 경기도 파주시 회동길 37-29
등 록 1957. 12. 12 / 제2-76호 (윤)
TEL 031) 955-6500~6 FAX 031) 955-6525
e-mail (영업): bms@bobmunsa.co.kr
(편집): edit66@bobmunsa.co.kr
홈페이지 http://www.bobmunsa.co.kr

조 판 법 문 사 전 산 실

정가 24,000원

ISBN 978-89-18-12273-1